浙江省重点教材建设项目
机械工程实践教学系列教材

机械设计竞赛与指导

主编 应富强 顾大强

科学出版社
北京

内 容 简 介

本书是在浙江省高等学校机械工程教学指导委员会支持下,结合编者多年的机械创新设计大赛指导工作实践经验,由浙江省大学生机械设计竞赛组委会组织编写的。全书共9章,内容包括:绪论,选题与解题,设计调研与信息获取,机械系统方案设计,机构应用与创新,机械结构设计,加工、装配及调试,作品的经济性评价,技术文件的编制。全书以机械创新设计大赛为主线,以设计实践训练为主导,将选题与解题、资料收集与整理、原理方案设计、结构设计、加工、装配、调试、设计后期工作等内容融为一体,提高学生对参与机械创新设计大赛的兴趣和信心,实用性强。

本书可供普通高等院校机械工程设计实践类课程教学使用,对参加课外科技竞赛的机械类学生及参赛学生的指导教师具有很高的参考价值,也可供相关工程技术人员参考。

图书在版编目(CIP)数据

机械设计竞赛与指导/应富强,顾大强主编.—北京:科学出版社,2014.1
(浙江省重点教材建设项目·机械工程实践教学系列教材)

ISBN 978-7-03-039496-5

Ⅰ.①机… Ⅱ.①应… ②顾… Ⅲ.①机械设计-高等学校-教学参考资料 Ⅳ.①TH122

中国版本图书馆 CIP 数据核字(2013)第 315850 号

责任编辑:毛 莹 张丽花／责任校对:张小霞
责任印制:吴兆东／封面设计:迷底书装

科学出版社 出版
北京东黄城根北街16号
邮政编码:100717
http://www.sciencep.com
天津市新科印刷有限公司印刷
科学出版社发行 各地新华书店经销
*
2014年1月第 一 版 开本:720×1000 B5
2024年7月第二次印刷 印张:14
字数:293 000
定价:59.00元
(如有印装质量问题,我社负责调换)

浙江省重点教材建设项目

机械工程实践教学系列教材编写委员会

主　任　盛颂恩

副主任　潘晓弘　赵东福

委　员　（按姓名笔画排序）

　　　　　方志梅　邓益民　朱喜林　张云电

　　　　　竺志超　赵　云　胡如夫　姚文斌

　　　　　徐向纮　赖尚丁　潘柏松　薛　伟

序

工程创新意识和工程实践能力是现代工程师必备的素质和能力。在中国面临产业转型升级、由制造业大国向制造业强国发展的当下,尤其需要加强未来工程师——工科大学生的创新精神和实践能力培养,因此深化高校人才培养中的实践教学改革已非常迫切。

但是,实践教学是当今中国大学教学改革中最难的领域之一。在教育理念上,我国高校精英教育时期的大学科学教育价值取向仍有广泛而深刻的影响,学术指挥棒过多地吸引了师生的精力和注意力。从实践教学本身分析,其改革不仅具有内在的系统性,还需要与人才培养模式和专业培养计划的改革相呼应,牵一发而动全身,使之难度较大。另一个瓶颈则是目前高校的学生规模越来越大,企业内在的管理要求越来越高,在校生下企业实践越来越困难。

目前,国内已有不少高校在工科专业的课程体系和实践教学等方面进行了改革,浙江省高校也开展了有益的探索并取得了一定的成效。为了总结凝炼工程实践教学改革的成果,引导和服务更多高校开展机械工程实践教学改革,进一步提高本科生创新与实践能力,浙江省高等学校机械工程教学指导委员会在浙江省重点教材建设项目的资助下,组织编写了这套机械工程实践教学系列教材。

机械工程实践教学系列教材包括工程训练、实验教学、项目教学和设计竞赛四个方面。教材的编写倡导以学生为中心、教师为主导的教学模式,把传统的依附于理论的、分散的、被动的、相对封闭的实践教学模式转变为以学生自主为主、相对集成和开放的实践教学模式,融创新精神培养于其中。在认知型工程实践教学的基础上,给予学生更大的自主思维空间,相当比例的实践项目让学生自主选题、自主设计方案、自主完成项目,激发学生投入工程实践和创新活动的兴趣,从中掌握基本的工程实践与创新方法,在相对真实的工程实践环境中培养解决工程实际问题的能力。

出版这套系列教材,凝聚了编者的大量心血和改革勇气,同时也是一项探索性的工作,需要不断改进与完善。能够促进机械类专业本科学生的实践教学改革,便是我们出版这套系列教材的最大愿望。

浙江省高等学校机械工程教学指导委员会主任
盛颂恩

前　言

　　大学生机械创新设计大赛的目的在于引导高等学校在教学中注重培养大学生的创新设计能力、综合设计能力和团队协作精神；加强学生动手能力的培养和工程实践的训练，提高学生针对实际需求进行创新思维、机械设计和工艺制作等实际工作能力；促进校际交流，提高高等学校的机械设计水平，推动机械工程教学改革和创新教育；丰富和活跃校园学术氛围，吸引、鼓励广大学生踊跃参加各类课外科技活动，为优秀人才脱颖而出创造条件。

　　本书针对第一次为制作实物而着手设计、参与竞赛的大学生而写，初次设计的学生面临的问题往往是：积极性很高，不知如何着手设计；想法很多，能解决工程实际问题的少；从原理方案到实现具体结构方法欠缺；课堂知识在设计实践、工程实践中的综合应用能力不够；经济性问题的考虑不足及忽视后期工作等。为了指导学生做好机械创新设计，使其能够真正掌握机械设计的基本要求、内容、方法和步骤，本书根据机械创新设计大赛的要求，从完成设计与制造等实际工作的角度出发，以机械设计竞赛过程为主线，将选题与解题、资料收集与整理、原理方案设计、结构设计、加工、装配、调试、设计后期工作等融为一体。本书由浙江省大学生机械设计竞赛组委会组织编写，编写中结合了编者多年的机械创新设计大赛指导工作实践经验。因此，本书也能为参赛学生的指导教师和院校提供助益。此外，本书配套大量竞赛作品制作过程中常用的外购件资料，可供设计参考，打开网址 www.ecsponline.com，在页面最上方注册或通过QQ、微信等方式快速登录，在页面搜索框输入书名，找到图书后进入图书详情页，在"资源下载"栏目中下载。

　　参加本书编写的人员有：浙江大学顾大强（第1章）；浙江工业大学应富强（第2章）；宁波工程学院易新华和宁波大学孙宝寿（第3章）；嘉兴学院李思益（第4章）；杭州电子科技大学张巨勇（第5章）；浙江理工大学俞高红（第6章）；浙江师范大学徐洪（第7章）；嘉兴学院陈灿（第8章）；浙江农林大学李映平（第9章）；温州大学姜锐（外购件资料）。全书由应富强、顾大强主编，由浙江大学陈秀宁教授主审。

　　由于编者水平有限，书中难免存在疏漏和欠妥之处，恳请广大读者批评指正。

编　者

2013年7月

目 录

序
前言
第1章 绪论…………………………… 1
  1.1 机械设计竞赛的目的、地位和作用 …………………… 1
  1.2 机械设计的过程 ………………… 2
  1.3 机械创新设计 …………………… 3
  1.4 机械设计竞赛 …………………… 4
    1.4.1 机械设计竞赛的教学理念 ………………………… 4
    1.4.2 机械设计竞赛的过程 …… 5
  1.5 机械设计竞赛的评分 …………… 7
  参考文献 ……………………………… 8
第2章 选题与解题 …………………… 9
  2.1 选题的重要性及意义 …………… 9
  2.2 选题的原则 ……………………… 10
    2.2.1 需要性原则 ……………… 10
    2.2.2 科学性原则 ……………… 11
    2.2.3 可行性原则 ……………… 11
    2.2.4 创新性原则 ……………… 12
  2.3 选题的过程、途径与方法 ……… 13
    2.3.1 选题的过程 ……………… 13
    2.3.2 选题的途径与方法 ……… 14
    2.3.3 选题时应注意的几个问题 ……………………… 17
  2.4 设计的解题 ……………………… 17
    2.4.1 浙江省大学生机械设计竞赛题 …………………… 18
    2.4.2 全国大学生机械创新设计大赛题 ………………… 20

第3章 设计调研与信息获取 ……… 23
  3.1 行业领域调研 …………………… 23
  3.2 专利查询与检索 ………………… 25
    3.2.1 中国专利查询 …………… 25
    3.2.2 德温特世界专利查询 …… 26
    3.2.3 日本专利查询 …………… 27
    3.2.4 美国专利查询 …………… 27
    3.2.5 欧洲专利查询 …………… 29
  3.3 论文查询与检索 ………………… 31
  3.4 中国资讯行数据库、中经网、互联网 ……………………… 33
  3.5 机械设计中常用标准件的选用及查询方法 ……………… 33
    3.5.1 常用标准件的查询与选用 ………………………… 33
    3.5.2 外观设计参考 …………… 34
    3.5.3 机械设计大赛相关结构设计资料查询 …………… 34
第4章 机械系统方案设计 ………… 36
  4.1 机械系统的组成 ………………… 36
  4.2 机械系统的原理方案构思设计 ……………………………… 39
    4.2.1 从需求到设计任务的提出 ………………………… 39
    4.2.2 机械功能及任务的分析与确定 …………………… 40
    4.2.3 机械功能的实现方法 …… 41
  4.3 机械系统的运动协调设计 ……… 45
    4.3.1 概述 ……………………… 45
    4.3.2 执行机构运动循环图设计 ………………………… 45

4.3.3 执行机构运动循环的时间同步化设计 ………… 47
　　4.3.4 执行机构运动循环的空间同步化设计 ………… 48
4.4 机械系统的传动方案设计 …………………………… 50
　　4.4.1 传动装置的功能和类型 …………………… 50
　　4.4.2 机械传动系统的组成与常用机械传动装置 …… 51
　　4.4.3 机械系统传动方案的设计 …………………… 52
4.5 机械系统的总体设计 …… 55
　　4.5.1 总体结构方案设计的基本要求、原则及设计步骤 … 55
　　4.5.2 机械总体布局 ………… 57
4.6 机械系统设计实例 ……… 59
　　4.6.1 扁三角汤圆成形机的设计 …………………… 59
　　4.6.2 扁三山核桃破壳(裂口)机的设计 ………………… 63
参考文献 …………………………… 68

第5章 机构应用与创新 ……… 69
5.1 基本机构及其运动形态 …………………………… 69
　　5.1.1 连杆机构 …………… 69
　　5.1.2 齿轮机构 …………… 70
　　5.1.3 凸轮机构 …………… 73
　　5.1.4 螺旋机构 …………… 74
　　5.1.5 间歇运动机构 ……… 76
　　5.1.6 广义机构 …………… 79
5.2 机械运动与机构选型 …… 81
　　5.2.1 机械运动与形态变换 … 81
　　5.2.2 机构选型 …………… 81
　　5.2.3 机构选型设计实例(机器人手爪机构的选型设计) …… 83

5.3 机构创新设计方法 ……… 86
　　5.3.1 机构组合设计 ……… 87
　　5.3.2 机构演化与变异 …… 88
　　5.3.3 再生运动链法 ……… 91
5.4 机构创新设计实例 ……… 92
　　5.4.1 机械加法器间歇传递机构的创新设计 …………… 92
　　5.4.2 灯泡装卸机械手爪机构的创新设计 …………… 94
参考文献 …………………………… 96

第6章 机械结构设计 …………… 97
6.1 运动副的结构设计 ……… 98
　　6.1.1 转动副的结构设计 …… 99
　　6.1.2 移动副的结构设计 … 101
　　6.1.3 平面高副的结构设计 … 103
6.2 活动构件的结构设计 … 104
　　6.2.1 杆类构件的结构设计 … 105
　　6.2.2 盘类构件的结构设计 … 106
　　6.2.3 轴类构件的结构设计 … 110
6.3 机架的结构设计 ……… 114
6.4 机械结构创新设计实例 …………………………… 117
　　6.4.1 过桥结构方案分析 … 118
　　6.4.2 具体结构实例分析 … 120
参考文献 ………………………… 123

第7章 加工、装配及调试 …… 124
7.1 常用量具 ……………… 124
　　7.1.1 游标卡尺 ………… 124
　　7.1.2 深度游标卡尺和高度游标卡尺 ………………… 125
　　7.1.3 外径千分尺 ……… 126
　　7.1.4 万能角度尺 ……… 127
7.2 常用的机加工方法 …… 129

7.2.1 车削加工 …………… 129
　　7.2.2 铣削加工 …………… 130
　　7.2.3 刨削加工 …………… 130
　　7.2.4 磨削加工 …………… 131
　　7.2.5 数控加工 …………… 132
　　7.2.6 线切割加工 ………… 133
　　7.2.7 机床加工方法选用 … 134
7.3 常用钳工加工方法 138
　　7.3.1 锯割 ………………… 138
　　7.3.2 锉削 ………………… 140
　　7.3.3 钻孔 ………………… 144
　　7.3.4 攻螺纹与套螺纹 …… 148
7.4 常用热处理方法 151
　　7.4.1 退火 ………………… 151
　　7.4.2 正火 ………………… 151
　　7.4.3 淬火 ………………… 152
　　7.4.4 回火 ………………… 152
　　7.4.5 表面热处理 ………… 152
　　7.4.6 表面喷丸强化 ……… 153
7.5 装配与调试 …………………… 153
　　7.5.1 装配的工艺过程 …… 153
　　7.5.2 装配时零件的清理和清洗 ……………… 154
　　7.5.3 常用装配方法 ……… 155
7.6 典型机构制作 ………………… 161

第8章 作品的经济性评价 ……… 164
8.1 作品可靠性的经济分析 ………………………… 164
8.2 作品的成本估算 ……………… 166
　　8.2.1 初步设计阶段的粗略估算 ……………… 166
　　8.2.2 设计工作完成后的成本估算 ……………… 166
8.3 工艺方案设计的经济性分析 ……………………… 175
　　8.3.1 工艺方案经济性分析的方法 ……………… 175
　　8.3.2 工艺方案分项经济效益的分析 …………… 177
8.4 作品技术经济分析基本方法概述 …………………… 178
8.5 效益-费用分析法 …………… 179
　　8.5.1 投资回收期 ………… 179
　　8.5.2 净现值法(NPV) …… 181
　　8.5.3 内部收益率法(IRR) … 182
　　8.5.4 投资收益率法(R) … 184
8.6 评分法 ………………………… 185
8.7 不确定性分析 ………………… 188
　　8.7.1 不确定性分析概述 … 188
　　8.7.2 盈亏平衡分析法 …… 188
　　8.7.3 敏感性分析 ………… 190
8.8 价值工程 ……………………… 191
　　8.8.1 价值工程的产生与发展 ………………… 192
　　8.8.2 价值工程概述 ……… 192
　　8.8.3 价值工程的分析过程 …………………… 193

参考文献 ……………………………… 199

第9章 技术文件的编制 ………… 200
9.1 产品设计说明书编写 ………… 200
　　9.1.1 项目调研 …………… 200
　　9.1.2 方案设计 …………… 200
　　9.1.3 详细设计 …………… 201
　　9.1.4 产品的运行效果与分析 ………………… 202
　　9.1.5 技术经济评价 ……… 202
9.2 图纸的绘制要求 ……………… 202
9.3 产品使用说明书编制 ………… 204
9.4 专利申请 ……………………… 205
9.5 竞赛答辩用PPT制作 ………………………… 211

参考文献 ……………………………… 212

第1章 绪　　论

1.1　机械设计竞赛的目的、地位和作用

机械工业素有"工业的心脏"之称,它为工业、农业、交通运输业、国防等提供技术装备,是整个国民经济和国防现代化的物质技术基础,机器工业的发展水平及机械装备的自给能力是衡量国家经济发展水平与科学技术水平的标志。中国机械工业联合会和中国汽车工业协会联合发布的数据显示:2010年机械工业增加值占全国GDP的比重已超过9%;工业总产值从2005年的4万亿元增长到2010年的14万亿元,在全国工业中的比重从16.6%提高到20.3%。2011年年底,机械工业规模以上企业近7.6万家,职工1700多万人,总产值16.9万亿元,是全球机械制造第一大国。理工科高等院校是为工业领域培养杰出技术人才和技术管理人才的地方,机械工程类专业学生职业发展前景十分广阔。

我国机械工业的产业规模虽已居世界首位,但在创新能力、产业基础、产业结构和发展方式等方面,与发达国家相比还有相当差距。基础发展严重滞后,与快速发展的主机产品相比,机械工业基础零部件及优质专用材料、自控系统和测试仪器、数控机床和基础制造装备的发展明显滞后。如何满足行业未来技术发展需求,培养卓越的机械工程人才,是理工科高等院校面临的重要课题。

工程设计是一个创造性的决策过程,是运用科技知识和方法,将自然界中的物质、能量、信息创造成有利于人类的结构、装置、产品、系统或过程,工程设计几乎涉及人类活动的全部领域。工程设计的水平和能力是一个国家和地区工业创新能力和竞争能力的决定性因素之一。

设计技术在企业新产品开发过程中起着主导作用。国外的调查研究表明,产品设计的实际成本一般只占产品制造成本的一小部分。如图1-1所示,产品设计活动的成本仅占该产品制造成本的5%(这个数字随行业和产品的不同会有所不同,对大多数产品而言,设计成本是制造成本的一小部分);但设计质量对制造成本的影响却远远大于5%,对一些行业而言,设计对制造成本的影响达到了70%。设计决策直接决定了产品材料的选择、零部件的结构和工艺、产品的价格和销售服务。由图1-1还可看出,产品的大部分成本在设计过程中就已经确定,研究显示一个典型产品大约

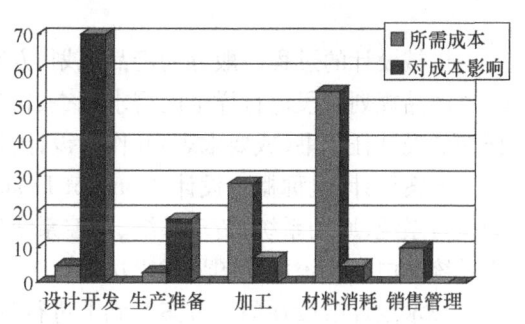

图1-1　设计对产品成本的影响

75%的制造成本在概念设计阶段末期就已经确定,这就意味着此阶段之后做出的决定只能影响产品制造成本的25%。

设计技术对产品的质量也有很大的影响。对产品性能认识透彻、设计材料选择恰当、零件结构合理、工艺设计先进是保证产品高质量的重要前提。

"机械设计"是机械类各专业学生必修的一门技术基础课程。学生学习"机械设计"及相关课程,不仅应掌握已有的知识,更重要的是运用这些知识积极参与机械创新实践活动,这既是培养创新意识与才能、提高人才素质的需要,也为今后高质量地进行工业产品设计奠定了基础。

美国机械工程师协会(ASME)设计理论与方法委员会的创立者大卫 G. 乌尔曼博士曾说:"学习设计的唯一途径是去做设计。"

对于机械类专业的大学生而言,机械设计竞赛是一种有效的设计实践教学形式。自1995年起,浙江大学机械工程学系在国内高校中率先尝试开展每年一届的本科生机械设计竞赛,浙江省和全国分别于2003年和2004年起开展了大学生机械设计竞赛,多年的实践表明,机械设计竞赛对培养学生的创新设计能力、激发学生学习机械学科的兴趣、营造良好的工程设计实践教学环境都有十分重要的作用。通过机械设计竞赛,学生不仅学到了许多课堂上、书本里难以学到的东西,真正地有了"书到用时方恨少"的感觉,对设计过程有了较全面的认识,而且提高了自身的设计与动手能力。

通过参加设计竞赛学生认识到:设计创新是集体智慧的结晶、协同合作的产物;在模型的设计过程中所遇到的困难,如缺少所需的资料和原材料、零配件买不到、经费不足,单凭个人的意志和精力是没法完成的,需要大家齐心协力。另外,学生也体会到:要做好一个设计,需要有综合应用各方面的知识的能力,必须注意自己能力的培养和在各种工程实践活动中不断地积累和总结经验,而参加各种创新设计活动就是一种行之有效的方法。

正如参赛学生所言:"参加机械设计竞赛,培养了我们团结合作与吃苦耐劳的精神;机械设计竞赛对我个人在知识的积累、能力的培养、素质的提高等方面均有很大的帮助,它是我人生经历中的一笔宝贵财富。"

1.2 机械设计的过程

机械设计的过程一般分为产品规划、方案设计、技术设计、施工设计等四个阶段。

产品规划阶段进行详细的需求调查、市场预测,确定设计参数和制约条件,给出详细的设计任务书(或要求表)并作为设计、评价、决策的依据。

方案设计(也称概念设计,Concept Design)阶段确定产品的工作原理,并对产品的执行系统、原动系统、传动系统、测控系统等进行方案性设计,将有关机械机构、液压系统和电气系统用简图形式表达。

技术设计阶段在原理方案基础上进行具体结构化设计,选材料,定零件的构形和尺寸,进行各种必要的性能计算,最后画出部件的装配草图。为了提高产品的竞争力,还需应用先进的设计理论和方法提高产品的价值(改善性能、降低成本),进行产品的系列设计,考虑人因工程原理提高产品的宜人性,利用工业设计原则对产品进行外观设计等,使产品既实用又适应市场商品化的需要。技术设计阶段往往要通过模型试验检验产品的功能原理和性能。

施工设计阶段进行零件设计和部件装配图的细节设计,完成全部生产图纸并编制设计说明书、工艺卡、使用说明书等技术文件。

正式投产前产品的试制将检验加工工艺和装配工艺,并进行较详细的成本核算,从而提出修改意见,进一步完善整个产品的设计。

在实际工程中,机械设计过程的完成涉及多学科的知识和能力。美国工程技术认证委员会(ABET)指出:工程设计是满足目标需求而创造某种系统、部件或方法的过程,是一个决策过程。在这个过程中,需要应用基础科学、工程科学来优化转换组合资源以实现特定的目标。设计过程的基本组成包括目标和标准的建立、合成、分析、构筑、测试和评估。工程设计课程的内容必须包括:学生创造力的开发、无标准答案问题的使用、现代设计理论和方法学、设计问题的表达和规范的说明、生产过程、并行工程设计、详细的系统描述,此外,经济因素、安全性、可靠性、美观、道德和社会影响等实际约束也应考虑。

1.3 机械创新设计

机械设计是一个创造过程,是一切机械新产品的育床,创新是设计的一个极为重要的原则,无论是完全创新的开发性设计,还是对产品作局部变更改进的适应性设计或变更现有产品的结构配置,亦或使之适应更多量和质的功能要求的变型设计,着眼点都应该放在"创新"上。当前科学技术发展非常迅猛,机械创新的内容和途径更加广阔,创新设计更具重大意义。创新是一个民族进步的灵魂,是国家兴旺发达的不竭动力。

根据设计的内容特点,机械创新设计可分为开发设计、变异设计和反求设计三种类型。

开发设计:针对新任务,提出新方案,完成从产品规划、原理方案、技术设计到施工设计的全过程。

变异设计:在已有产品的基础上,针对原有缺点或新的工作要求,从工作原理、机构、结构、参数、尺寸等方面进行一定变异,设计新产品以适应市场需要,提高竞争力。如在基本型产品的基础上,开发不同参数、尺寸或不同功能性能的变型系列产品就是变异设计的结果。

反求设计:针对已有的先进产品或设计,进行深入分析研究,探索掌握其关键技术,在消化、吸收的基础上,开发出同类型的创新产品。

在进行创新设计时还应注意以下几点。

(1) 创新离不开继承,任何一项标新立异的新设计总是在前人基础上的再创造或再革新,只有把继承和创新很好地结合起来,才能卓有成效地达到开拓创新的目的。

(2) 创新设计不同于一般的再现性设计,创新设计是处理模糊问题的过程;在设计初始阶段,要广开思路,大胆设想,尽可能多地捕获多种可供选择的设计方案,在发散思考的基础上逐步收敛,向精确的目标迈进。

(3) 创新设计必须兼有独创性和实用性。创新设计必须具有独创性,设计者应追求与前人、众人不同的方案,打破一般思维的常规惯例,提出新功能、新原理、新机构、新材料,在求异和突破中体现创新;创新设计也必须具有实用性,发明创造成果只是一种潜在的财富,只有将它们转化为现实生产力或市场商品,才能真正为经济发展和社会进步服务。

(4) 多方案选优。创新设计从多方面、多角度、多层次寻求多种解决问题的途径,在多方案比较中求新、求异、选优。以发散性思维探求多种方案,再通过收敛评价取得最佳方案,这是创新设计方案的特点。

1.4 机械设计竞赛

大学生机械设计竞赛的目的:①培养大学生的机械创新设计意识、综合设计能力与团队协作精神;②加强学生动手能力的培养和工程实践的训练,提高学生针对实际需求进行机械设计和工艺制作的能力;③吸引、鼓励广大学生踊跃参加课外科技活动,促进校际交流,丰富和活跃校园学术氛围。

1.4.1 机械设计竞赛的教学理念

创新教育是教育的核心内容,对创新人才的培养起着重要作用。教学观念是进行创新教育的前提和先导。有什么样的教学观念,就有什么样的教学方式。因此,实施创新教育活动,需要做到教学观念更新,用先进的教学观念指导教学活动的开展。

(1) 体现以学生为中心的教育理念和组织方式。竞赛改变原有的以"教师、教材、课堂"为中心的教育教学方式,它充分体现了高等教育改革的时代新潮流、新理念和新的方式方法。机械设计竞赛的组织与实施都应以学生的发展(包括知识、能力、个性、情感、创造性等)为出发点,要适应学生发展的需要;应充分尊重和发挥学生的主体地位和作用,使学生积极主动地参与竞赛活动,营造生动活泼、创造性的学习环境。

(2) 体现全面实施和提高大学生综合素质的特征,充分发挥学生的主观能动性、个性,挖掘学生的潜在能力,培养学生创新创业和敢于挑战的精神,提高学生的实践动手能力。突出对学生创新精神的培养,包括创新认识,即了解创新的目的和意义,有创新的意识等;创新情意,即喜欢创新、乐于创新,能以顽强的意志将创新活动进行到底。竞赛题目的难度应是"学生跳一跳才能摸到的目标"。

(3) 体现"研究型"本科教学的特点,使学生更早感知或接触学科研究,了解学科的发展,提高学生的科研能力。提倡学生采用先进的手段和方法完成设计竞赛作品。

(4) 体现团队合作交流精神,打破原有传统相同专业组队参赛的方式,学校提倡学生跨学院和系、跨学科、跨专业组队参赛,实现团队的优势互补,达到共同提高的目的。

(5) 体现民主平等、开放式的竞赛理念。民主平等是创新教学的重要特征,也是实施创新教学的前提条件之一。在竞赛活动中,指导教师不再是活动的主宰,而是学生创新学习的引路人、疑难问题的解答人。指导教师也不再是评价设计结果的唯一权威,而是设计过程中的平等参与者、启发学生质疑问难的积极倡导者。对学生与众不同的疑问、见解及异想天开的设想,对学生挑战书本、挑战教师、挑战权威的勇气应表现出极大的耐心、宽容和尊重。

1.4.2 机械设计竞赛的过程

参赛学生通常由2~3人组成设计团队参赛,可由同系学生组成团队参赛,也可跨系跨专业自由组队参赛。一般建议学生在学习"机械设计Ⅰ"课程后再参加机械设计竞赛。

一个完整的机械设计竞赛作品大约需要经历如下环节:确定设计目标,方案设计,草图、零件图、装配图绘制,制造、装配与调试,技术文件编制、答辩等。

1. 确定设计目标

参赛学生在拿到竞赛题目后,首先应根据机械设计竞赛题目的要求,明确设计需求,在这个过程中,学生应广泛收集、阅读有关技术资料,了解所涉及的领域在国内外的发展状况,在查阅资料和进行需求的社会调研的基础上,综合考虑技术、经济性等因素、初步确定设计需求的技术参数,形成设计任务书。

2. 方案设计

方案设计阶段是机械设计竞赛中一个十分重要的环节,必须给予高度重视,方案设计的结果对作品的质量起着决定性的作用。通常要求学生用1个月左右的时间完成方案设计。

方案设计的主要内容包括:功能原理方案构思与设计、执行系统的方案设计、原动机的选择、传动系统的方案设计、操纵及控制系统的方案设计、辅助系统的方案设计,以及各系统的协调设计、方案的评价与决策。方案设计的过程和结果应采用原理方案示意图、机械系统运动简图、运动循环图、电气原理图来表达,并撰写"总体方案设计说明书"。

在方案设计阶段,参赛学生还应注意将科学原理与创新智慧相结合,提出能实现给定功能的新原理方案,关注功能原理的创新。任何一种机械的创新开发都存在三种途径:①改革工作原理;②改进材料、结构和工艺性以提高技术性能;③增强辅助功能,使其适应使用者的不同需求。这三种途径对产品的市场竞争能力均具重要影响。当然,改革工作原理在实现时的难度通常比后两种要大得多,但其意义重大。实际上,采用新工作原理的新机械不断涌现,而且由于新工艺、新材料的出现也在很大程度上促进了新工作原理的产生,例如,液晶材料的实用化促使钟表的工作原理发生了本质的变化。强调和重视工作原理创新,理解其深远意义。

在机械系统方案设计过程中,应遵守以下基本的原则。

需求原则:产品的功能来源于需求,满足市场需求是设计最基本的出发点。

效益原则:设计中必须关注和考虑效益,包括经济效益和社会效益。

继承和创新结合的原则:将前人的成果有分析地吸收采用,集中精力解决设计中的主要问题和构思创意创新。

简化和优化的原则:在确保产品功能和质量的前提下,应力求设计方案简单化,以降低成本;应用科学的标准和方法评价各种可行方案,择其最优。

广义和扩展的原则:机械系统设计不仅要应用机械专业的知识,而且应兼容吸取其他学科的有关内容。

遵循基本法规的原则:应熟悉设计中会涉及的一些基本法规,如相关标准、政策和法令,并在设计中贯彻执行。

3. 草图、零件图、装配图绘制

参赛队学生完成方案设计后,应与指导教师讨论,确认方案的可行性,在进行完善的基础上开始进行技术设计,主要内容包括:选取零件材料,确定零件的构形和尺寸,进行各种必要的分析、计算,并用工程图的形式表达结构设计的结果。

图纸是机械工程师的语言,学生应具备手绘零件草图、计算机绘制零件图、装配图的能力,图纸要求表达清楚、标注规范、符合国家或行业标准,能满足机械零件试制加工的要求。

在技术设计中,应优先考虑选用标准件和通用零部件来实现需要的功能,多采用标准件和通用零部件可减少设计的工作量,提高整机的可靠性,降低整机成本。

4. 制造、装配与调试

参赛学生应充分利用本校实验室已有的加工设备,完成零件的加工。在加工时应考虑不同设备、加工方法所能实现的零件的加工精度和加工成本。在装配与调试中,学生应注意将理论知识与实践经验相结合,分析解决装配、调试中出现的各种技术问题。

从草图、零件图、装配图设计到完成样机的加工制作、安装调试,此过程一般需要2~4个月的时间,由于大部分学生缺乏实际机械加工的经验,同时加工和调试中可能会存在返工,所以学生在时间安排上应留有余量。

5. 技术文件编制、答辩

目前的机械设计竞赛有校级机械设计竞赛、省级机械设计竞赛和全国机械设计竞赛。各级竞赛对参赛作品的提交都有具体的要求,参赛学生必须按要求提交作品。

通常需要提交的材料包括设计说明书、工程图纸、作品视频录像和实物样机或模型、作品介绍以及用于作品答辩的 PPT。

设计说明书是机械设计竞赛作品的主要技术文件,设计说明书一般包含以下几部分内容。

1) 设计目标

设计目标是指需求的功能描述,文字应简洁、准确、具体。

2) 目标的总体参数

机械系统总体参数是表明机械系统技术性能的主要指标。它包括性能参数和主要结构参数两方面,是总体设计和零部件设计的依据。总体参数主要有如下几个。

(1) 生产能力。机械的生产能力是指机械在单位时间内生产的产品数量。

(2) 运动参数。机械的运动参数是指机械执行构件的转速或移动速度及调速范围、位移、急回速比等。

(3) 动力参数。动力参数主要指机械中的工作载荷、阻力和动力源参数。动力参数是机械动力学计算、机械零部件工作能力计算及主要尺寸参数确定的依据。

(4) 尺寸参数。总体设计的尺寸参数主要是指影响机械性能的一些重要尺寸,如总体轮廓尺寸(总长、总宽、总高)、特征尺寸(加工范围、中心高度等)、主要运动部件的工作行程、表示主要部件相对位置尺寸及安装尺寸等。

在总体方案设计中,一般应先初步确定总体参数,据此进行各部分的方案设计,总体参数的确定和结构方案交叉反复进行,确定最终的总体参数。

3) 方案设计

方案设计应图文并茂,并且有方案评价方法和结论。

4) 技术设计

技术设计包括主要零部件的结构设计说明、通用零部件的选择及依据、关键零部件的校核计算等。

5) 样机的实物图片

样机调试的结果或使用效果,研制小结。

6) 参考文献

工程图纸:工程图纸包括装配图和所有自行加工的零件的零件图,装配图和零件图均需打印出来提交。图纸可作为设计说明书的附件,但不应插入设计说明书。

作品答辩的 PPT:在大多数情况下,答辩时间有限,且要按照事先安排的时间进入答辩环节,因此必须仔细计划时间,PPT 中可能需要的各种切换(如视频插入、动画)所需要的时间都应考虑在内。PPT 的内容应能清晰地回答:要解决的技术问题、如何解决、效果如何、特色或创新点。

1.5 机械设计竞赛的评分

竞赛的评分采用分阶段评审评分的方法,即"理论设计"评分和"原理样机演示阶段"评分。

评审标准包括以下五方面:①设计方案的功能原理可行性;②在现有技术、时间、制作费用等条件下,该功能原理的可实施性;③设计构思的创新性、新颖性;④在现有技术、时间、制作费用等条件下,该创新性、新颖性的可实施性;⑤设计方案的综合评价。

参 考 文 献

陈秀宁,顾大强.2010.机械设计.杭州:浙江大学出版社.
翁海珊.2008.机械原理与机械设计课程实践教学选题汇编.北京:高等教育出版社.

第 2 章 选题与解题

所谓选题,顾名思义,就是选择机械创新设计的作品题目。

设计是人类社会一种最基本的生产实践活动,是创造精神财富和物质文明的重要环节。创新是技术和经济发展的原动力,是国民经济发展的基础,是体现综合国力的重要因素。在设计中强调创新要求能更充分地发挥设计者的创造力,利用最新科技成果,在现代设计理论和方法的指导下,设计出更具有竞争力的新颖产品。

进行创新设计是机械创新设计大赛参赛作品的最基本要求,没有新颖性和独特性的作品是缺乏竞争力的。因此,创新设计作品的选题尤为重要,一个好的创意相当于成功了一半。

在选题过程中,有时会出现题目过大、缺乏可行性的现象;有时又会出现题目平庸、没有创新点、不科学的现象。初次设计者选题也许会存在一些问题,但千万不要轻易否定,以免打击初次设计者参与创新活动的积极性。一个作品从构思到成形,要经过差不多一年的时间。在这个过程中,设计者完全有能力发现最初的不足之处。只要能够正视这些不足之处,修改和完善这些不足之处,结果也许会有很大不同。

2.1 选题的重要性及意义

正确而又合适的选题,对作品设计具有重要意义。通过选题,可以大体看出设计者的研究方向和学术水平;提出问题是解决问题的第一步,要从"问题"中筛选题目,选准了题目,就等于完成了设计工作的一半,题目选得好,可以起到事半功倍的作用。

作品设计的成果与价值要由作品的完成情况和客观效用来评定,但选题对其有重要作用。选题不仅是给作品定题目和简单地规定范围,选题的过程,就是初步进行科学研究的过程。选择一个好的题目,需要经过设计者多方思索、互相比较、反复推敲、精心策划的一番努力。题目一经选定,也就表明设计者头脑里已经大致形成了作品的轮廓。

在研究客观资料的过程中,随着资料的积累,思维的渐进深入,会有各种各样的想法纷至沓来,这期间所产生的思想火花和各种看法,都是十分宝贵的。但它们尚处于分散的状态,还难以确定它们对作品主题是否有用和用处的大小。因此,对它们必须有一个选择、鉴别、归拢和集中的过程。从对个别事物的个别认识上升到对一般事物的共性认识,从对对象的具体分析中寻找彼此间的差异和联系,从输入大脑的众多信息中提炼,逐渐形成属于自己的观点,并使其确定下来。选题过程正是从个别到一般,将分析与综合、归纳与演绎相结合的逻辑思维过程。

爱因斯坦说:"提出一个问题比解决问题更重要。因为解决一个问题也许是数学上或实验上的技术问题而已,而提出新的问题、新的可能性、从新的角度去看旧的问题,却需要有创造性的想象力。而且,标志着科学的真正进步。"美国著名的贝尔研究所前副所长莫顿说:"选择题目不能草率,如果根本没有实现的可能,选题就等于零。"选题是确定机械创新设计大赛设计的目的和对象,是设计工作从预备阶段转入主要阶段的关键步骤,是开展设计研究工作的起点。确立一个有创见的题目,往往对科学的发展起着积极的作用。因此,正确地选择课题,在科学研究中占有十分重要的战略地位。

2.2 选题的原则

在设计活动中,选题因人、因时、因条件而异,千差万别,没有固定模式。但对初涉设计科研活动的大学生而言,选题要坚持需要性原则、科学性原则、可行性原则和创新性原则。

2.2.1 需要性原则

需要性原则是指所选的题目必须着眼于生产实践的需要和科学本身发展的需要。选题必须考虑它的社会意义和科学意义,应优先选择那些关系国计民生急需解决的课题,选择那些经济效益强的或具有应用前景的题目。设计的最终目的是满足人们日益增长的物质文化生活和社会生产的需要,从而推动科学的发展和社会的进步。因此,选题前需要多深入生活、多阅读文献资料,注意技术评价和经济效果的分析,同时还应当注意社会效益和环境效益,只有面向社会、面向生产实际需要的选题,其成果才能为社会所吸收、消化,成为现实的生产力,真正推动社会进步。图 2-1 为游泳池壁清洗机,针对目前游泳池壁刷洗要靠人工下水来完成清洗污垢工作的现状而设计。图 2-2 为护栏清洗机,针对城市公路中央护栏越来越多、人工清洗劳动强度大、效率低、不安全而设计。图 2-3 为新型植树挖坑机,针对山林开发、城市绿化、公路建设而设计。

图 2-1　游泳池壁清洗机　　图 2-2　护栏清洗机　　图 2-3　新型植树挖坑机

2.2.2 科学性原则

科学性原则主要是指所选题目必须有事实依据,符合最基本的科学原理,遵循客观规律,具有科学性。主要有三个方面的含义:其一要求选题必须有依据,其中包括前人的经验总结和个人研究工作的实践,这是选题的理论基础;其二科研选题要符合客观规律,违背客观规律的课题就不是实事求是;其三设计必须科学,符合逻辑性,确保结果的先进性和实用性。选题缺乏科学性,设计必然徒劳无功,一无所获。图 2-4 为自动触发式地震救生床,该床在正常状态下为普通家用床,地震时床体内的感应单摆能感应房屋摇晃的强烈程度,储存势能弹簧触发床底部的锁紧机构解锁,带动抗压圆弧保护罩动作,抵抗房屋坍塌给人体造成的伤害,运用的是物理学中的单摆知识。图 2-5 为真空吸盘式爬壁清洗机器人,机器人在电动机的带动下,通过真空吸盘使机器人在壁上攀爬,通过清洗机构达到清洗玻璃的目的,运用的是力学、机械、控制等多学科知识。

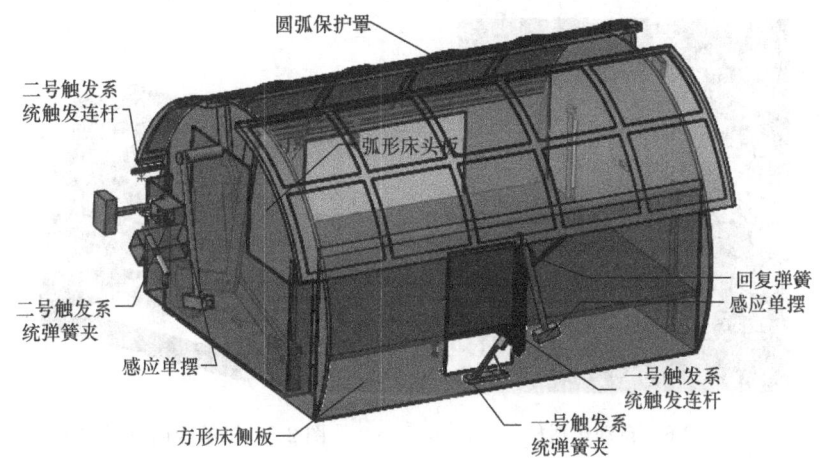

图 2-4 自动触发式地震救生床

2.2.3 可行性原则

可行性原则是要求根据实际具备的和经过努力可以达到的条件来选择和确定题目。机械创新设计大赛选题的可行性原则主要体现在以下方面。①选题应与团队的实际情况相结合,准确定位。能否独立完成或在老师的指导下完成是在设计之前必须慎重考虑的问题,必须分析团队的能力,如基础知识、专业知识的掌握程度、设计能力

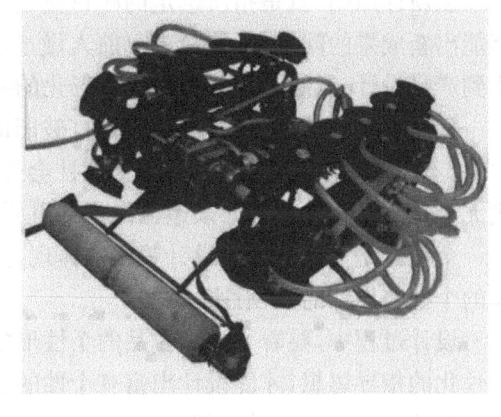

图 2-5 真空吸盘式爬壁清洗机器人

等,尽量做到使团队的能力、水平和题目的难度相适应。②课题研究所需的软硬件资源能否到位。所谓的软件资源是在不能独立完成的前提下需要考虑的,即指导教师或课题小组的成员能否到位;所谓的硬件资源即经费、场地、实验设备等能否到位。这些都是在选题时需要考虑的问题。如果选题不具备可以完成的主客观条件,再好的选题也只能是一种愿望,因此,可行性原则是决定选题能否成功的关键。如国内外都时常有人提出建立永动机的设想,这无疑是极为重要的,但由于违背了热力学基本定律,所以可以认为是不可能实现的。图2-6为自动包树机,动力采用手摇或脚蹬,工作时的运动由圆周运动和直线进给运动组合而成,设计工作可参考绕线机等现有成熟机械中的运动机构,又针对包树这一工作的现实需求,故选题成功率高,可行性强。图2-7为机械版俄罗斯方块,首先电子游戏俄罗斯方块知名度高,用机械来实现电子版功能,使广大游戏爱好者不仅看得见还摸得着,能很快为人们所接受。其次,实现方案的四个关键技术——方块形状的随机产生、XY方向快速移动、满行时自动消去、方块的循环输送,均可通过已学的基础和专业知识解决,故选题具有可行性。

图 2-6　自动包树机

图 2-7　机械版俄罗斯方块

2.2.4　创新性原则

创新性原则,就是指所选定的题目应当是前人所没有解决或没有完全解决而预期能出新成果的问题,不能只重复前人做过的工作。设计创新是一个从新思想的产生到产品设计、试制、生产、营销和市场化的一系列行动。

创新就是突破、变通、创造,就是打破旧的思维模式,开拓新的思维空间,要推陈出新,不断创造新的设计成果,为繁荣社会经济、提高生活品质做出贡献。创新性原则无疑是现代设计活动必须遵循的一条重要原则。

个性化是一个多样化设计策略的体现,是一种独创的表现形式,它显示出设计作品的个性与设计的独创性。

设计过程中,要着力突出作品的个性形象,从创意、造型到表现、形式等都要贯穿个性化的指导思想,才能设计出富有个性的独特形象,增强作品的吸引力与冲击力。

设计创新性要求具有超强的创造力和表现力,善于突破传统程式,敢于独创一格,标新立异。创新的最难点在于创新要同时做到"创新"与"传承",这是最高的要求。

必须具备创新的思维能力,并能有效地运用创新性原则进行设计活动,不断地设计出具有创新品质且受到社会大众欢迎的作品。

要使学到的理论知识联系实际有新的发展和突破,或使应用技术有所改进、完善和创新;要注意选题所选定的新的视角、领域和方法,这样才能保证题目创新性的要求。

图 2-8 为深海探宝车,该车为浙江省第二届大学生机械设计竞赛项目而制作,需完成行走、上下台阶、抓取实物等动作,三个参赛同学创新设计了无腿、无轮、无履带的探宝车,用准确的抛投、牵引控制等完成了行走、上下台阶等动作。图 2-9 为三人万向休闲娱乐自行车,该车创新了并联车体结构,使车体稳定,可三人同时提供动力输入和掌控方向,可进行有效面对面交流,视线范围宽广,有较强的休闲娱乐性。

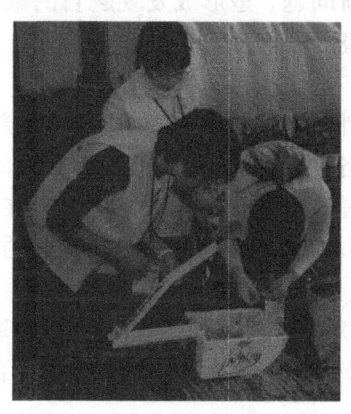 

图 2-8 深海探宝车　　　　图 2-9 三人万向休闲娱乐自行车

2.3　选题的过程、途径与方法

2.3.1　选题的过程

选题本身就是一种设计工作和过程,不存在僵硬不变的固定模式,一般选题的过程如下。

问题调研→题目选择→题目论证→题目决策

1) 问题调研

坚持跟踪、不间断地大量搜集这一领域有关问题的历史、现状、进展、趋势等信息和情报,如哪些题目前人已研究或应用过、目前还存在什么尚未解决的问题等,为最后选定具体的题目和设计内容做准备;只有这样才能掌握设计新动向,保证设计高起点。

2) 题目选择

题目选择是提出并确定拟进行的具体题目与内容的阶段,根据问题的调研结果,运用选题原则,从调研中所拟定的问题中择优选出备选题目,然后设计出工作方案。

3) 题目论证

题目论证是为了确保题目选择正确而对题目及其方案做出论证和全面评审,根据选题的基本原则,对所选题目的依据、实施条件、社会与经济效益及对社会发展的潜在价值依次逐项剖析、审议。

4) 题目决策

题目决策就是最终确定题目的取舍,经过论证与评议,最后做出决策,题目若通过论证则可确定为待设计或立即实施,否则被淘汰出局而另选题目。

选题是一个反馈并反复调整的过程,常常需要反复调研、调整、更改和多次论证。

2.3.2 选题的途径与方法

1) 从社会生产实践和现实生活需要中寻找

"实践出真知"。一般亟待解决的设计技术问题,都是由生产实践和社会实践提出的。社会生产和现实生活中不断出现的新问题,是形成发现题目的最重要的源泉,捕捉直接影响生产发展和生活质量的关键问题或热点问题进行研究,具有更大的科学意义和应用价值。

在具体的实践活动中,往往能够出现意外的情况和收获,如可能出现新的发现、新的灵感、新的意识、新的思路、新的线索等各种机遇,这对具有创新意识的人来说,在整个设计过程中都存在着这方面的机会,是选题重要的源泉之一。以往全国机械创新设计大赛主题"健康与爱心"、"绿色与环境"、"幸福生活——今天和明天",都是从社会生产和现实生活需要中提出来的。

鼓励学生从观察身边的事物入手。如针对环保机械的选题,学生可以联想到"节水的水龙头"等题目,图 2-10 所示为机械式节水的水龙头,能起到"停水后自动关闭、再来水也不会出水"的作用。

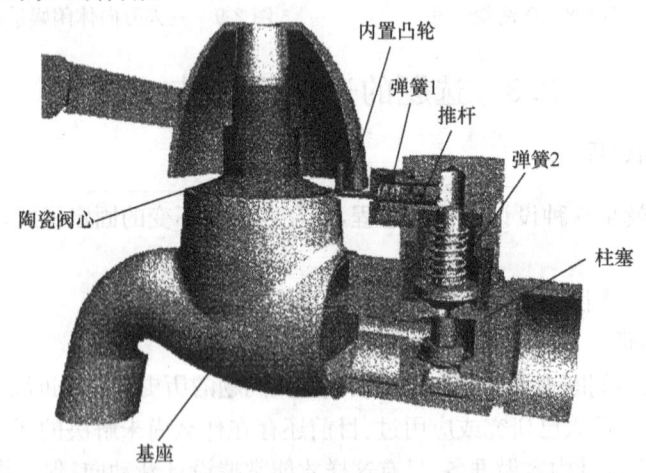

图 2-10 节水的水龙头

通过调研市场需求获得有推广前景的设计题目。创新设计的成果是一种潜在的财富,必须对市场需求具有实用性和适应性。如果学生的选题来源于市场的需求,作品就有了很好的推广价值,这一点对比赛也是适用的。如获奖作品"变速轮椅"就接到了数名患者的咨询,该作品具有良好的变速性能,而且省力,其构造简单,与普通轮椅外观无太大差别,能够给残疾人的生活带来方便,如图 2-11 所示。

2) 从文献资料中寻找

各类科技文献是人类创造成果的结晶。通过认真查阅科技文献,不仅可以浏览许多对某一问题的新观点或新见解,而且可从中发现前人对这个问题已解决的程度,或有哪些尚未解决。在查阅过程,也是不断激活思维活动的过程,使想象活动进入创造性思维状态。此时,若能及时捕捉那些稍纵即逝的表象或概念,加以引申、扩大或完善,就可能找到合适的创新性题目。如图 2-12 所示的深井救援机器人,项目是在查阅了各类新闻报道、文献资料,经过对近百起落井事故的系统分析后,设计而成的能够应对井下各种复杂情况的深井救援的作品。

图 2-11 变速轮椅

图 2-12 深井救援机器人

3) 从交叉学科中寻找

机械科学与化学、生物学、物理学、地学、医学及社会学等交叉、渗透都留下了许多"空白区",这些空白区有许多是设计研究中还没有开垦的"处女地",那里问题最多,常常引出复杂程度、层次性、价值性颇高的选题。图 2-13 为保护疫苗的不可逆超温失效警示器,该作品利用指针式温度计,在指针上粘贴 pH 试纸,在温度区间的极限位置安装了含有溶液的触点,当温度超过极限值时,指针上的 pH 试纸碰触含有溶液的触点,pH 试纸变色,说明该疫苗的储存温度曾超过极限值,该疫苗已失效,不能继续使用。

4) 从已有题目的延伸或同一个题目的不同角度中寻找

延伸性题目是根据已完成题目的范围和层次,从其广度和深度等方面再次挖掘

图 2-13　保护疫苗的不可逆超温失效警示器

产生新题目。由于题目本身并非独立存在，研究者应细心透视其横向联系、纵横交叉和互相渗透的现象，对已有材料进行深入分析，利用智慧杂交、思维统摄和辩证分析能力，综合概括出其规律，或利用已有信息、现象、概念等组合，进行延伸拓展，使研究工作循序渐进、步步深入，使已有的理论或假说达到新的高度，或开发出更有价值的新产品。对于同一个研究题目，从新的角度思考，即从新的侧面，采用新的组合，使用新的手段去研究，也可以形成新的研究题目。如图 2-14 所示的全自动双面擦窗器，作品的基本思路是以窗框作为擦窗器上下运动的导轨，利用手臂上的两同步运动的滑块带动擦洗手掌左右移动来实现玻璃窗的清洗，超越了以前的单面擦窗作品，在单面擦窗作品的基础上进行了挖掘，使其广度和深度都得到延伸。

例如，利用比较成熟的创新原理和技法开拓学生的思维。学生一般不具有丰富的设计经验，要求他们创造性地设计新机械往往不知从何处入手。创新是有一定规律可循的，如可利用"缺点列举法"、"设问探求法"等激发学生的创意。图 2-15 为塔式迷宫，传统的迷宫类玩具都是在二维平面上进行的，通过改变迷宫线路或背景图案来增加游戏者的兴趣。缺点是所需占地空间大。该作品打破了传统的设计观念，将迷宫玩具按立体空间模式设计，使迷宫的运行空间提升到三维，节省了占地空间，三维空间增加了玩具的趣味性和游戏的多样性。

图 2-14　全自动双面擦窗器

图 2-15　塔式迷宫

2.3.3 选题时应注意的几个问题

1) 理论联系实际,注重现实意义

注意选题的实用价值,选择具有现实意义的题目。所选题目应是与社会生活密切相关、为千百万人所关心的问题,特别是现代化建设事业中亟待解决的问题。

2) 勤于思索,刻意求新

作品设计成功与否、质量高低、价值大小,很大程度上取决于作品是否有新意。所谓新意,即作品中表现自己的新看法、新见解、新观点。

3) 知己知彼,量力而行

选题的方向、大小、难易都应与自己的知识积累、分析问题和解决问题的能力相适应,要做到"知己知彼"。

所谓"知己",首先,要充分估计自己的知识储备情况和分析问题的能力。因为知识和能力的积累是一个较长的过程,不可能靠一次设计大赛就来个突飞猛进。所以选题时要量力而行,客观地分析和估计自己的能力。

所谓"知彼",一是要考虑是否有资料或资料来源。资料是设计的基础,没有资料或资料不足就不会设计出好的作品。资料又可分为第一手资料和第二手资料。第一手资料是指设计者亲自考查获得的,包括各种观察数据、调查所得等。第二手资料的主要来源是图书馆和资料室的文献资料。二是要了解所选题目的研究动态和研究成果,大致掌握设计中可能遇到的困难,以避免盲目性和无效劳动。

4) 难易适中,大小适度

首先,题目的难易要适中。选题既要有"知难而进"的勇气和信心,又要做到"量力而行"。许多人在选择设计大赛题目时,跃跃欲试,着眼于一些应用价值较高、角度较新、内容较奇的题目,这种敢想敢做的精神是值得肯定的,但如果难度过大,超过了自己所能承担的范围,一旦盲目动手,很可能陷入中途做不下去的被动境地,到头来迫使自己另起炉灶、更换题目,这样不仅造成了时间、精力的浪费,而且也容易使自己失去信心。

其次,题目的大小要适度。在选题过程中,有时会出现题目过大、缺乏可行性的现象;有时又会出现题目平庸、没有创新点、不科学的现象。一般来说,题目太大把握不住,考虑难以深入细致。

2.4 设计的解题

本书所谓的解题即对竞赛题目的审视与再认识,浙江省大学生机械设计竞赛每年举办一次,一年为浙江省大学生机械设计竞赛(简称省赛),一年为全国大学生机械创新设计大赛浙江省选拔赛(简称国赛选拔赛),省赛为竞技类题目,国赛选拔赛为主题类题目,题目年年有变化,故需要对竞赛题目进行审视与再认识。

2.4.1 浙江省大学生机械设计竞赛题

解题要点:①了解对参赛学生、指导老师的要求,对参赛作品的要求,对竞赛时间及场地的要求,对递交作品及文件资料的要求;②重点分析研究竞赛程序和规则、评审过程和评分标准。

浙江省第二届大学生机械设计竞赛项目:深海探宝

1. 目标

设计可完成竞赛规定动作的探宝机模型一台,做出书面机械设计方案,完成探宝机模型制作,并参加理论答辩及现场竞赛。

2. 组队要求

每队由 2~3 名本、专科学生组成,参赛学校可为参赛队聘请指导教师。

3. 探宝机机械设计要求

3.1 探宝机在折叠状态时,其长度小于等于 300mm、宽度小于等于 300mm、高度小于等于 300mm。

3.2 探宝机的驱动可采用各种形式的原动机,不允许使用人力直接驱动。若使用电动机驱动,其电源应为安全电源。

3.3 动力设备自备,现场提供 220V 交流电源。

3.4 参赛探宝机行进方式不限,拾取(放置)圆环的方式和每次拾取(放置)圆环的数量不限。

3.5 探宝机的控制可采用有线或无线遥控方式。

4. 竞赛场地及用品规格

本竞赛场地采用木工板制作,表面铺设喷绘广告布,竞赛场地详见图 2-16,图中模拟海底宝藏的九个圆环由 PVC 材料制作(组委会提供样本,竞赛时由组委会提供竞赛用圆环)。

5. 参赛作品提交的内容与形式

5.1 参赛作品提交包括机械设计方案和探宝机原理样机。

5.2 机械设计方案提交由文字和图表等书面材料组成的"探宝机机械设计方案"书 11 份,其中除 1 份方案书有封页,其余 10 份方案书无需封页且不得出现参赛学校的任何信息。设计方案采用 A4 纸打印,并装订成册。

设计方案应包括以下几部分内容。

(1)封页:指导教师姓名、参赛队队员姓名、院(系)专业、联系方式(电话、

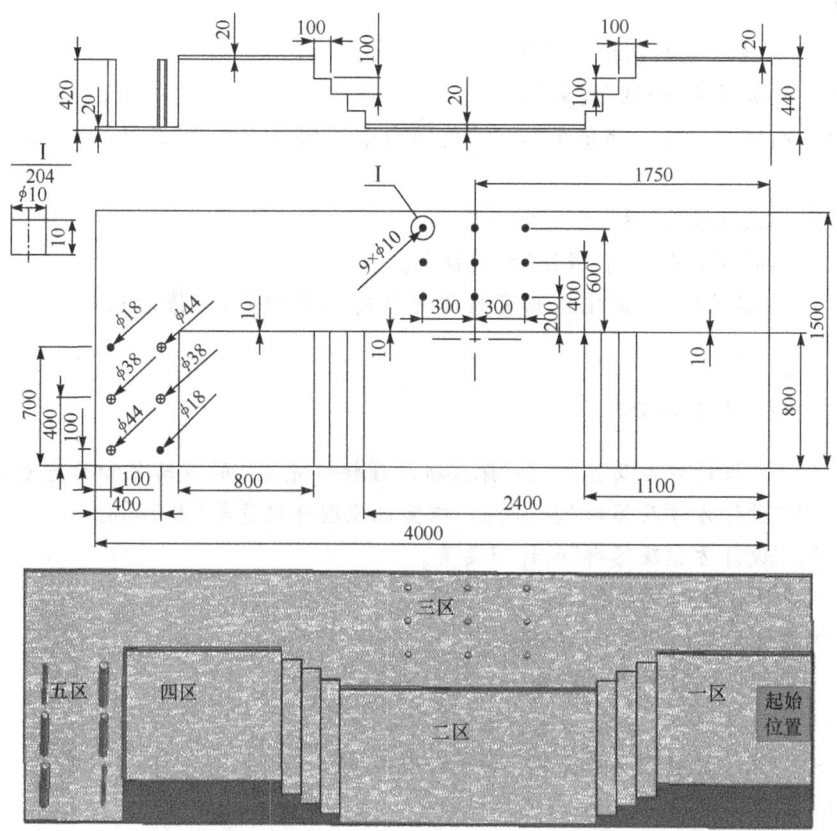

图 2-16 竞赛场地

E-mail)、学校全称(统一格式见附件)。

(2) 设计题目与内容。

(3) 机器装置的原理方案构思和拟订。

(4) 原理方案的实现、传动方案的设计。

(5) 关键技术的分析与实现、主要结构的设计简图。

(6) 设计计算与说明、设计小结。

(7) 附录:符合机械制图规范的图纸、设计装配图、零件图。

5.3 提交探宝机原理样机(样机机械部分制作除原动机、标准件及橡胶件外均须自制)。

6. 竞赛程序和规则

6.1 竞赛程序包括机械设计方案陈述和探宝机原理样机竞赛,时间各为5分钟和10分钟,分别进行。

6.2 探宝机原理样机竞赛前,在指定位置(三区)放置圆环(红色、黄色、蓝色)并分别套在圆桩上,探宝机放在起始位置(一区),待裁判示意竞赛开始后进行竞赛并开始计时。

6.3 探宝机竞赛包括下列动作。

动作1：成功从"一区"到达"二区"。

动作2：探宝机行走部分在"二区"范围内通过机械臂抓取"三区"内的圆环放到"二区"。

动作3：成功从"二区"到达"四区"。

动作4：将圆环套置到"五区"的圆柱上。

6.4 竞赛进行时，探宝机如有故障可即时离场维修，维修后从起点开始恢复竞赛。

7. 评审过程和评分标准

7.1 由"设计方案及答辩"和"探宝机原理样机竞赛"的成绩之和为竞赛的最终成绩，其中"设计方案及答辩"占30%，"探宝机原理样机竞赛"占70%。

7.2 "设计方案及答辩"的评审要素。

(1) 设计方案的功能原理科学性。

(2) 设计构思的创造性、新颖性。

(3) 原理样机制作的工艺水平。

(4) 书面材料的正确性和完整性。

7.3 "探宝机原理样机竞赛"评审评分方法。

(1) 按竞赛规则，探宝机原理样机竞赛以综合得分为最终得分。

(2) 采用抽签决定竞赛上场的次序，参赛队准备不充分，不能按规定的次序上场，经参赛队申请，可以推迟上场次序，每次扣10分，此部分得分记为A。

(3) 完成动作1，得分10分，此部分计分为B。

(4) 完成动作2，按成功抓取圆环放到"二区"的个数计分，蓝色圆环5分/个，黄色圆环10分/个，红色圆环20分/个。此部分计分为C。

(5) 完成动作3，得分30分，此部分计分为D。

(6) 完成动作4，根据放置圆环的位置计分，放置在近距离的三个圆柱上，每放置一个圆环根据圆柱粗细分别为15分/个、10分/个、5分/个；放置在远距离的三个圆柱根据圆柱粗细分别为30分/个、25分/个、20分/个，此部分计分为E。

(7) 竞赛进行时，探宝机机械如有故障可即时离场维修，维修后从起点开始恢复竞赛，从0分开始重新计分，维修期间计时不停。

(8) 探宝机原理样机竞赛综合得分为A、B、C、D、E所有得分之和。

2.4.2 全国大学生机械创新设计大赛题

解题要点：①了解对参赛学生、指导老师的要求，对参赛作品的要求，对竞赛时间及场地的要求，对递交作品及文件资料的要求；②研究参赛作品是否与本届大赛的主题和内容相符。

第五届全国大学生机械创新设计大赛主题与内容大赛的主题与内容

第五届全国大学生机械创新设计大赛(2012年)的主题为"幸福生活——今天和明天";内容为"休闲娱乐机械和家庭用机械的设计和制作"。所有参加决赛的作品必须与本届大赛的主题和内容相符,与主题和内容不符的作品不能参赛。

第五届全国大学生机械创新设计大赛参赛须知

根据《第五届全国大学生机械创新设计大赛主题与内容的通知》(第1号通知)精神,为帮助各赛区和参赛者准确理解竞赛的要求,现将有关事项通知如下。

一、第五届(2012年)全国大学生机械创新设计大赛的主题为"幸福生活——今天和明天";内容为"休闲娱乐机械和家庭用机械的设计和制作"。学生可根据对日常生活的观察,或根据对未来若干年以后人们的生活环境和状态的设想,设计并制作出能够使人们的生活更加丰富、便利的机械装置。

家庭用机械指"对家庭或宿舍内物品进行清洁、整理、储存和维护用机械"。休闲娱乐机械指"机械玩具或在家庭、校园、社区内设置的健康益智的生活、娱乐机械"。凡参加过本赛事以前比赛的作品原则上不得再参加本届比赛;如果作品在功能或原理上确有新的突破和创新,参赛时须对突破和创新之处做出说明。

所有参加决赛的作品必须与本届大赛的主题和内容相符,与主题和内容不符的作品不能参赛。参赛作品必须以机械设计为主,提倡采用先进理论和先进技术,如机电一体化技术等。对作品的评价不以机械结构为单一标准,而是对作品的功能、设计、结构、工艺制作、性能价格比、先进性、创新性等多方面进行综合评价。在实现功能相同的条件下,机械结构越简单越好。

二、作品的选评采用综合评价,一般从以下几个方面进行评价。

1. 选题评价

(1) 新颖性　　(2) 实用性　　(3) 意义或前景

2. 设计评价

(1) 创新性　　(2) 结构合理性　　(3) 工艺性

(4) 先进理论和技术的应用　　(5) 设计图纸质量

3. 制作评价

(1) 功能实现　　(2) 制作水平与完整性　　(3) 作品性价比

4. 现场评价

(1) 介绍及演示　　(2) 答辩与质疑

三、全国在校本、专科大学生(含2012届毕业生)指本届大赛期间在国家承认的高等院校注册的在校学生以及2012年毕业的本、专科学生。

四、从本届起,参赛队需向赛区提交"完整的设计说明书并附主要设计图纸(包括纸质、电子文档)"。主要设计图纸应包括总装配图、部件装配图和若干重要零件图。因此,从本届大赛起,在作品的设计评价中加入了"设计图纸质量"一项。

五、第五届全国大学生机械创新设计大赛仍采取学校选拔、各赛区预赛和全国决赛(含初评和决赛评审)的方式,每个参赛的省(自治区、直辖市)为一个赛区。

参赛队学生自接到大赛通知后,即可按大赛主题和内容的要求进行准备,并按各赛区的时间安排,在完成了作品的设计与工艺制作之后,通过学校选拔,向各赛区组委会报名,参加各赛区的预赛。

赛区组委会负责本赛区的组织领导、协调与宣传工作。不允许未成立赛区组委会的省、市、自治区高等学校参与邻近赛区的预赛活动。

六、参赛队由所在学校统一向本赛区组委会报名。各学校参赛所需费用,由学校自行承担,不得向学生个人收取任何费用。

七、各赛区务必在 2012 年 4 月 10 日前将本赛区大赛组委会和评审委员会名单、预赛时间报送全国组委会秘书处。为保证全国大学生机械创新设计大赛的公正、公平,第五届大赛同样将采用巡视员制度,即在赛区举行预赛期间,全国大赛组委会向各赛区委派预赛巡视员若干名,巡查各赛区预赛工作的进行情况。各赛区组委会应当积极配合巡视员的工作。

八、为了进一步适应全国大学生机械创新设计大赛迅猛发展的形势,第五届大赛的全国决赛名额的分配办法基本同第四届大赛。要求各赛区在 2012 年 5 月 10 日前完成预赛,并于 2012 年 5 月 15 日前将预赛结果报全国大赛秘书处,同时,将按切题作品的 10% 额度推荐上报全国大赛秘书处。凡符合鼓励赛区工作条件(具体条件将在后续的通知中公布)的赛区再增加鼓励赛区承办学校 1 个名额,一起作为各赛区参加全国决赛的作品数目。全国决赛评审委员会将组织评审专家进行"初步评审"和"决赛评审"两步评审工作。初步评审确定部分获奖作品名单和参加全国决赛的作品名单,初评工作仍然采取第四届大赛中制订的办法进行。全国大赛组委会将于 2012 年 6 月 15 日前公布参加全国决赛作品的名单,并通知各赛区组委会和参赛学校。全国决赛将于 2012 年 7 月下旬在解放军第二炮兵工程学院举行。

九、本次大赛继续设立慧鱼创新(创意)设计比赛的专项竞赛组。参加慧鱼组比赛的作品应符合本届大赛的主题和内容,参赛队组成应符合本届大赛 1 号通知的"参赛条件"。参加慧鱼组预赛的参赛队由所在学校汇总,由学校统一向慧鱼组竞赛组委会报名,参加预赛。

十、参加全国决赛的各参赛队在接到参加决赛的通知后,在规定的时间按组委会的要求在决赛展台布置作品的实物样机或进行放缩的实物模型;实物样机或进行放缩的实物模型的体积一般不超过 $1.2 \times 1.2 \times 1.2$ 立方米,特殊情况下在一个方向上允许放大到 2 米,但体积不能增加;各参赛队可制作相应的展页,展页面积不超过 2×1.5 平方米。作品演示时不能对决赛现场有环境污染、场地破坏。如果参赛队对演示环境有特殊要求,请尽早与承办单位联系;对不能提供特殊演示环境的参赛队作品,要制作作品演示的实况录像,以便评审。

第 3 章　设计调研与信息获取

大学生机械创新设计大赛作为提高大学生综合能力的竞赛活动,主要培养当代大学生的创新精神、合作意识,更重要的是使学生能够学会查阅专业相关的文献资料,并且能够对所学理论知识吸收和消化后进行应用,从而提出具有创新性的设计方案。这种自我学习、实践能力是大学生在大学阶段必须具备的素质。培养大学生的创新设计意识、综合设计能力是在掌握必要的专业基础知识之后,对已有的设计方法及设计原理充分了解之后,才能充分发挥创新的能力,因此设计前期准备是必不可少的,充分研究题目或主题,把握设计的关键点,充分调研,对相关的设计方法、结构进行充分比对,并提出多个设计方案,为最后的创新设计打下良好的基础。设计调研及信息搜集作为机械设计大赛的第一步和关键的一步,完成的好坏直接关系到整个作品的设计质量。在获得机械设计大赛的主题或者题目之后,设计调研能够扩宽参赛者的设计思路,在借鉴别人设计方法和思路的同时,可以少走弯路,提高设计效率。通常情况下,大学生在设计自己作品时经常会走一些弯路,有些弯路是必须走的,这是经验积累的过程,但有些弯路是可以避免的,这需要设计者具备能够吸收前人的经验和方法的能力。例如,一部分设计者拿到大赛题目或主题之后,往往做的第一件事就是着手开始自己的方案设计,而不是去查阅与之相关的文献资料。对大学生来说,大学阶段学习了相关的理论基础知识,实践经验相对较少,这种情况下多实践是一方面,从文献中吸取他人的设计经验和方法也是必不可少的,通过分析他人的设计过程作为参考进而提出自己的设计方案,那么方案的可行性会大大提高。因此,在设计前对设计题目或主题进行调研和分析是必不可少的过程。随着高校数据库信息量加大以及网络数据的增强,文献查阅效率有了很大的提高,设计人员对设计的调研与信息的获取相对更加方便,为机械设计提供了良好的条件。

3.1　行业领域调研

相对机械设计来说,大学生机械设计大赛涉及的领域并不是很多,从目前机械设计大赛所涉及的题目看,主要是与我们日常生活及一些未来科学发展所涉及的研究方向领域有关,如机器人结构设计领域、少量的机器人电气控制领域等,因此要对相关领域的相关设计方法与机械结构设计原理有充分的了解。

从浙江省以及国家历届机械设计大赛的主题或题目来看,大部分设计主题或题目都是有关机械结构的,最大的不同点在于机械结构所服务的对象,以机器人这个行业作为分析对象进行调研,不难看出,机器人所涉及的对象非常广,有与日常生活相关的服务机器人、与医疗卫生相关的医疗机器人、在农业上和工业上应用的农业机器人和工业机器人,以及开拓太空未知领域的探月机器人、火星机器人等。而大学生机械设计大赛所涉及的设计内容可以看做实际应用机器人的浓缩版,实际应用机器人与大学生机械大赛中在设计时的侧重点也不尽相同。实际应用的机器人在进行设计时考虑了机器人的制造成本、可靠性、工作效率以及维护成本等,而机械设计大赛在机器人设计过程中主要考虑设计是否能够实现相关功能,在完成所要求功能的前提下根据设计题目要求做适当的调整,例如,抗震救灾机器人要求把相关物体搬运到指定区域,它主要考虑的是速度问题。另外一种为主题性设计,这种题目没有具体题目限制,只是一种设计的理念,设计者可以根据自身的特点和优势,设计与主题相关的作品,这种设计主要考虑的是设计的创新性和新颖性。所设计出来的产品要能够给人以耳目一新的感觉,但其设计也有相关要求,设计的结构不能过于简单,也不能过于复杂,要让评委看出你所设计的作品是自己小组独立动手完成的创意。

当设计者把握住机械设计大赛题目所处的领域后,设计者要查阅所处领域内与之相关的机械设计的案例分析,找出机械大赛所设计作品中需要解决的关键点并逐一分析。例如,抗震救灾机器人中涉及的重点问题包括行走方式、机械臂以及抓取机构的结构设计,这些都是需要重点解决的关键问题。机器人机械臂、抓取机构已经是很成熟的产品,相关的设计方案也很多,设计者要根据各自的特点进行分析,找出最优方案。例如,机器人行走方式问题,首先在设计机器人的行走系统时,需考虑其所行经的地方以及不同位置时的行径方式,综合考虑是采用轮式还是履带式,如果选择轮式的运动方式,轮式又有几种结构形式,另外还需考虑地面的摩擦力及转向问题,所以需通过综合分析多个因素最终完成行走方案的设计。上述案例设计方法说明某一关键结构的设计都是建立在综合考虑设计者对相关结构充分了解的基础上进行的,因此相关文献的查询是整个方案设计的基础和前提。行业领域调研作为机械设计大赛的第一阶段,需阅读大量的文献资料,了解相关领域机械设计的方法和原理,了解目前研究该技术的动向,把握前人对相关知识做了什么,存在什么问题,有什么样的经验和教训,在充分调查的基础上,借鉴成功的经验,吸取失败的教训的研究方法。在文献检索之前,设计者一定要目标明确,围绕一个具体的问题进行查询。现在网络信息量非常大,要知道到哪里去查相关资料,例如,需要了解抓取机构方面的设计,可以查阅机器人相关书籍中的机械手的设计案例或者从机械设计原理和机械设计图册上了解相关的设计方法和原理。

网络信息资源的检索工具越来越方便灵活,为设计者提供了非常好的条件,设计者在做好检索的同时,更多的应该对文献进行整理、消化和利用,增强自己在机械设计能力上的水平。在机械相关设计调研和信息获取时通常出于某种需要,某一类型的主题或者题目的需要,如"救援机器人",这是一个大的主题,通过信息调研了解主题题目的发展状况以及涉及的难点,为其提供解决方案并积累文献资料。查询相关资料时,将题目可大可小进行级级划分,从题目的一个大领域、一个学科,小到一种设计方法,可根据自己的需要而定。确定好待解决问题后,则要围绕题目进行搜集与题目有关的文献。关于机械设计相关信息的获取方法主要包括专利的查询,国内外论文查找等。搜集文献要求越全越好,搜集好与题目有关的文献后,要对这些文献进行阅读、归纳、整理,从中选出有助于设计的文献,通过他人的设计方法结合自己要解决的问题提出自己的最优解决方案。

3.2 专利查询与检索

设计者利用专利数据库进行相关机械结构及原理检索,相对其他数据库具有一定的优势。机械结构设计相关专利在专利说明书对发明创造的特征和用途及对同类或相关产品存在的问题和技术缺陷有着很好的阐述,对机械结构的相关原理及具体工作过程有着详细的完整描述,设计者很容易通过这些专利获得设计上的启示,下面逐一针对不同的专利数据库查询的方法进行示例讲解。

3.2.1 中国专利查询

对国内大学生来说,中国专利的查询方法相对较为简单,通过查询网址 http://www.sipo.gov.cn/zljs,进入中国国家专利局网站即可查询。通常情况下可通过申请号、发明人和摘要等方式进行查询。下面以摘要方式进行查询,如"爬壁机器人",在图 3-1 所示的"摘要"选项中输入"爬壁机器人",然后单击"检索"进行查询。

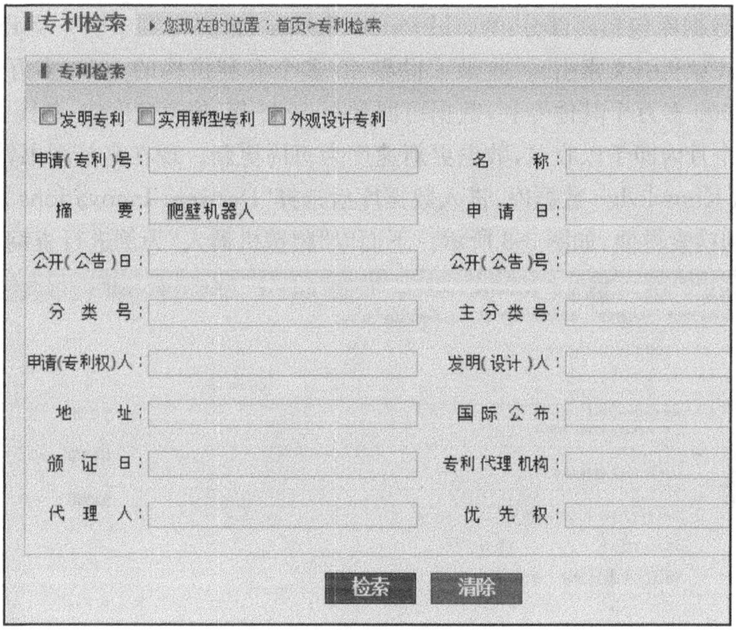

图 3-1 中国专利检索界面

根据检索要求得到如图 3-2 所示的查询结果,专利查询结果中包含了发明专利、实用新型专利及外观专利。由于所查询主题为"爬壁机器人",而爬壁机器人涉及的关键问题是机器人如何吸附在墙壁表面并进行行走,从检索结果可以看出,大部分的内容是关于爬壁机器人的吸附方式、结构和运动原理，设计者可根据查询结果找出与设计大赛题目相关的专利进行全文下载并分析，为自己的创新设计打下基础。

明专利 (34)条 • 实用新型专利 (11)条 • 外观设计专利 (1)条

序号	申请号	专利名称
1	01138618.5	履带式多吸盘爬壁机器人的实现方法及所述方法的机器人
2	97121896.X	爬壁机器人
3	99115045.7	微小步行爬壁机器人及其驱动方法
4	02117080.0	一种用于爬壁机器人的变磁力吸附单元
5	02117079.7	一种磁吸附式爬壁机器人履带
6	200710170761.1	嵌入式形状记忆合金丝驱动器驱动的微小多腔负压吸盘
7	200710170762.6	双程形状记忆合金弹簧驱动的负压吸盘
8	200710179041.1	串联式模块化爬壁机器人
9	200810061113.7	气动柔性爬壁机器人
10	200810019013.8	高层建筑爬壁水清洗方法及成套设备
11	200810035202.4	单电机控制的垂直双向直线轨迹导引爬壁机构
12	200410016429.6	磁轮吸附式爬壁机器人

图 3-2　中国专利检索结果界面

3.2.2 德温特世界专利查询

德温特是全球最权威的专利检索系统，1948 年由化学家 Monty Hyam 在英国创建，德温特数据库包括两部分：World Patent Index（世界专利索引）及 Patent Citation Index（专利引文索引）。收录了世界 40 多个专利机构的 1000 多万个基本（发明）专利，2000 多万个其他专利，数据可回溯至 1966 年，报道速度快，各国专利在公布后的 1～3 个月内即予以收录，数据更新速度为每周更新。现在高校图书馆一般都购买有 ISI of Knowledge 数据库，进入数据库后选择“Derwent Innovations Index”数据库进入专利检索界面，如图 3-3 所示。下面以“爬壁机器人”为例进行查询，检索词为

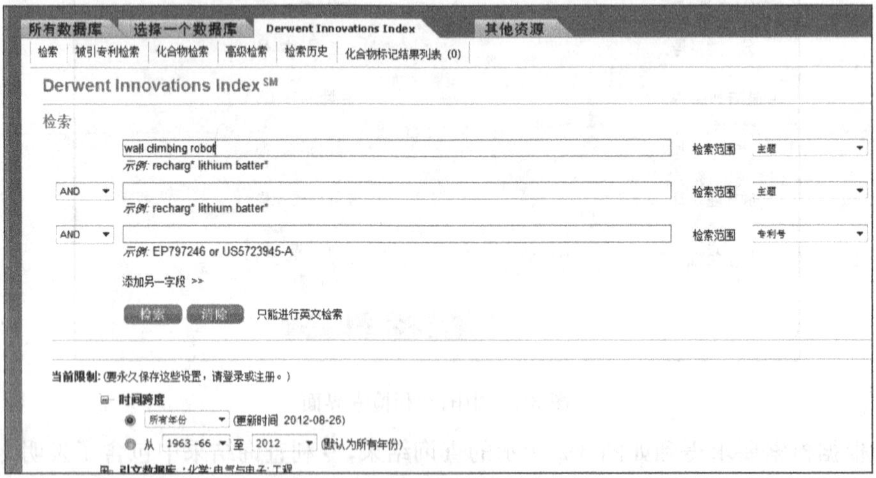

图 3-3　德温特专利检索界面

"wall climbing robot",检索范围选择"主题",可以搜索到如图 3-4 所示的检索结果,从检索结果可以看出,德温特检索系统能够搜索到世界多个国家的专利,但是这些专利只能看到索引,并不能查看全文。为了能查看专利全文,查阅者需进入所对应的专利库中进行全文搜索。德温特专利库虽没有为读者提供专利全文,但设计者可通过该数据库对全球的相关专利有全面的了解,并根据索引找出自己相关的专利。

图 3-4　德温特专利检索结果界面

3.2.3　日本专利查询

PAJ 数据库是由日本专利情报机构(Japan Patent Information Organization, JAPIO)提供的出版物《日本专利文摘》(Patent Abstracts of Japan)的在线数据库。PAJ 以英文提供 1976 年以后,在日本专利申请公开的约 600 万件的发明专利文摘及说明。PAJ 数据库查询地址为 http:// www. ipdl. inpit. go. jp/homepg. ipdl。进入 PAJ 数据查询的界面后,在该检索主页中列出了 5 个检索提问框,在提问框中可以输入检索词。在输入完检索策略后,单击"Search"即可检索。下面以"wall climbing robot"为检索词进行检索查询,搜索界面如图 3-5 所示,检索结果如图 3-6 所示。全部检索结果按年份先后顺序排列,检出的记录包括公开号和发明名称,单击高亮显示的专利名称或公开号,即可显示出该记录详细内容,右边的两框为检索结果。

3.2.4　美国专利查询

美国专利商标局(US Patent and Trademark Office)是美国负责专利和商标事务的行政机构,它在 Internet 上设立的专利查询网址为 http://patft. uspto. gov,属于政府网站,免费向广大用户提供。进入专利查询网站后,从网页上可以看到两个部分:一部分为授权专利,另一部分为已公布的未授权专利,如图 3-7 所示。下面以

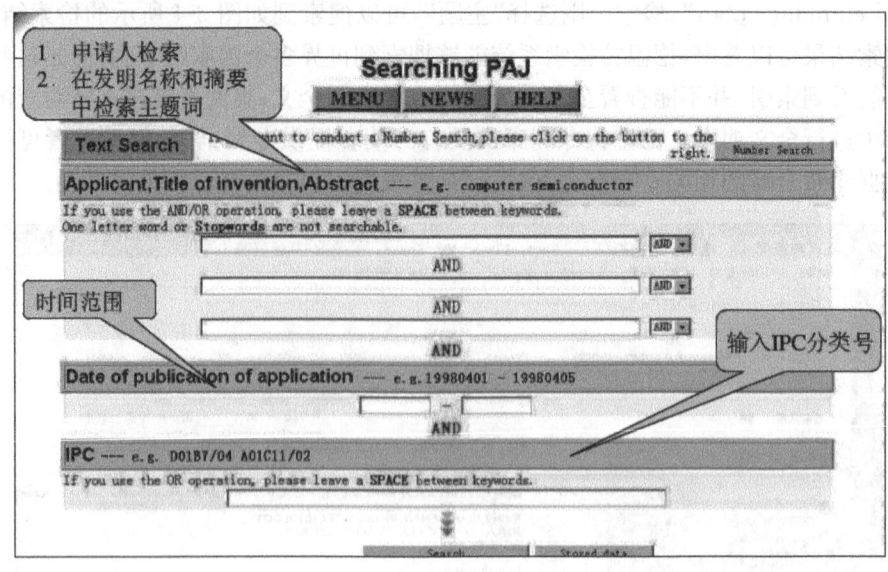

图 3-5　PAJ 专利查询界面

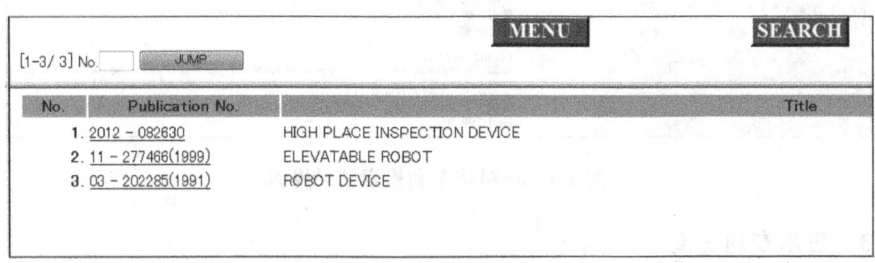

图 3-6　PAJ 专利查询结果界面

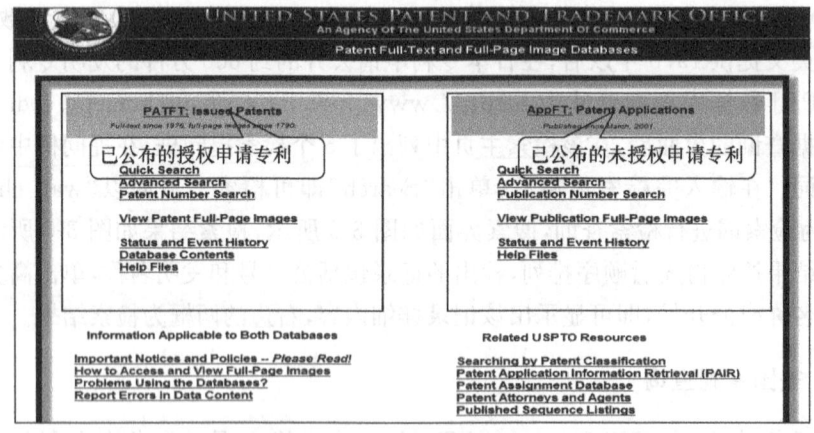

图 3-7　美国专利检索界面

"wall climbing robot"为例,利用已授权专利库采用快速检索方式进行专利检索。检索以题目包含"wall climbing robot"的专利信息进行查询,如图 3-8 所示。检索结果如图 3-9 所示,设计者根据设计题目与检索得到专利信息进行比对,分析能否为自己的设计方案提供帮助。

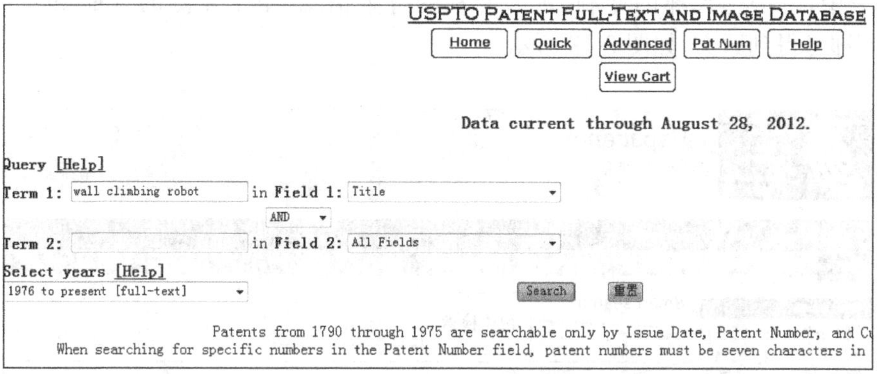

图 3-8 美国授权专利检索界面

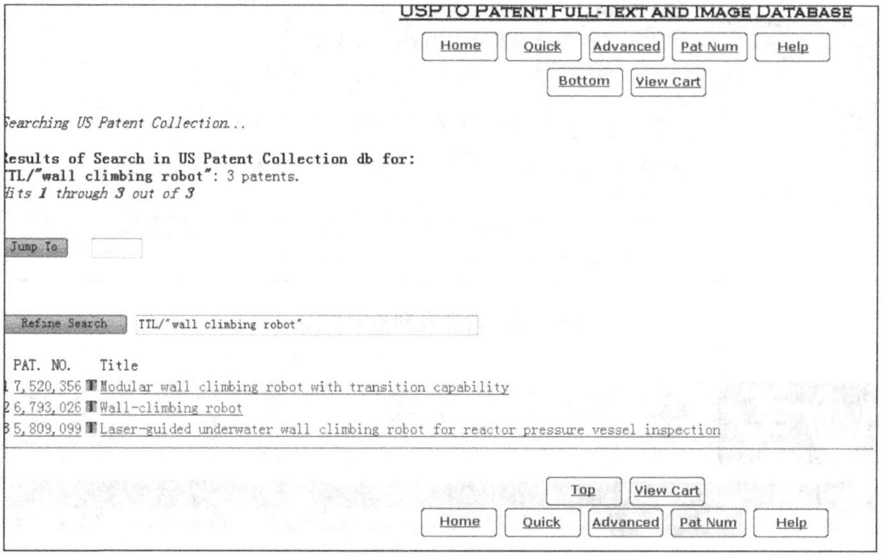

图 3-9 美国专利检索结果界面

3.2.5 欧洲专利查询

自 1998 年开始,欧洲专利局在 Internet 网上建立了 esp@cenet 数据检索系统,建立 esp@cenet 检索系统的主要目的是使用户便捷、有效地获取免费的专利信息资源,提高整个国际社会获取专利信息的意识。检索范围包括欧洲及世界上 70 多个国家超过 5900 万件的专利文献数据。esp@cenet 数据检索系统中收录每个国家的数据范围不同,数据类型也不同。数据类型包括题录数据、文摘、文本式的说明书及权利要求,扫描图像存储的专利说明书的首页、附图、权利要求及全文。欧洲专利检索网站地址为 http://worldwide.espacenet.com/?locale=en_EP。

进入检索网站后,在如图 3-10 所示检索界面上,有快速检索、高级检索等方式。下面以快速检索为例,图 3-11 是以检索词"wall climbing robot"得到的检索结果;在所列表中,单击感兴趣的专利,进入专利的背景信息,单击左侧的"Original document"即可得到原文,如图 3-12 所示。

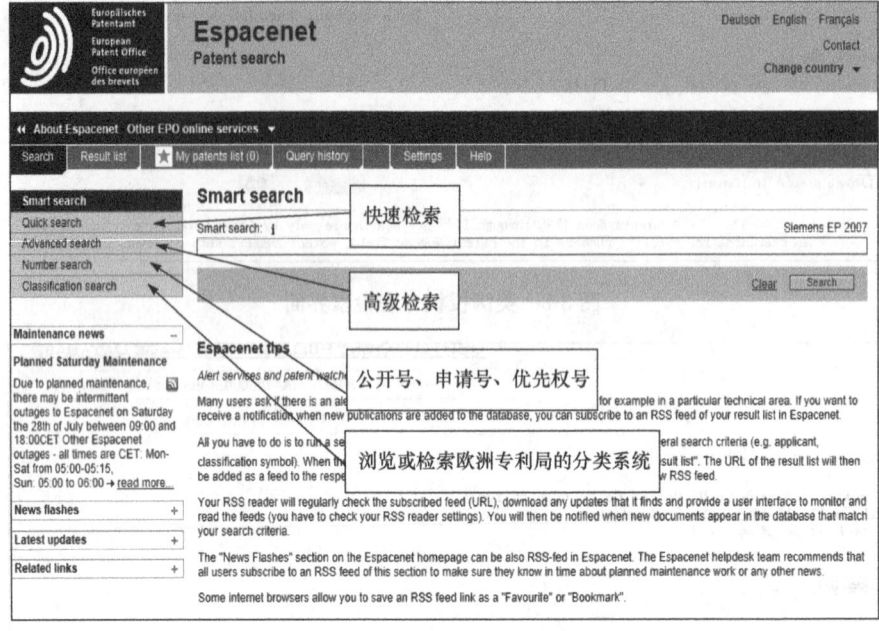

图 3-10 欧洲专利检索界面

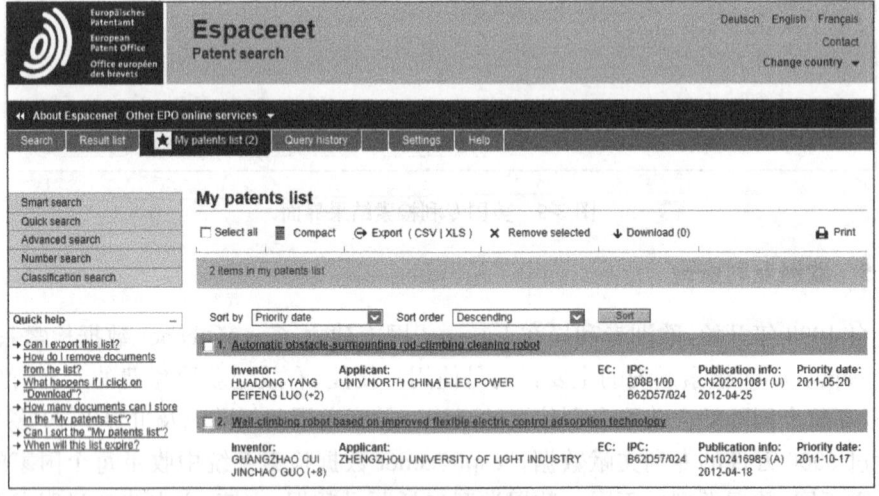

图 3-11 欧洲专利快速检索结果界面

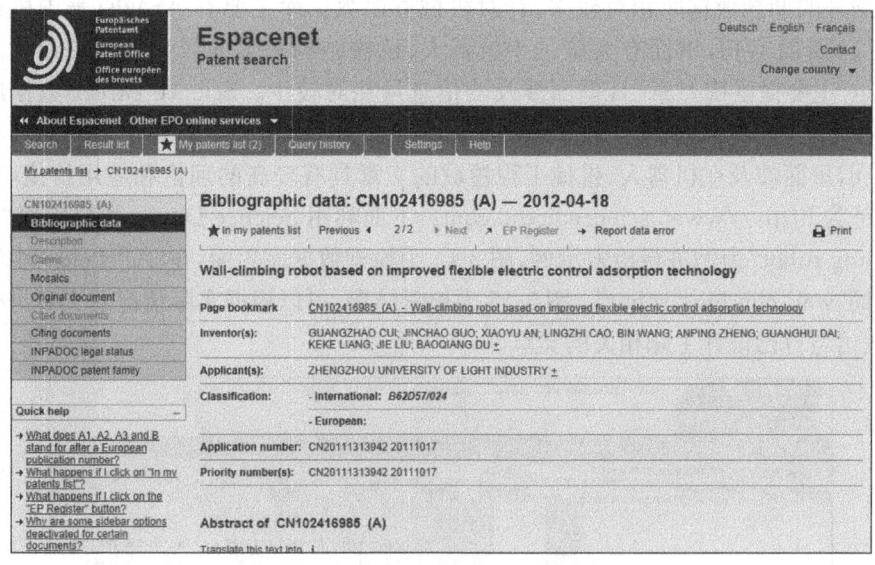

图 3-12 欧洲专利全文查看界面

3.3 论文查询与检索

目前国内外可查询相关资料的重要数据库包括中国期刊网、万方数据库、ASME、Science Direct、Engineering Village、Springer 等，下面以中国期刊网为例进行文献的查询检索。中国期刊网的网站地址为 http://dlib.cnki.net/kns50。进入网站后，在选择检索项中可选择题目、摘要主题等，示例以"题目"为检索项，"爬壁机器人"为检索词进行相关论文的查询，查询结果能够将篇名为"爬壁机器人"的文献列表，如图 3-13 所示，设计者可选择性地下载与之相关的论文。

图 3-13 中国期刊网查询结果界面

国外的期刊数据库相对较多,针对机械方面数据库主要有 ASME(美国机械工程协会)所属期刊,里面有大量关于机器人、机械结构相关的较为前沿的论文。EI Village 主要提供摘要索引,里面涉及的信息量相对较少。Science Direct 数据库在工程技术与能源科学方面包含了大约 200 多种期刊,作为公认的各个学科的核心学术期刊,里面涉及在机器人、机械工程领域的文章具有较高的理论和应用价值,其网站地址为 http://www.sciencedirect.com。下面利用 Science Direct 数据库以"wall climbing robot"为例进行检索示例,图 3-14 为检索数据库界面,在"All fields"中输入检索词"wall climbing robot",图 3-15 为检索结果,可以根据实际情况对文章进行筛选,找出与自己设计主题相关的文章。

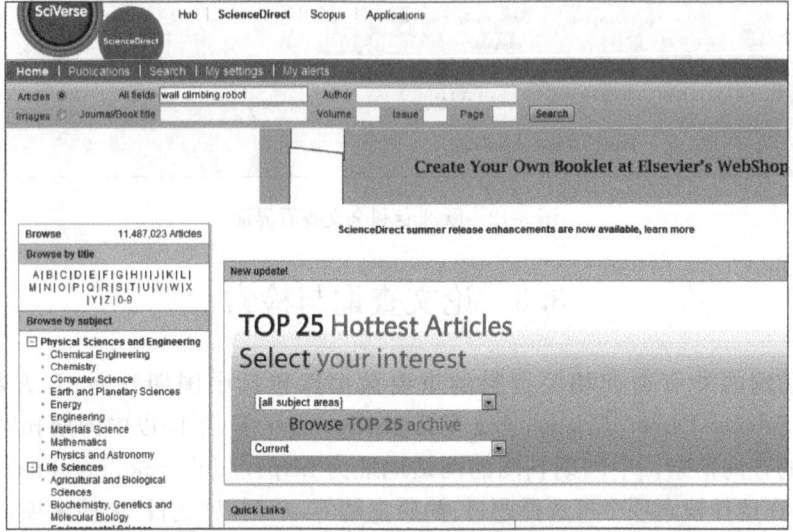

图 3-14　Science Direct 数据库检索界面

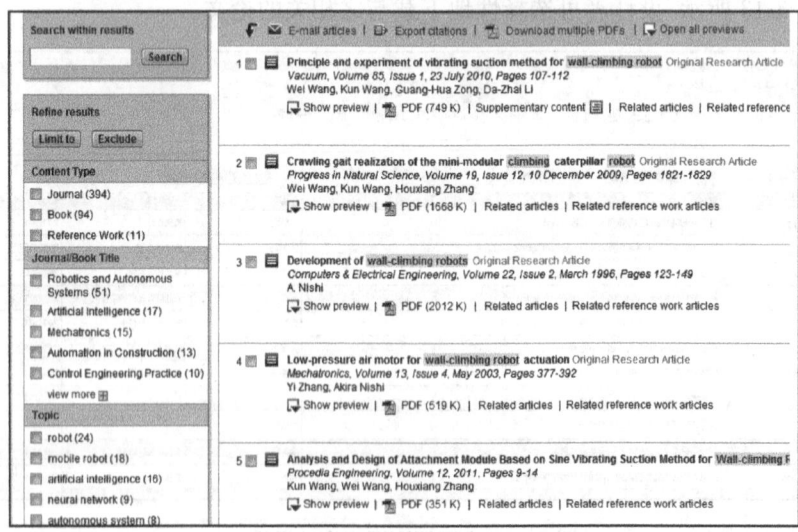

图 3-15　Science Direct 数据库查询结果界面

3.4 中国资讯行数据库、中经网、互联网

中国经济信息网、中国资讯行数据库虽不是针对学术研究的专业数据库,但是作为大型经济信息集成及资讯网站,是目前互联网上最大的几个描述研究中国经济、资讯的权威信息库,内容涉及各个领域的多个方面,它能够提供相关领域的研究成果,能够为机械设计大赛的参赛者提供设计思想和思路,有助于创新性的思维能力开发。另外,在互联网上也可以找到相关的知识,国内的搜索网站百度文库、百度视频、百度图片以及国外的谷歌文档、谷歌图书、谷歌视频、谷歌图片都可以作为一种信息源进行机械设计相关知识的获取,为自己的创意作品打下良好的基础。

中国经济信息网网址:http://www.cei.gov.cn。
中国资讯行数据库网址:http://www.bjinfobank.com。
百度文库网址:http://wenku.baidu.com。
谷歌图书网址:http://books.google.com.hk/books?hl=en。

3.5 机械设计中常用标准件的选用及查询方法

根据机械设计需要,如果能够设计选用标准件,则可以大大减少设计的工作量,因此在设计中当能够选用标准件时,就尽量避免自己设计并进行加工制造,一是增加了成本,二是没有经过可靠性验证,给机械后期的正常运行带来隐患。常用的主要标准件可以在相关参数指标确定情况下,到五金市场和电子市场上进行购买。随着电子商务的迅速发展,设计人员也可以利用互联网,在国内几个较大网上商城上查找自己设计中所需要的部件。目前比较大的主要有淘宝网(www.taobao.com)和阿里巴巴(http://winport.china.alibaba.com)。这些网站包括大部分的机械标准件和电气控制相关的产品,绝大部分标准件基本上都能够在这些网站找到,设计人员可根据自己的成本运算选取相应的符合自己设计的产品。

3.5.1 常用标准件的查询与选用

机械设计中常用的标准件可以通过机械设计手册查看相关参数,也可以通过国内一些较大的经销商获取,如米思米中国精密机械有限公司(http://cn.misumi-ec.com),公司的产品目录中公布了大量标准件的三维图和二维图及其相关尺寸,设计者可以直接进入下载并选择自己所需零件。

目前在机械设计大赛中涉及的常用标准件如下。

(1) 直线运动部件:导向轴、导向轴支座、直线轴承、滚珠导向轴、固定环、无油衬套、直线导轨、滚珠丝杠、支座组件、梯形丝杠、滑动丝杠。

(2) 传动部件:联轴器、马达、同步带轮、同步齿形带、齿轮链条。

(3) 工业用材料:透明树脂、玻璃、镜面、树脂板、圆棒材、六角管材、树脂棒材、角

钢、型钢。

（4）调整连接零件：垫圈、轴环、垫片、螺丝、螺帽。

（5）气动元件部件：气缸、方向控制阀、吸盘、空气压缩机等。

机械大赛用的电气控制部分元件如下。

（1）电缆线。

（2）控制机器部件：开关按钮、开关电源、保险丝等。

在作品方案设计时如果采用气动驱动方案，可在著名气动领域制造商的主页中查询到相应的设计案例，为自己的设计提供设计思路，例如，在著名的气动元件综合制造商 SMC（中国）有限公司（http://www.smc.com.cn），在其主页中有大量的不同领域的气动案例分析。另外也可通过淘宝网查询到相关产品的配件及工作原理图，这样能够大大提高设计者的效率，把主要精力放在机械结构的创新设计中。作为机械设计大赛中的重要辅助部分，电器控制单元在机械设计大赛中负责驱动执行机构的运动，电气控制单元在电气控制部分元件可以通过购IC网进行网购，地址为 http://www.goic.cc，也可通过淘宝网查找相关产品。

下面列举一些在机械设计中常用零件的网购地址。

直线导轨：http://hengli.tmall.com/?spm=a220o.1000855.2.1.10b906。

丝杠：http://hiwin-abba.taobao.com/?spm=2013.1.2.1.322300。

轴承：http://shop71323343.taobao.com/?spm=a1z10.15.2.2.9676c0。

直流电机：http://jsltsm.tmall.com/?spm=a1z10.1.2.1.ad1b35。

同步带：http://slpu.tmall.com/shop/view_shop.htm?spm=a1z10.1.4594469.1.a0d7ab。

气缸：http://yqsmc.tmall.com/?spm=a1z10.1.3.2.1e9d51。

空压机：http://qbjj.tmall.com/?spm=a1z10.1.2.1.be3f9e。

开关电源：http://twmwdy.taobao.com/?spm=a1z10.1.2.1.d34850。

3.5.2 外观设计参考

在机械设计大赛中，外观设计也相当重要，在实现功能的前提下，应尽量提升作品的外观形象，优秀的外观设计能够给人眼前一亮、耳目一新的感觉，从而更容易获得他人的认可，目前关于可参考的外观设计网站如下。

酷设计网站：http://www.ksheji.com/gysj。

视觉同盟：http://www.visionunion.com。

科汇工业设计：http://www.shkhde.com/index.asp。

大维设计：http://www.nb-dw.com。

3.5.3 机械设计大赛相关结构设计资料查询

在机械设计中，复杂的机械结构设计均可通过简单的结构设计以组合的方式形成，那么设计者需对机械设计的绝大部分结构了解准确，这样才能够具备创新性设计的必要能力。目前有关机械结构设计及竞赛用书主要有如下几本。

赵明岩.2008.大学生机械设计竞赛指导.杭州:浙江大学出版社.
黄继昌.2008.实用机构图册.北京:机械工业出版社.
成大先.2000.机械设计图册.北京:化学工业出版社.
郭洪红.2012.竞赛机器人设计与实践.北京:科学出版社.
王立权.2007.机器人创新设计与制作.北京:清华大学出版社.
克拉克.2004.机器人设计与控制.北京:科学出版社.
斯克莱特,等.2007.机械设计实用机构与装置图册.邹平,译.北京:机械工业出版社.
王晶.2007.机械原理与机械设计课外实践选题汇编.北京:高等教育出版社.
付京逊,等.1989.机器人学:控制、传感技术、视觉、智能.北京:中国科学技术出版社.
孟繁华.1989.机器人应用技术.哈尔滨:哈尔滨工业大学出版社.
王三民.2009.机械设计计算手册.北京:化学工业出版社.
成大先.2010.机械设计手册:单行本.4.机构.北京:化学工业出版社.

第4章 机械系统方案设计

4.1 机械系统的组成

在机械工程领域,一般把能完成有用的具体任务的机械产品称为机器,如家用洗衣机、汽车、机床、谷物收割机等,机器能转换机械能。把组成机器的机械运动系统称为机构,如连杆机构、凸轮机构、齿轮机构等,主要用于传递和变换机械运动。从传递和变换机械运动的角度看,机器与机构并无差异,所以,常常把机器和机构统称为机械。

虽然各种机械的构造、结构组成是千变万化的,但是从组成机械的零件、构件、机构在实现机械功能中的作用并归类看,在一般情况下,机器是由驱动系统、机械运动系统、控制系统三大部分组成的,机械运动系统还可再分为传动系统和工作执行机构(装置)两部分,如图4-1~图4-3所示。

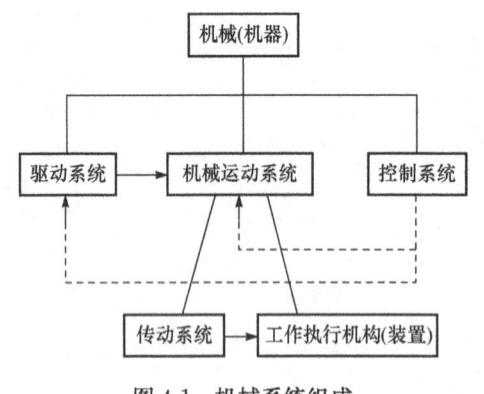

图 4-1 机械系统组成

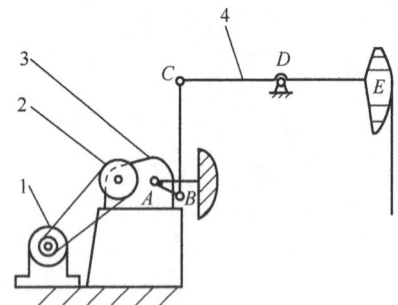

图 4-2 油田抽油机示意图
1-电动机;2-皮带传动;3-减速器;4-连杆机构

1. 驱动系统

驱动系统亦称为动力机、原动机,是机械工作的动力源。常用的驱动方式有电力驱动、液压驱动、气压驱动、燃汽机、风力驱动等。电力驱动是目前使用最方便、应用最广的驱动方式,其代表性的驱动装置是如图4-2中的电动机1和图4-3中的电动机2。电动机分为直流和交流电动机两大类。对于机械设计竞赛,对机器人、机械手类的设计,宜选用小功率、小体积、带减速的直流电动机,通过稳压电源供应安全电压(36V、24V、12V),而一般机器的设计,最好选用单相交流异步电动机。液压驱动需要油泵及其他液压元件,所以较为复杂而且携带不方便,不适合机械设计竞赛选用。燃汽机(如内燃机)和风力驱动由于工作条件的限制,机械设计竞赛中几乎不采用。

气压驱动可用普通空压机作为动力源,相比液压驱动要简单得多,所以也是机械竞赛常用的驱动方式。

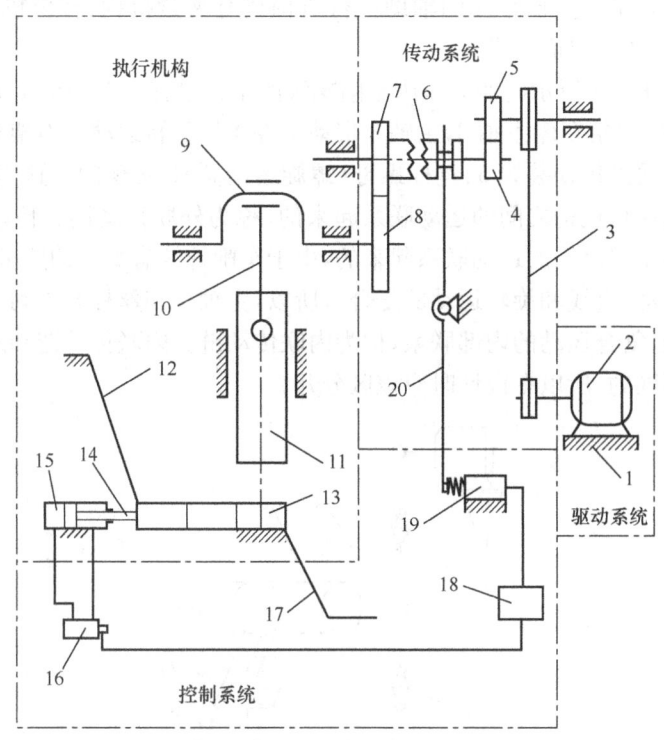

图 4-3　板料冲压机结构组成

1-机架;2-电动机;3-皮带及带轮;4,5,7,8-齿轮;6-离合器;
9-曲轴(曲柄);10-冲杆;11-冲头;12-料斗;13-板料;14-推料杆;
15-气缸;16-气动控制阀;17-出料板;18-控制单元;19-电磁铁;20-操控杆

2. 机械运动系统

机械运动系统主要是对驱动系统提供的运动和动力进行传递和变换,以满足机械功能任务的要求。它包括机械传动系统(装置)和执行机构(装置)两部分。机械传动装置的任务是把驱动系统提供的动力按照机器要求的运动和动力传递给机器的执行机构,如图 4-2 中的皮带传动 2 和减速器 3,图 4-3 中的皮带传动 3 和构件 4、5、7、8 组成的齿轮传动,常用的传动装置有齿轮传动、蜗杆传动、链条传动、带传动、螺旋传动等。

执行机构是完成机器工作任务或者实现机器功能的执行者,如图 4-2 中的连杆机构 4。现代机器一般是由多个执行机构分别动作、协作来执行其功能的。在这多个执行机构中,有的是这部机器必需的,是任务的直接主要执行者,可称为主要执行机构,如图 4-3 中由构件 9、10、11 组成的冲压机构。执行机构的从动件即机器的执行件,如图 4-2 中的构件 E 通过绳索带动抽油杆上下往复运动进行抽油,图 4-3 中的冲头11。而有的机构则是协助主要执行机构工作的,可称为辅助执行机构,如图4-3中的料斗12、推料杆14、出料板17等。如果这些辅助任务由人工完成,那么辅助执行机构就不需要了。其他常用的辅助执行机构还有夹紧机构、转位机构、定位机构等,可根据机器的需要而增设。

再来看如图4-4所示的普通车床车削螺纹的工作过程。电动机1通过传动装置2将力和运动传递给车床主轴3,主轴3带动工件4作旋转运动。刀架和车刀7的往复直线运动是通过传动装置5、丝杠螺母(螺旋运动副)6实现的。这里,传动装置2是把电动机与执行机构之间的运动联系起来的,称为外联传动链。传动装置5是把主轴(工件)和车刀之间的运动联系起来的,由于车削螺纹有螺距的要求,即车削出螺纹需要螺旋运动(直线和旋转运动的复合),所以,主轴3和丝杠6之间存在运动协调配合的问题,是复合运动的内部联系,称为内联传动链。内联传动链和外联传动链的功能作用是不同的,所以在设计时应该区分开。

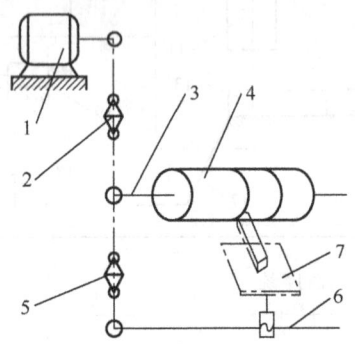

图4-4 普通车床车削螺纹示意图
1-电动机;2,5-传动装置;3-主轴;4-工件;6-丝杠;7-刀架和车刀

3. 控制系统

控制系统用于控制机械的各个子系统、构件、机构等,使其按照工作要求(如动作时间和顺序)进行协调、配合工作,如图4-3中的离合器6、操控杆20、控制单元18、气动控制阀16等。当一部机器要完成的任务(功能)越复杂,执行机构等运动装置越多,控制系统越重要。一般来说,机器的任务动作单一、运动构件及机构较少时,可采用机械控制的方式,如凸轮机构,其控制过程相对可靠,但调整不太方便。现代机器大多数采用的是电气甚至计算机、智能化控制的方式。机器的控制系统越完善、越先进,则机器的自动化程度就越高,人工参与的劳动就越少,机器的工作效率也较高。

显然,任何一部机械或者机器,其三大组成系统中的所有零件、构件、机构、装置等必须支撑在机器的机架上。对于汽车或者需要经常移动位置的机械,则还要增设行走机构(装置),如轮式行走装置、履带式行走装置等。

综上所述,一部比较完整的、自动化程度较高的机械可能包含了如图4-5所示的各种各样的机构(装置)。

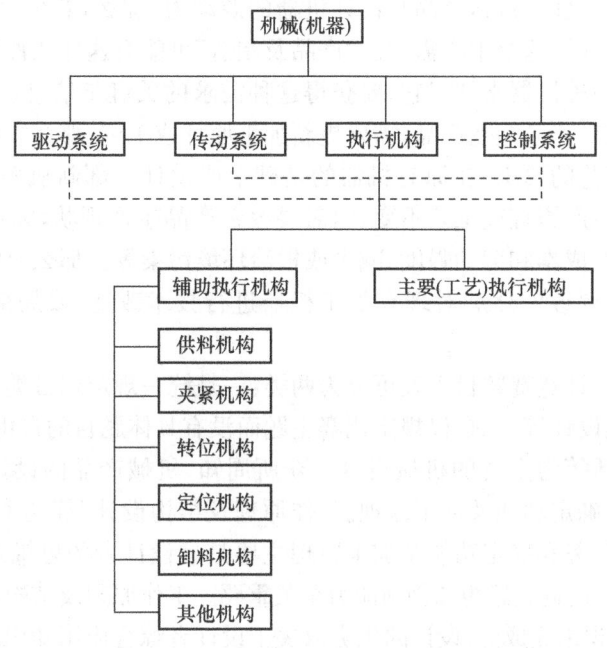

图 4-5 机械(机器)的组成部分

4.2 机械系统的原理方案构思设计

所谓设计,就是以社会需求为目标,在一定设计原则的约束下,在设计方法指导下,用设计手段创造出产品结构的过程。在设计过程中,设计师要开展创造性思维和技术活动。通过人的创造性思维而产生构思,通过技术途径达到满足某种特定功能系统的产品。

机械系统的原理方案设计是针对所要设计的产品的功能任务,提出机械原理性的构思,探索实现功能任务的技术物理效应和工作原理。

4.2.1 从需求到设计任务的提出

认识事物要经过提出、分析和解决问题三个阶段。提出问题是第一重要的,只有敢于而且能够提出问题,才能剖析解决问题。

确定机械的功能任务必须首先搞清楚,所要设计的机械的目的以及满足人类的何种需求。因此,机械产品的设计过程首先是提出一种需求,这种需求可以由机械使用者或者制造者提出,也可以由设计者提出。由使用者或者制造者提出的设计称为合同(任务)设计,由设计者提出的设计称为自主开发设计。

要获得"需求"从而"设计"的思想火花,设计者的思维要灵活,注意培养各方面的能力,特别是:洞察能力,要细致地观察社会,深入生活,在了解了物的现状和人的渴望之后,才能发现某项需求;感觉能力,能领悟、预感到某种社会需要。而在机械设计中,机器是制造产品的母机,产品是设计机器的源动力,那么,若想设计一部机器,应紧紧围绕"制造产品"这个中心需求。"产品及制造"可能有这样几种情况:其一,产品是新产品,需要一种机器来加工它,要获得这种需求的关键是信息,应充分掌握产品及市场情况;其二,产品是老产品,需要更新加工原理或工艺,那么应掌握并结合新原理、新方法、新工艺的要求,在原有机器的基础上或设计一部新机器以满足要求;其三,老产品而且生产原理或工艺不变,但需要改善产品生产现状,如提高生产率和产品质量,降低生产成本和劳动强度,减少或根治环境污染等。那么应明确存在的问题是什么?为什么要改?然后对现有加工机器进行技术改造,或局部进行创造性的变革。

目前,机械设计竞赛题目大致可分为两类:一是统一规定题目类,如采果机器人、抗震救援机器人设计等;二是仅规定比赛主题而没有具体题目的自由选题类,如以绿色环保、幸福生活等为主题的机械设计。众所周知,机械产品的设计过程大概分为"提出设计任务、确定功能及加工原理、工作原理及结构设计"等几个主要设计阶段,其中,提出设计任务和确定功能及加工原理主要是靠设计者的思维意识和设计构思来完成的,设计者的创新思想和创新能力至关重要。工作原理及结构设计主要是靠设计者综合运用知识来完成的,设计的优劣取决于设计者综合应用知识的能力。由于规定题目类明确了要实现的功能和设计规格,基本不需要学生构思机器的加工原理(功能)方案,主要是考查学生通过什么样的机械原理和结构来实现所要求的机器功能。而自由选题类则要求学生从提出设计题目开始进行设计工作。因此,就充分发挥大学生的想象力、创造力以及培养大学生创新意识和能力而言,自由选题类比规定题目类的作用和意义更大一些,而在题目的复杂程度、制作的难易程度等方面,这两类选题基本没有差异,但就竞赛的组织和评判而言,规定题目比自由选题更客观和科学。

当竞赛组织机构发布竞赛通知后,学校及指导教师应首先进行广泛动员并指导学生成立设计小组,围绕竞赛主题或者题目,引导并启发学生展开创造构思与创新设计活动。运用各种创造发明技法,紧紧围绕竞赛的主题,分析明确本届比赛要解决的主要问题,从而确定设计的主要任务和目标,深入细致地观察现实社会和人类活动,分析人、家庭、社会、生活、学习中的需要以及方方面面存在的问题和不足,从中发现需要并进行改进和设计。

认识一种需求本身就是一件创造性的工作。在机械设计中,有时提出设计并不比完成设计容易,应努力探求有价值的创意与构思。更重要的是,通过创造设计活动,激发大学生创新思想火花和创新意识,培养学生洞察、感悟和预测能力。

4.2.2 机械功能及任务的分析与确定

在确定所要设计的机械功能时,一定要抓住设计中的主要矛盾和核心问题,要摆脱具体的、已有的、某种定式的、个人经验的束缚,开展发散式、以功能设计为主的设计思维活动,从而在广阔设计空间中寻求出更多、更新、更好的设计构思。例如,自行车设计问题,你可能立刻想到"由前、后两轮组成、脚踏链条传动"的方案,深入分析后得知,最基本的要求是"以人为动力的运输工具",按此进行抽象化后,则可能想到独轮自行车、三轮自行车、手摇自行车等。再如水果削皮机设计问题,如果认定是"削皮",那就只能用刀具来完成,问题抽象化后,应该是水果的果肉与果皮"分离"的问题,那既可以用削、磨之类的机械方法,也可以用腐蚀等化学方法。

现代机械一般都具有多项功能,但在这些功能中,必然有一项必需的主要功能,其他则为辅助的、附加的次要功能。显然,功能越多越复杂,实现起来就越困难,机械的结构就越复杂,成本也相应越高。所以在设计中,应该根据确定的设计目标任务,抓住主要功能,兼顾次要功能,尽可能使各项功能具有一定的互补关系,尽可能减少一些不必要的附加功能,尽可能以较小的代价实现所需要的功能。特别应剔除那些互不相关的、性质差异较大的、甚至相互制约与矛盾的功能。例如,全国机械设计大赛的题目——抗震救援机械设计,这里,抗震设施是指发生地震时具有防止或者减少危害的功能,它可兼有自救功能,而救援设施是指发生地震后能实施外部救助的功能,它要兼有保护功能,如果设计的机械具有抗震和救援这两大主要功能,则显然是不合理的,甚至是矛盾的,因为抗震设施是处于灾害现场内部,而救援设施处于灾害现场外部,所以很难实现兼顾,即使设计上能兼顾,也是一种浪费。又如,机械设计竞赛的题目——厨卫机械设计,若计划设计一台饮水机,饮水机的主要功能是提供冷、热水,若加上对水质净化、水杯消毒功能,则主要功能和次要功能具有相关互补性,所以是合理的,甚至在饮水机上设计一个可折叠的平台以方便放置水杯,也是可以的,但若在饮水机上设置一个收集水杯的类似垃圾桶的装置,就很不合理,因为饮水必须卫生,而垃圾是污染的。

4.2.3 机械功能的实现方法

1. 寻求功能解

确定了总功能后,就可寻求实现功能的技术物理效应及功能载体。将物理学原理通过一定的结构形式,在工程技术上加以利用即所谓技术物理效应。实现技术物理效应的具体构件即功能载体。同一种技术物理效应可以实现各种功能,例如,杠杆可以实现力的放大或缩小、换向等功能;同一种功能可以用不同的技术物理效应实现,如机械力、电磁力、流体力;同一种技术物理效应也有不同的技术表现方式,如力、力矩、力偶。

例如,设计一台山核桃取核桃仁机,功能是实现"壳仁分离",因为壳完全包裹了仁,所以实现的方法要么"破壳露仁",要么"仁穿壳出"。要实现"破壳露仁",可采用砸、敲、撞、压外壳的方法;要实现"仁穿壳出",可采用真空负压、气压内胀的办法;也可以采用化学溶去外壳的方法。

当所设计的机械比较简单时,可以根据经验、类比法和一般知识,选择出适当的技术物理效应和确定相应的功能载体。当设计的问题比较复杂时,一要尊重科学,从科学原理中找答案;二要充分借鉴前人的成果及有关文献;三要发挥众人的智慧;四要开阔思路,大胆创新,奇思妙想;五要从实际出发,进行必要的科学技术实验。为了选出最佳的功能解,应针对功能的要求尽可能多地提出几种技术物理效应和功能载体,通过比较、评价、决策,获得满意的设计方案。

除了物理效应,还应注意化学效应、生物效应、自然效应(如太阳能加热、自然冷却等)。

找到实现功能的技术物理效应和功能载体后,将这些功能载体根据功能结构进行合理的排列与组合,就可以得到实现总功能的各种方案。在组合时,可根据经验、借鉴类似设计和前期构思中形成的初步设想,舍弃一些明显不合理或意义不大的方案。选中几个合理的、可行的、有希望的方案,然后从物理上的相容性、技术经济效益等方面对这些方案进行深入分析、评价和优选。例如,可以从功能结构中的能量、物流、信息能否不受干扰地连续流过? 功能元之解在几何学和运动学上是否有矛盾? 进行直觉判断,从而剔除那些不相容的方案。

2. 功能解的实施方法及技术路线

得到所设计问题的功能解后,还应确定实现功能解的排列与组合方法,实施程序及其顺序。例如,水果削皮问题,可以先把水果夹持住再用刀切削,也可以边夹持边切削;可以使水果保持不动让刀运动切削,也可以让刀不动使水果运动实现切削。再如,食品可以袋装、瓶装、盒装等;糖果的包装可以单扭结、双扭结、折叠式、枕式等。

事实上,一项功能特别是较大较复杂的功能,往往不可能一步或一次作用就实现,而是分步按照一定顺序依次逐步实现的。功能解排列与组合的方式及方法、实施的程序及顺序即所谓的实现功能解的技术过程(路线)、工艺过程(路线、流程),简称工艺方案设计。

1) 产品加工中常用的工艺方法

机械的作用是来改变被加工对象的性态、形态和位置状态的。据此,常用的工艺方法有三种。

(1) 性态改变类。机器在加工过程中,加工对象有显著的物理或者化学反应。如清洗、干燥、电镀、金属热处理、浸漆等。采用物理化学作用原理的机器,其主要执行机构(加工工具如喷头)与产品在加工过程中一般不接触,而作用介质(如水、油漆)全方位接触产品,加工中的约束限制较少,设备简单,生产率高,易于自动化,所以常常采用自动线。

(2) 形态改变类。通过机械作用力来改变产品的形状、尺寸、装配、包装等。例如,板材冲压成形、食品包装等。一般来说,机械作用型要使用工具(如冲头、刀具)通过与被加工者的直接接触而实施加工。如果加工对象的形态改变是二维平面的,如板材单边折弯,则机械的实施过程要简单一些,若形态改变是三维空间的,则机械的实施过程要复杂,如各种形体容器的成形、食品包装等。在形态改变过程中,有些以力作用为主,如板材折弯、冲压等,这类机械的运动过程相对简单;另一种以运动动作为主,如食品的包装,这类机械的作用力一般较小,但运动形式复杂。

(3) 位置状态改变类。将物体由一个位置移动到另一个位置。在移动过程中,可能还包含对物体方位和姿态的调整。在位置改变中,有些是在平台轨道上通过推、拉、承托来移动的,有些则无支撑平台,一般需要机械手将物体抓持、握住并摆动,例如,采果机器人,搬运、上料机械手。

采用不同的工艺方法得到的最终结果可能无差异,但作用过程千差万别,因此,在设计或选择时必须从对产品的质量、生产率、成本、劳动条件、环境影响等各个方面进行综合考虑。尽可能采用新技术、新工艺,但必须是切实可行和可靠的;应力求获得最高的生产率,但必须以保证产品的加工质量为前提;应当可以在运动原理、结构上实现,而且力求使机器结构最简单。同时应当拟定出几个方案,通过分析、比较甚至必要的试验之后,优选确定。随着生产的发展、技术的进步、条件的变化,确定的方案亦可进行合理的变更。

2) 工艺过程方案设计

工艺过程方案设计主要是安排各个动作的作用幅度以及顺序等。例如,堆叠层放的物体,只能从上向下一个(或者几个)一个取;产品多层包装只能由内向外一层一层进行,这种工艺过程方案是唯一的,只能严格按照功能结构关系设计方案。而生产中多数功能结构是松散的、可变的,某个动作既可提前实施也可推后进行。例如,法兰、轴承盖等盘类零件可以先加工两个平面再加工外圆、内圆,反之亦可;从树枝上采摘果实,可以从上向下,从内到外。

为了得到合理的工艺过程方案,可采取以下方法。

(1) 合理选择原材料及毛坯状态。合理选择原材料及毛坯状态(如尺寸、形状、精度等),可以简化工艺,使其便于实现自动化操作并保证生产稳定。例如,产品包装中,采用卷筒纸边包装边裁剪比采用单张纸包装可简化包装动作、提高效率;把毛坯用其他方法先进行初步加工,然后采用自动机加工半成品。

(2) 提高产品结构工艺性。产品结构工艺性好有利于简化加工工艺方案,必要时还可增设工艺结构(如工艺凸台、工艺孔)、(送料、识别、定位)标记等来保证工艺过程的实施。

(3) 合理选定加工中的定位基准和夹持部位及方式。不合理的定位基准和夹持方式,可能引起工艺、工序的干涉,影响工艺执行的流畅性和产品加工质量,影响输送机构、装卸料机构、定位及夹紧机构的复杂性。应设法使产品在加工过程中装卸次数少、翻转转位少,便于自动定位和输送。夹持部位的选择应以保持产品质量为原则。

(4) 工序集中和分散。工序集中是指工件在一个工位上,经一次定位装夹,采用多刀、多面同时加工,以完成工件多个加工面的一次加工。其优点是:可以减少中间辅助环节如产品的输送、定位、装卸次数;使执行上述动作的机构得以简化和减少;提高生产率、保证加工精度及质量;减少自动机台数、节省生产面积。如组合机床、数控铣镗床、加工中心等。工序集中的缺点是工艺通用性差,机器结构较复杂,刀具多而集中不便调整。一般情况下,工序集中适合于精度要求高、刚性好的中大型工件的加工。对中小型工件不宜采用工序集中加工,因工件小,多刀、多面同时加工时干涉的可能性大大增加,而且执行机构过于集中而变得复杂化。

工序分散是将工件的加工工艺分解为若干个工序,并分别在同一台机器的不同工位上,采用不同的执行机构进行加工,以完成工件的加工要求。由于工序分散了,执行机构完成每一个工序的动作较为简单,也就比较容易实现。但若各工序加工时间不相等,则要做好工序时间平衡问题以便同步加工。采用工序分散把加工工艺时间较长的某工序分散成加工工艺时间较短且相等的小工序,加工中又同时执行这些小工序(即工艺时间重合),那么在不改变其他加工条件的情况下,既可提高工艺生产率又便于平衡工序的节拍。工序分散后,机器是按照动(使工件移位)-停(进行加工)-动-停间歇循环工作,运动规律、加工工序及工作循环时间有严格的节奏和规定,这对工件的定位精度、机器工作速度、可靠性等都有比较高的要求。例如,纯净水、牛奶等液体在多工位转盘式机械上的灌装。

(5) 工序节拍的平衡。工序节拍的平衡是合理设计各工序的执行时间,使得各工序的执行保持同步性,常采用的方法措施:①先将工艺细分为一系列简单工序,再根据工序性质、特点及要求,采取工序集中、分散原则进行适当合并、组合;②实行工序再分散,增加机器工位数;③采用不同的执行机构工作速度,先进的刀具;④当受条件限制无法使工序时间一致时,应尽可能使其成整数倍,以便采用多件平行加工、多腔多模、成组技术等。

3) 工艺执行路线的选择

工艺执行路线多种多样,常见的有直线型、台阶型、回转型和组合型等。

(1) 直线型工艺路线。工件移位沿直线,一般又可分为垂直(立式)和水平(卧式)直线型两种,亦有倾斜直线型。例如,粉状、小颗粒料(白砂糖、味精)包装机,其依次执行连续制袋、充填物料、封口包装等动作就是沿立式直线型工艺路线。成形物品(如面包、肥皂)的包装、装配或金属件的顺序加工等多采用水平直线型工艺路线。

(2) 台阶型工艺路线。先沿水平直线再沿垂直(上或下)直线即台阶型工艺路线,一般适合对物品的折叠式包装。如书籍的包装,先将10本书水平推到平铺的纸张中间位置,使书和包装纸一起下降,立折叠板即可把两边的纸折起竖立,再使书和包装纸一起水平移动,平折叠板又把竖立的纸推平,如此反复就可完成10本书的包装。另外,平面"之"字形可看成台阶型的特例。

(3) 回转型工艺路线。工件沿圆弧(亦有曲线)轨迹运动。可以是水平面上圆弧(立式机型),也可以是垂直面上圆弧(卧式机型);可以是间歇回转,也有连续转动;亦有立体波浪回转型。

(4) 组合型工艺路线。工件在加工过程中既作直线运动,又作回转运动,直线移动一段距离后,沿圆弧转向。

在上述工艺路线中,采用回转型可使机器结构布局紧凑,外观造型美观,机器传动系统的运动链较短,占地面积小,使用操作方便(如工件可由同一位置上下料、操作者活动范围小),缺点是需要增设转向机构使工件传送转向或调整方向,各工位执行机构布置要求高(以免发生干涉),适宜工件小、工位少、加工动作简单、独立生产的圆盘式机械。直线型工艺路线可看成回转型工艺路线的展开,工件传送方便容易,对传送机构要求低，各工位的执行机构比较容易布置，但机器占地面积大，传动链较长，操作者活动范围大，适宜工件较大、加工工序多、工位执行机构结构复杂、连续生产的自动生产线。台阶型（或"之"字形）工艺路线具有直线型工艺路线的优缺点，但必须增设工件升降机构。

工艺路线直接影响机器结构布局，设计选用时要综合考虑各种因素。为了表示机械的工艺执行过程，可绘制工艺流程图。

4.3 机械系统的运动协调设计

4.3.1 概述

工作执行机构是机械功能任务的执行者，其一端与传动系统连接，末端为与加工对象接触的执行构件。为了得到工作可靠、加工质量和工作效率高、结构简单、成本低、操控方便的工作机构，需要对工作执行机构进行构型设计和运动协调设计。

当一台机械的工作执行机构包括两个及以上、而且各个机构之间还需要配合执行机械的工作任务时，就需要解决各个机构之间的运动协调问题，如图 4-3 所示的冲压机中的冲头机构和送料机构，二者之间的动作顺序是：送料机构先送料到位后，冲头机构才能冲压。一般把此类设计问题称为机械系统运动协调设计，设计结果一般用机械系统运动循环图表示，也称为机械系统运动循环图设计。一个机械系统各个执行机构之间的运动协调有两种情况：其一是各个执行机构之间的运动只存在时间上的顺序关系，而无运动空间的干涉，把这种运动循环设计称为运动循环的时间同步化设计；其二是各个执行机构之间的运动既存在时间上的顺序关系，又具有运动空间的干涉，把这种运动循环设计称为运动循环的空间同步化设计。通过运动循环图设计，可以明确各执行机构工艺动作顺序和时间，避免各个机构之间可能出现的干涉，并减少甚至消除机构的无用停歇时间，提高机械的工作效率。若机械系统是采取电器分散时序控制，运动循环图是控制系统逻辑关系设计的依据，若采取机械（如凸轮）集中时序控制，则运动循环图是分配轴上凸轮轮廓设计的依据。

4.3.2 执行机构运动循环图设计

在设计执行机构运动循环图前，必须知道该机构的工艺动作和动作时间。运动循环图可用直线、圆环和直角坐标表示。其中，直线式循环图应用较普遍。若某机构的初始停留时间、工作（前进）时间和返回时间分别为 T_0、T_k、T_d，工作循环时间为 T_p，则有

$$T_p = T_0 + T_k + T_d \tag{4-1}$$

用分配轴上凸轮的转角表示，则有

$$\phi_p = \phi_0 + \phi_k + \phi_d = 360° \tag{4-2}$$

例如，设计一自动冲压机，要求机器的生产率为 4500 件/班（8 小时），冲头机构的冲压时间 $T_{1k}=2s$，在工件上的停留时间 $T_{1t}=1s$，回程时间 $T_{1d}=1s$，送料机构的送料时间 $T_{2k}=2s$，送到位后立即返回时间 $T_{2d}=1s$，试设计绘制该机器各个机构的

运动循环图。

解:第一步,绘制两机构工艺原理简图,如图 4-6 所示,确定机器的工作循环时间。

由给定的生产率可计算得

$$Q_p = \frac{4500}{8 \times 60} \approx 9.4(件/min) \quad (4-3)$$

取 $Q_p=10$ 件/min,若凸轮轴每转一转完成一次冲压,则凸轮轴的转速

$$n=10 \text{ 转/min}$$

机器的工作循环时间为

$$T_p = \frac{1}{n} = 6\text{s} \quad (4-4)$$

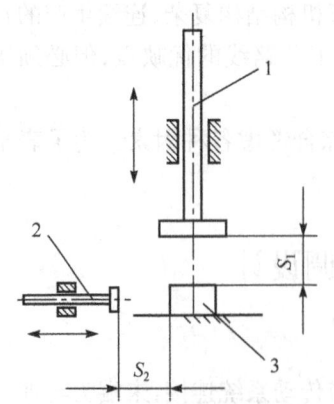

图 4-6 两执行机构工艺原理简图
1-冲头机构;2-送料机构;3-工件

第二步,绘制冲头机构运动循环图。

$$T_{1p} = T_{10} + T_{1k} + T_{1t} + T_{1d} = T_p = 6\text{s} \quad (4-5)$$

则冲头机构在起始位置的停留时间为

$$T_{10} = T_{1p} - T_{1k} - T_{1t} - T_{1d} = 2\text{s} \quad (4-6)$$

若用凸轮转角表示,则有

$$\phi_{10} = \phi_{1p} \times \frac{T_{10}}{T_{1p}} = 360° \times \frac{2}{6} = 120° \quad (4-7)$$

$$\phi_{1k} = \phi_{1p} \times \frac{T_{1k}}{T_{1p}} = 360° \times \frac{2}{6} = 120° \quad (4-8)$$

$$\phi_{1t} = \phi_{1p} \times \frac{T_{1t}}{T_{1p}} = 360° \times \frac{1}{6} = 60° \quad (4-9)$$

$$\phi_{1d} = \phi_{1p} \times \frac{T_{1d}}{T_{1p}} = 360° \times \frac{1}{6} = 60° \quad (4-10)$$

取一定的比例尺,绘制出冲头机构的运动循环图,如图 4-7 所示。

第三步,绘制送料机构运动循环图。

冲头机构在起始位置的停留时间为

$$T_{20} = T_{2p} - T_{1k} - T_{1d} = 3\text{s} \quad (4-11)$$

$$T_{2t} = 0 \quad (4-12)$$

用凸轮转角表示,有

$$\phi_{20} = \phi_{2p} \times \frac{T_{20}}{T_{2p}} = 360° \times \frac{3}{6} = 180° \quad (4-13)$$

$$\phi_{2k} = \phi_{2p} \times \frac{T_{2k}}{T_{2p}} = 360° \times \frac{2}{6} = 120° \quad (4-14)$$

$$\phi_{2t} = 0 \quad (4-15)$$

$$\phi_{2d} = \phi_{2p} \times \frac{T_{2d}}{T_{2p}} = 360° \times \frac{1}{6} = 60° \quad (4-16)$$

取一定的比例尺,绘制出送料机构的运动循环图,如图 4-8 所示。

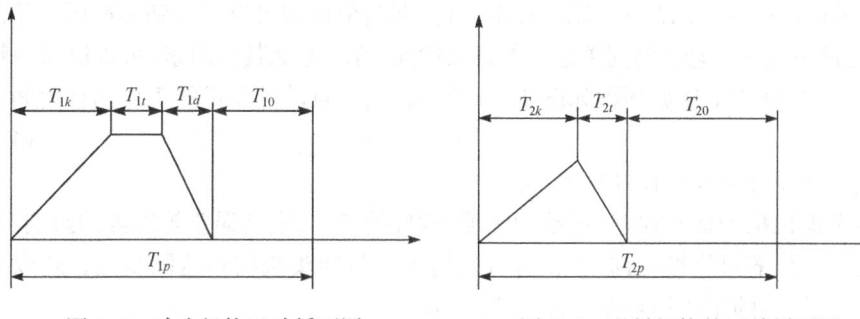

图 4-7　冲头机构运动循环图　　　　图 4-8　送料机构的运动循环图

4.3.3　执行机构运动循环的时间同步化设计

1. 工艺过程分析

仍以上述的自动冲压机为例。该冲压机的两个执行机构的工艺动作关系是:送料机构先把工件送至冲压工位,然后冲头机构向下冲压、停留、向上返回;送料机构送出另一个工件并把已冲压好的工件推出冲压工位,冲头机构开始再次向下冲压,如此反复循环,直至停机。显然,冲头机构与送料机构之间只存在时间上的顺序关系,而无空间干涉问题。

2. 时间同步化设计

若按照最可靠的原则安排两个执行机构的工艺动作,其运动顺序是:送料机构把工件送到工位并返回到起始位置停止后,冲头机构开始向下冲压、停留、返回到起始位置停止,送料机构再开始第二次送料。那么,送料机构的停止点与冲头机构向下运动的起始点可以在时间上重合,把这两点称为"同步点",据此,把两个机构的运动循环图绘制在同一个坐标系中,得到如图 4-9 所示的工作循环图(亦称为同步图)。则该自动冲压机的工作循环时间为

$$T_{p\max}=T_{1p}+T_{2p}=12\text{s} \tag{4-17}$$

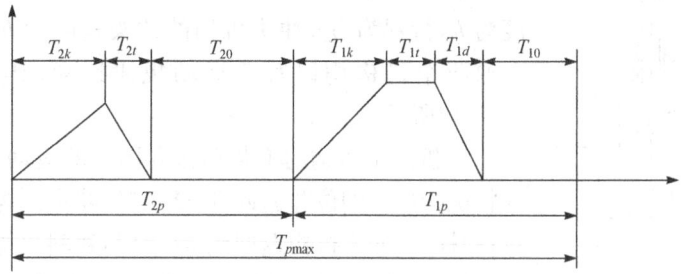

图 4-9　两个执行机构的工作循环图(同步图)

显然,这样的设计是不满足设计任务要求的。

由于两个机构不存在空间上的干涉问题,所以当送料机构把工件送到冲压工位时,冲头机构的冲头就可以在这一瞬时接触工件,即两个机构可以同时到达冲压工位的时刻,这是两机构在运动和时间关系上的极限情况,若不考虑其他因素,可以取这一瞬时为同步点,绘制的工作循环图如图4-10所示。则该自动冲压机的工作循环时间为

$$T_{pmax}=T_{1p}=T_{2p}=6\text{s} \qquad (4\text{-}18)$$

这样的设计是满足设计任务要求的。

若考虑机构的运动误差、运动副间隙、构件的变形、安装误差等因素的影响,为了保证机械工作的可靠性,有必要让送料机构提前与冲头机构到达同步点。若取提前量为t_0,则绘制的工作循环图如图4-11所示。

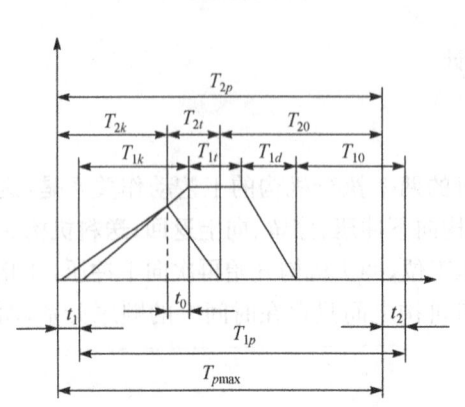
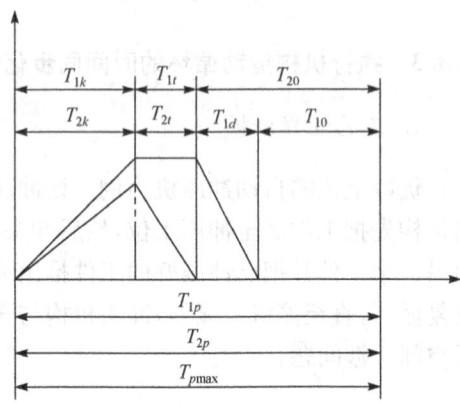

图4-10 调整后的两个执行机构的工作循环图(同步图)　　图4-11 考虑误差因素后的两个执行机构的工作循环图(同步图)

图中的t_1表示送料机构已送料,而冲头机构仍在停留,这可以在T_{10}中截取一段t_2。若取$t_0=t_1=t_2$,则工作循环时间为

$$T_{pmin}=T_{1p}=T_{2p}=6\text{s} \qquad (4\text{-}19)$$

4.3.4 执行机构运动循环的空间同步化设计

在上述的自动冲压机中,假设送料机构2的送料板高度为h,行程为S_2,冲头机构的冲头宽度为b,行程为S_1,并取两个机构均以等速运动规律运动,其工艺原理如图4-12所示。

图4-12 自动冲压机工艺原理简图

分析两个机构的工艺动作和图中的运动位置可知,当送料机构送料到位并返回到M点时,冲头机构方能到达M点;同样,当冲头机构返回到M点时,送料机构才能第二次送料到达M点,否则送料板与冲头将会发生碰撞,所以两个机构存在空间干涉问题。两个机构在空间上的同步点是图中的M点,那么,在进行空间同步化设计时,应该分别

绘制出两个机构的运动循环图(图 4-13(a)、(c))和位移曲线图(图 4-13(b)、(d))。

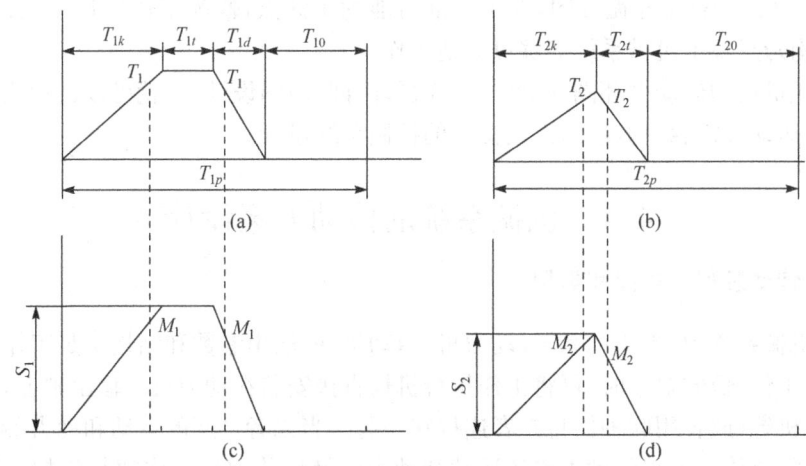

图 4-13 机构运动循环图和位移曲线图

分别找到同步点 M_1、M_2 及运动循环图上对应的时间同步点 T_1、T_2。据此,绘制出的工作循环图如图 4-14 所示。特别应注意,在空间位置上,M 点是同一个点,但在执行过程中有两次:第一次是送料机构送料到位并返回到 M_1 点时,冲头机构方能到达 M_2 点;第二次是冲头机构返回到 M_2 点时,送料机构才能第二次送料到达 M_1 点。所以,应该将图叠加绘制在一个坐标系下,再仔细分析各个机构的运动情况,直至排除所有可能发生的干涉,由此确定机器的工作循环时间(工艺时间)。显然,空间同步化过程要复杂一些,所以在进行机器结构设计时,应尽可能避免各个执行机构发生空间位置上的干涉。

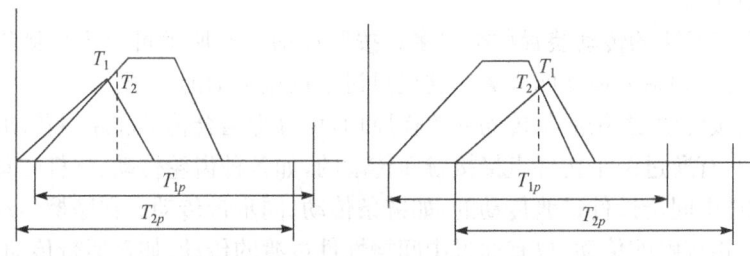

图 4-14 两个机构的空间同步化图

机械系统运动协调设计即运动循环图绘制步骤如下。

(1) 绘制出机械(特别是执行机构)的运动简图,并在图上标明待加工工件和执行元件的结构尺寸、起始位置和行程等。

(2) 分析并确定机械的工艺原理、运动动作关系、工艺及动作时间等。

(3) 绘制出各执行机构的运动循环图,位移、速度曲线等。

(4) 分析执行机构的干涉情况,找出各个执行机构的干涉(同步)点,分别进行时间同步化和空间同步化设计。

(5) 以先运动机构的运动循环图为基准,绘制机械系统的工作同步(循环)图。

(6) 仔细检查工作循环图,找出全部可能的干涉点,修改工作循环图,直至各个执行机构乃至整个机械系统能够可靠地工作。

完成机构的运动循环图、机械的工作循环(同步)图设计后,就可以进行执行机构的选型、运动分析、结构设计,以及机器的控制系统设计。

4.4 机械系统的传动方案设计

4.4.1 传动装置的功能和类型

在机械系统中,当驱动系统(动力机、原动机)的输出参数和结构满足工作执行机构(或者工作机)的要求时,可将工作执行机构直接安装在动力机的输出轴上,如电风扇、砂轮机等,或者用联轴器将二者连接在一起。当二者之间的运动和动力参数不匹配时,就需要传动装置将动力机的运动和动力变换后传递给工作执行机构。传动装置的功能如下。

(1) 减速和增速,其中减速是传动装置的主要用途。

(2) 调速,分为有级变速和无级变速,如手动挡和自动挡的家用汽车。

(3) 改变运动形式,如将旋转变换为直线运动等。

(4) 改变动力机的输出转矩。

(5) 运动和动力的分解与合成,分解是将一台动力机的机械能分配给数个工作执行机构上。合成是将数个动力机的机械能传递给一个工作执行机构上。

(6) 其他特殊功能,如操纵和控制、离合和制动、换向等。

因为传动装置属于外联传动链,所以在设计中主要解决传动过程的平稳性以及机械效率的问题。

人类创造发明的传动装置种类很多。按照传动工作原理可分为机械传动、流体传动、电力传动和磁力传动四大类。这里只讨论机械传动的问题。

对于机械传动,若按照其传动的工作原理,可分为啮合传动和摩擦传动两类。在啮合传动中,有通过两个构件直接接触而传动的,如各种齿轮传动、蜗杆传动、螺旋传动等,有通过中间挠性件过渡传动的,如链条传动、同步带传动。在摩擦传动中,有两个摩擦轮直接接触的传动,也有通过中间挠性件过渡的传动,如普通带传动。啮合传动的主要优点是传动比准确、工作可靠、寿命长、传动效率较高。但单级传动中心距较小,制造与安装精度要求较高。摩擦传动的单级传动中心距较大、结构简单、成本低、传动过程有过载保护能力,但传动比不准确,传动效率较低。

按照传动装置的传动比情况,可分为定传动比传动和变传动比传动。定传动比传动装置的输入与输出转速比是固定的,适用于执行机构的运动速度是固定的,是目前最普遍采用的一种传动方式,例如,各种各样的机械传动减速器。变传动比传动的输出速度是可以变化的,又可分为有级传动和无级传动两类,其中,有级传动装置可输出若干个转速,所以可用于执行机构有若干个不同工作速度的场合,例如,手动挡的汽车齿轮变速箱。无级传动装置的输出速度可在一定的速度范围内连续变化,常称为机械无级变速器,例如,自动挡的汽车齿轮变速箱。

4.4.2 机械传动系统的组成与常用机械传动装置

对一部机器来说,其传动系统一般是由减速(或者增速、变速)部分、起停装置、换向装置、制动装置、安全保护装置、联轴器等组成的。这里,减速部分是其主体部分,而其他装置可根据机器使用要求的不同而增设。

减速部分的主要作用是调整动力机的转速并改变其转矩。

起停装置用于控制机械的启动和停止,对于车辆类机械,一般用离合器实现,而对于绝大多数工业用加工类机械,常通过开关电动机直接控制机械的启动和停止。

换向装置主要用于调整输出速度的方向,如前进与后退、正反转动等,机械式换向装置是通过增减惰轮(中介轮、过轮)实现的,一般需要操纵机构和离合器配合工作,如车辆类机械。而电气式换向装置可通过电路控制系统实现,大多数工业用加工机械采用这种方法。

制动装置的作用是保证机器按照要求准确地停止,如汽车、电梯等的制动装置。而无准确停止要求的机械一般不装制动装置,而是靠关闭动力机后缓慢停止。

安全保护装置主要是在发生意外时保护机器不至于将其损坏或者引起其他人身和财产的损伤,工业用机械一般是采用安全离合器、安全联轴器实现的。

目前,常用的机械传动装置种类非常多,而且绝大多数是按照"标准化、系列化、通用化"进行设计与制造的。

1. 减速器

减速器是将齿轮、蜗杆等运动构件组装在一个封闭的箱体(机壳)内、具有固定传动比的、独立安装的机械装置。例如,单级、两级、多级齿轮(直齿、斜齿等)减速器,圆锥齿轮减速器,蜗杆减速器,齿轮蜗杆减速器,行星齿轮减速器,摆线针轮减速器,谐波齿轮减速器等。需要注意的是,一般功率较小的减速器往往将电动机与减速器直接连接在一起使用,例如,机械设计竞赛常用的小功率微型电动机就带有行星齿轮减速器。在选用减速器时,可根据需要传递的功率、传动比、转速、安装条件等,参照机械设计手册、产品样本等选择。

2. 机械无级、有级变速装置

机械变速装置主要用于:①工艺参数多变的机械,例如,机床车削加工中,因为工件材料、尺寸及切削性能的不同,需要车床的工作速度可以连续变化,以便按照不同的工艺参数选择合理的工艺加工速度。再如,各类材料搅拌机、化学反应装置等,应按照物料的特性、反应速度等选择不同的机械转速。②要求转速连续变化的机械,例如,将纸、布、塑料带卷绕在一个滚筒轴上时,为了保证带子在卷绕过程具有恒定张力,带子卷绕的线速度就必须恒定(匀速),所以滚筒的工作转速就必须无级变化。③探求机械最佳的工作速度,一般在新产品试制过程中,往往采用无级变速器作为传动装置,以通过试验获得最佳工艺参数。④协调机械各个执行机构之间的运动关系。⑤机器的低速大转矩启动,特别是大功率带负载启动的机器,还可以采用液力耦合、液力变矩类的无级变速装置。

目前,机械无级变速器多采用摩擦传动原理,常用的有滚子-平盘式、锥轮式、变径轮带式等。常采用的机械有级变速器有滑移齿轮式、交换齿轮式、离合器式、塔形带轮式等。许多产品已经标准化,可参考机械设计手册或者产品样本选取。

在选择机械传动装置时,可考虑以下几个方面。

(1) 传动装置的工况必须与动力机和工作执行机构相互匹配。

(2) 满足传动功率(大小、机械效率)和工作速度(传动比、传动精度)的要求。

(3) 结构布局和外廓尺寸的要求。

(4) 寿命、安全、环保(如噪声)、重量、经济性要求。

4.4.3 机械系统传动方案的设计

1. 机械传动路线的确定

机械传动路线是指动力机将能量向机械执行机构传递的路线,机械传动路线的形式取决于动力机和工作执行机构之间的联系条件,一般有四种基本形式。

(1) 串联单流传动,如图 4-15(a)所示。动力机与一级传动装置连接,一级与二级、二级与三级、……依次连接,最后一级传动与执行机构连接。

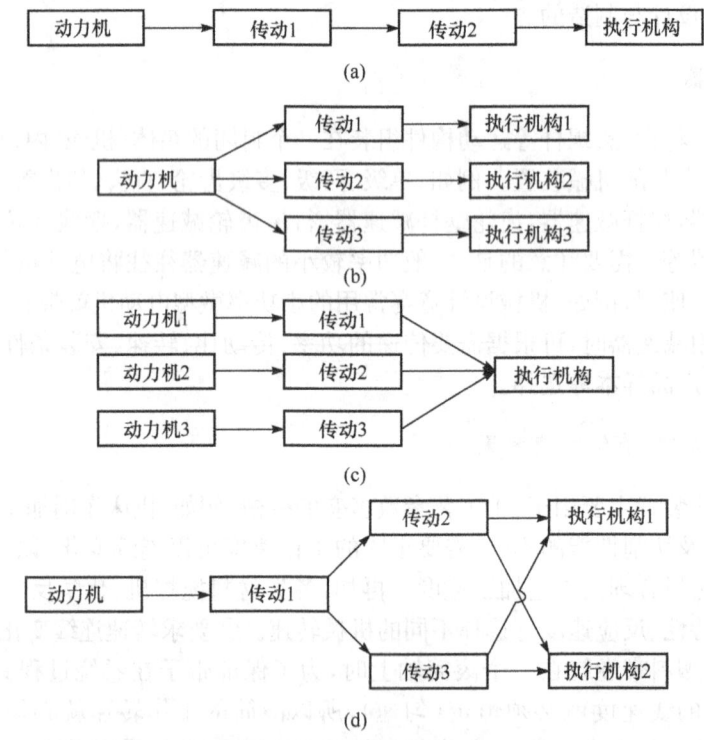

图 4-15 机械传动路线形式

设各级传动的机械效率分别为 $\eta_1,\eta_2,\eta_3,\cdots,\eta_i$,则总机械效率为

$$\eta=\eta_1\times\eta_2\times\eta_3\times\cdots\times\eta_i \tag{4-20}$$

这种传动路线连接方式简单,但当每一级的机械效率较低而且级数越多时,机械总效率就越低,另外,传动路线也较长。当只有一个动力机和一个执行机构时,常采用这种传动形式。

(2) 并联分流传动,如图 4-15(b) 所示。根据工作机构的个数,将一台动力机的动力分流后,组成并列的几条传动路线进行传动。

设各条分传动的机械效率分别为 $\eta_1,\eta_2,\eta_3,\cdots,\eta_i$,功率为 $P_1,P_2,P_3,\cdots,P_i$,则总机械效率为

$$\eta=\frac{P_1\eta_1+P_2\eta_2+P_3\eta_3+\cdots+P_i\eta_i}{P_1+P_2+P_3+\cdots+P_i} \tag{4-21}$$

并联传动的总机械效率既与分传动的机械效率有关,也与分传动的功率有关,总机械效率主要取决于功率最大的分传动的机械效率。这种传动形式的主要优点是,便于协调各个执行机构的运动。若各个分传动分别采用独立的动力机,那么就可以简化传动路线,同时能提高总机械效率,缺点是需要通过控制系统协调各个执行机构的运动。

(3) 并联汇流传动,如图 4-15(c) 所示。同时用几个动力机驱动一个工作执行机构。

(4) 混合传动,如图 4-15(d) 所示。将分流与汇流交合在一起的复合传动形式。

2. 传动装置在机械中的布置方式

动力机、传动装置与工作执行机构(工作机)连接在机械中的布置方式有以下几种情况。

(1) 直线式,如图 4-16(a) 所示,三者之间通过联轴器依次连接,连接方式简单,但沿轴线方向的尺寸较长,对三者连接的同轴度要求较高。

(2) U 形布置,如图 4-16(b) 所示,将动力机和执行机构并列与传动装置连接,连接尺寸较短,结构紧凑。

(3) Z 形布置,如图 4 16(c) 所示,将动力机和执行机构布置在传动装置两侧,虽然连接尺寸较长,但没有同轴度要求。

(4) L 形布置,如图 4-16(d) 所示,动力机和传动装置与执行机构呈直角布置,连接尺寸短,结构紧凑,但传动装置中需要采用锥齿轮或者蜗杆。

(5) 内置式,如图 4-16(e) 所示,将动力机和传动装置布置在执行机构的内腔中,连接尺寸短,结构很紧凑,但安装、操控与检修不方便。

(6) 对称布置,如图 4-16(f) 所示,将动力机和传动装置同轴对称布置在执行机构的两侧,连接尺寸较短,结构紧凑,但动力机轴太长,同轴度要求高,安装与检修不方便。

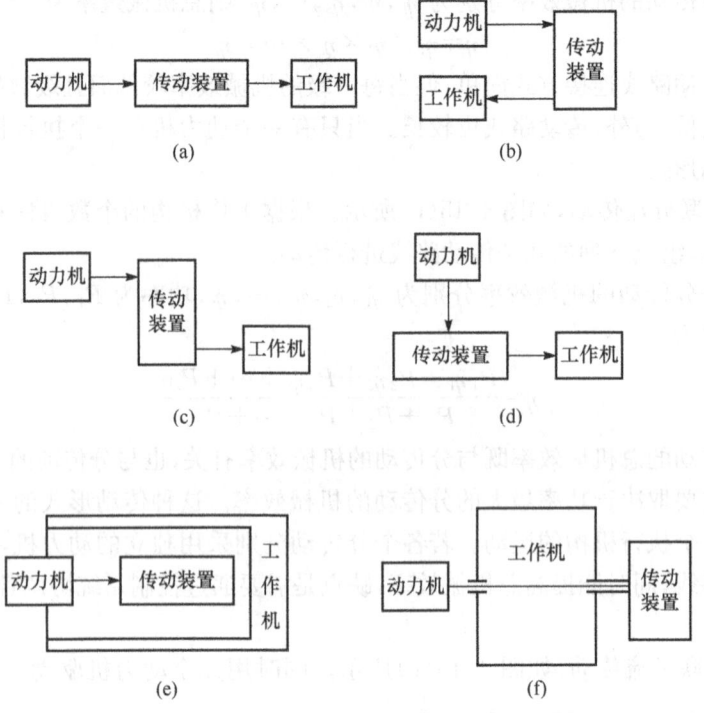

图 4-16 传动装置在机械中的布置方式

3. 传动装置在传动链中的传动顺序安排

传动装置的类型比较多，不同传动装置在传动链中的位置不同，会影响机械的外廓尺寸、传动效率和精度以及安装检修的方便性。在布置时应考虑以下几点。

(1) 与齿轮传动相比，带传动和链条传动的传动精度低，结构尺寸也较大，所以在传动距离较小、传动精度要求较高时，尽量使用齿轮传动装置。

(2) 带传动精度低、承载能力小，一般宜放在传动系统的高速级，即靠近动力机一侧，或者采用同步带传动；链传动的速度不均匀，冲击振动较严重，宜作为低速级传动。若采用齿轮减速器与带传动或者链传动串联竖立传动时，可以将减速器作为高速级，后接带或者链传动，这样可降低机械的重心高度，增加机械工作的稳定性。

(3) 齿轮传动、螺旋传动的精度高，主要用做内联传动而靠近工作执行机构，即低速级。当用蜗杆与齿轮串联传动时，若蜗轮材料为锡青铜并以传递动力为主，宜将蜗杆放在高速级，这样传动的机械效率较高；若蜗轮材料为铝铁青铜或者铸铁并且传动的功率小，则宜将蜗杆传动放在低速级，这样可提高蜗杆蜗轮使用寿命。

(4) 在采用各种齿轮传动时，应优先考虑直齿圆柱齿轮，若传递的功率较大且希望传动过程平稳，可采用斜齿轮并安排在高速级。在满足要求的条件下，尽量采用平面传动(平行轴)，而不要用锥齿轮、蜗杆类的空间传动。在传动结构尺寸限制时，可采用行星齿轮传动。

(5) 当采用无级、有级变速传动与定传动比传动串联传动时,应将有级变速传动放在高速级以便于换挡,无级变速传动也应放在高速级。

(6) 在结构允许和满足传动要求的情况下,尽量减少传动的级数,以缩短传动链的长度进而提高传动的精度和效率。

4. 各级传动比的分配方法

采用多级传动时,应按照以下几点分配各级的传动比。
(1) 在选用电动机作为动力机时,宜选用同步转速较高的电动机。
(2) 各级传动的传动比一般不宜超过其单级传动比的推荐范围。一般情况下,V带传动的传动比≤8,同步带传动比≤10,链传动比≤8~10,蜗杆传动比≤80,齿轮传动比≤8,摩擦轮传动比≤7。
(3) 尽量使各个传动构件尺寸协调、结构匀称,机械整体结构紧凑。
(4) 在分级减速传动中,应按照从高速级到低速级,传动比值逐渐增大即传动比"前小后大"且相邻两级差值要小的分配原则,以保证各个中间轴具有较高的转速和较小的转矩,同时传动精度也较高。若为了保证各级传动的强度和寿命接近,机械整体重量较轻、尺寸小、结构紧凑,则高速级的传动比值应取大一些。

4.5 机械系统的总体设计

总体设计是完成机械的总体结构布局设计,绘制结构设计图纸,包括机械总装配图、部件装配图、零件工作图。设计的问题有两个:一是"定形",即确定构成机械的各元件的形态,把一维或二维的原理方案转化为三维的、有相应工作面的、可制造的、能使用的形体——零件;二是"定量及关系",即确定构成机械的元件数目、相互间的配置和关系。

总体设计是一项比较繁杂的工作,没有十分成熟的设计方法及程式,设计者的经验、见识、知识能力等在设计中起着很重要的作用。在设计中更多地需要紧密结合实际进行综合分析和校核工作,设计结果的可行性、工艺性以及经济性占有主导地位。

4.5.1 总体结构方案设计的基本要求、原则及设计步骤

1. 基本要求及原则

1) 明确化

总体结构方案应明确地体现出原理方案、工艺性方案设计的方方面面,并能做出必要的、合理的补充,例如,原理上可实现而结构上实现不了的问题。总体结构方案明确化的前提是功能载体工作原理的明确化,这样才能使结构方案可靠地实现物料流、能量流和信息流的引导和转换。同时要明确各功能载体的使用工况,特别是假设的工况以及载荷情况,应在结构设计中随时检查,尽可能避免出现意外情况。

2) 可行性

设计的自动机能保证实现预期的设计功能,能制造并能够正常工作。

3) 简单化

所设计的结构方案应在满足功能以及其他要求的前提下,结构最简单化,组成系统的零件数目尽可能少,传动链最短,几何形状要简单、规则,操作方法及程序简明、简要、简便。

4) 安全可靠

功能可靠性:保证在规定的条件下实现总功能。

使用安全性:保证操作人员工作安全、身心健康。

环境适应性:不得造成超标准的环境污染,并能保证机器适应环境条件。

构件的可靠性:在设计条件下安全工作。

除了考虑常规可靠性,还应注意在工作条件下的一些因素,如辐射、腐蚀、老化、温度、介质等对机器寿命的影响。

5) 标准化

标准化在工农业生产中起着十分重要的作用,在设计中要贯彻始终。例如,原材料、半成品及成品规定统一的标准和要求。加大标准件在零件总量中的比重,避免零件类型、尺寸多样性,尽可能使零部件能互换等。

2. 设计步骤及设计内容

1) 初步设计

初步总体设计可称为方案草图设计。为了确定各部件(子系统)的基本结构和形式,进行构型设计、初步计算和运动分析,初步总体设计时应在图上仔细布置各部件和彼此间相对位置尺寸,并对整机进行必要的工作能力计算和性能预测,以确保实现重要的性能指标。若不能满足要求,则应随时调整。完成总体布置草图后,就基本确定了整机的布置形式和主要尺寸,而且也基本取得了各部件的基本形式和特性参数。应特别注意各部件之间的联系和协调,消除薄弱环节。

方案草图虽不是最后设计结果,但为了详细设计,应该按比例进行绘制,各个零部件的尺寸和形状应尽可能准确。

对所设计的各个方案草图从各个方面进行仔细的检查(检查各部件或执行机构的位置是否恰当,是否有足够的运动空间,是否干涉以及安装、维修、操作是否方便等)、分析和比较。必要时应对重量、大小、基本加工要求等主要影响参数进行计算或估算,制作成设计模型,对关键技术系统进行试验研究。最后在若干个结构草图中择优确定一个方案作为后续设计基础。

2) 详细总体设计

详细总体设计即总图(包括总装配图、子系统装配图、部件装配图)设计,这是对方案草图的细化、完善和最终确定。设计图纸应完整、准确、清楚描述所设计机械的结构(执行机构、传动系统、上下料装置、操纵机构、机体等)以及检测控制系统、电气系统、液压气动等系统的位置、相互配合和连接关系等。所绘制的总图应符合国家有关标准。

对于结构及组成比较复杂的机械,可按照总装配图、部装图、零件图等有层次地划分,分别进行设计。运用模块化设计技术,将各个部分设计成标准的、通用的模块,模块与模块再根据功能关系拼接、拼积即可组成整机。

确定实现功能要求的构件时,应优先考虑采用一个构件担负多种功能,这样占有空间最小,结构又符合最简单化的要求,而且工作可靠性比较高,成本低。但当结构太复杂难以加工及装配时,可考虑采用几个构件分担功能,并使每个构件各得其所,物尽其用,通过巧妙地选择构件及其在总体结构中的配置,使其彼此相互支持,以强化功能的实现。

4.5.2　机械总体布局

无论初步设计还是详细设计,都涉及一个重要的设计问题:机械总体布局。总体布局必须要有全局观点,不仅要考虑自动机内部因素,还要考虑人与机器关系、环境条件等各种外部因素,按照简单、合理、经济的原则妥善地确定自动机中各主要零部件之间的相对位置和运动关系。

机械各个零部件即使设计和制造的都很好,若布置不合理,则仍然不能很好地工作,也不能获得良好的整机性能。

1. 总体布局的基本原则及要求

(1) 功能合理。以实现功能要求为最基本原则,各分功能既易于实现又便于实现总功能,不论在自动机内部还是外观上都不应采用不利于功能目标的布局方案。

(2) 保证工艺过程的连续和流畅。在布置工作部件的位置时,应保证前后动作的连续和流畅,能量流、物质流和信息流的流动途径合理,各部件之间的相对运动不发生干涉。

(3) 保证设计精度、刚度以及抗振性等要求。

(4) 充分考虑产品系列化和发展要求。设计时不仅要注意解决目前问题,还应考虑今后进行变型设计和系列设计的可能性,产品更新换代的适应性等问题。

(5) 操作、维修、调整方便。

(6) 结构紧凑,层次分明,比例协调,造型美观。

2. 机器总体布局的类型与机型选择

机器总体布局的形式各式各样,五花八门。

从形状、大小、数量、位置、顺序五个基本方面进行综合,一般的布局形式有如下几种。

(1) 按照主要工作机构的空间几何位置,可分为平面和空间式。

(2) 按照主要工作机构的相对位置,可分为前置、中置和后置式。

(3) 按照主要工作机构的运动轨迹，可分为直线式和回转式。

(4) 按照主要工作机构的布置方向，可分为水平式(卧式)、立式和倾斜式。

(5) 按照机体的结构形式，可分为整体式和组合式。

另外，如圆形、方形、层状、全焊接结构、整体铸造结构等。

3. 总体布局要点及示例

(1) 一般先布置执行系统，然后再布置传动系统、操纵系统及支承形式(机架)等，从粗到细，从简到繁。

(2) 确定两个中心：执行系统工作中心和整机中心。

(3) 布置执行系统时，先根据拟定的工艺要求将执行构件布置在预定的工作位置，然后布置其原动件和中间连接件，同时注意：

减少构件和运动副的数目，缩小构件的几何尺寸，以减小其磨损和变形对机构运动精度的影响。

使原动件尽可能接近执行机构。在布置相互联系的多个机构时，应尽量将各原动件集中在一根或少数几根轴上。

对外露的机构，最好将其原动件隐蔽布置，以提高操作安全性；由于执行构件往往与加工对象直接接触，所以布置执行构件和中间连接件时，应考虑加工对象装夹、传送的方便可靠性。

(4) 布置传动系统时应尽可能简化传动链，合理安排各个传动机构的顺序，注意传动系统的润滑和密封以及污染。

(5) 操纵机构布置要注意操作的方便性和安全性，保证操作人员和操纵件之间有合适的位置。

(6) 尽可能降低整机质心高度、避免构件的偏置。

(7) 注意设计精度及总体精度的分配。

(8) 注意人机工程学及其艺术造型设计。

(9) 注意布置的集中与分散，集成化与模块化。

例如，铣床的总体布局。铣床的主要功能是用铣刀切削工件，主要执行机构是铣刀，铣刀与工件之间存在三维位置关系，即 X、Y、Z 三个坐标运动。那么，如何安排铣刀与工件之间这三个坐标运动，就可形成不同的铣床结构布局。在总体结构布局时，应充分考虑工件的大小、重量、工件装夹的方便性以及铣床的适应性。

如图 4-17 所示的四种铣床的布置形式。图 4-17(a) 为卧式铣床，铣刀主轴 1 只作回转运动，工件沿 X、Y、Z 三个坐标方向的移动分别由工作台 2、滑鞍 3 和升降台 4 完成。这是普通铣床常见的结构形式，一般用于加工较小的工件；图 4-17(b) 为立式铣床，铣刀主轴 1 装在铣头 5 上随其上下运动，工件随工作台 2、滑鞍 3 沿 X 和 Y 两个坐标移动，所以适宜加工较大、较重的工件；图 4-17(c) 为龙门式铣床，四个铣刀主轴 1 及其铣头 5 分别装在两侧立柱 6 和横梁 7 上，工件只随工作台 2 作纵向运动，而 X 和 Y 两个坐标方向的运动则由铣头和横梁完成。适宜加工大型的工件；图 4-17(d)

为地坑式龙门铣床,工件不动,X、Y、Z 三个坐标方向的运动由铣头 5、龙门架 8 和铣刀主轴 1 完成,可加工特大型工件。

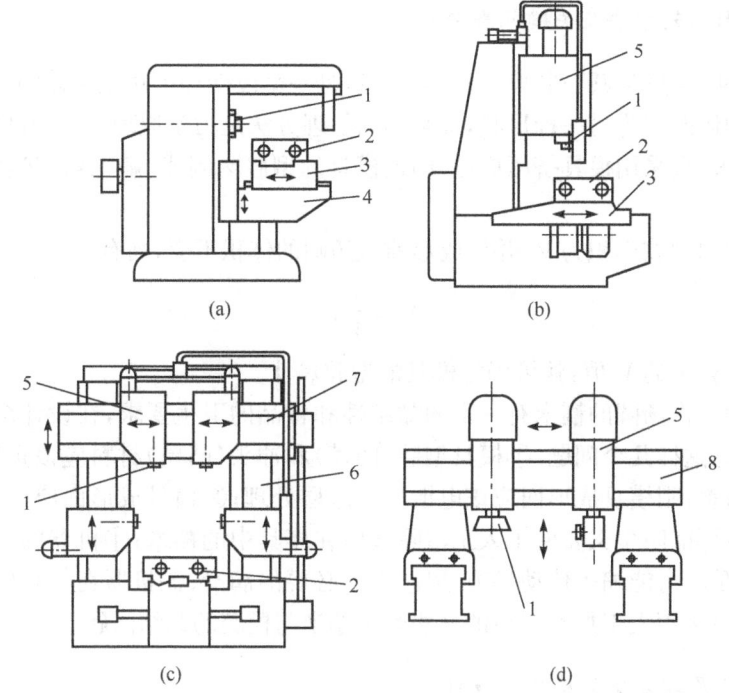

图 4-17 铣床的布置
1-主轴;2-工作台;3-滑鞍;4-升降台;5-铣头;6-立柱;7-横梁;8-龙门架

4.6 机械系统设计实例

4.6.1 扁三角汤圆成形机的设计

1. 研制背景及设计任务确定

汤圆或者元宵在我国是一种传统小吃,是人们非常喜爱的一种食品。但是长期以来,人们制作的汤圆均为圆球状,形状花色单一,不能完全满足人们的需要。若能将汤圆加工成各种各样的形状及颜色,如图 4-18 所示的扁三角形状,那么,既能增加人们的食欲,又能获得一种艺术的享受。

据此,提出研制一种将圆球状汤圆加工成各种形状汤圆的机器。这里以图 4-18 所示的扁三角汤圆为例,设已滚圆的球形汤圆平均直径为 d,要求设计的机

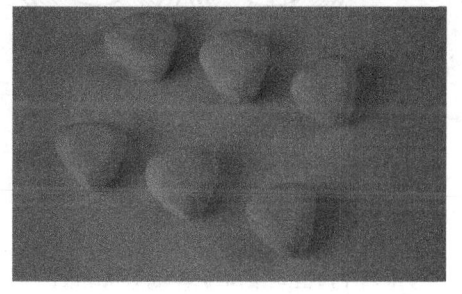

图 4-18 扁三角汤圆

器的生产纲领（效率）为 Q，单人操作定期加料（球形汤圆）和取料（扁三角汤圆），若可能，机器最好能自动摆盘（即将扁三角汤圆自动整体地摆放在汤圆托盘上）。

2. 成形工艺方法及关键问题分析

显然，从"球形汤圆"到"扁三角汤圆"，这是一个改变加工对象形体的过程。将一种形状的物体改变为另一种形状，最常用的物理方法是力学原理。考虑到"扁三角汤圆"形体要求，宜采用模具挤压成形，即把模具的型腔刻制成"扁三角"状就可以实现加工要求。

设模具的型腔容积为 V，并设成形前后汤圆的体积不变，则有

$$V \geqslant \frac{\pi}{4}d^2 \tag{4-22}$$

按照计算出的 V 值，就可确定模具的型腔尺寸。

考虑到制作汤圆的糯米有一定的黏结性和食品的卫生要求，在设计机器及模具时，应解决好这样几个问题：①模具型腔（凹模）和冲头（凸模）材料应该选用不锈钢。若用其他材料，则模具成形面应该电镀或者涂层处理；②模具成形面应该光滑；③设计的机器既要能防尘又要便于人工清除残留在模具中的糯米；④机器的结构尽可能简单，特别是尽可能缩短传动环节，以减小不必要的润滑；⑤机器在使用中应采用食用油润滑，可采用人工加滑石粉的办法解决糯米与模腔的黏结问题。

3. 机器原理方案的构思与设计

根据上述的设计要求以及成形工艺方法，构思出以下几种原理方案。

方案一：对滚积压成形，如图4-19所示。

在主动滚2和从动滚4的圆周表面上刻制出扁三角形凹槽，等外径的主动滚和从动滚同步反向转动。当料斗1中的圆形汤圆落入主动滚2的凹槽中后，主动滚2便带着汤圆继续转动，并与从动滚4配合将汤圆积压成形，成形后的扁三角汤圆由出料板5刮落入接料盘6上，完成汤圆工艺变形过程，该方案的优点是连续生产，生产效率高，机器外形尺寸小，若能使得接料盘6单向移动，则可将扁三角汤圆自动摆放在接料盘上，缺点是挤压成形的扁三角汤圆上下面可能不是太平整，若两个滚子安装与配合不好，汤圆糯米也可能从滚子接触缝隙中溢出，造成汤圆棱面上产生糯米毛边。

若主动滚2和从动滚4上的凹槽数

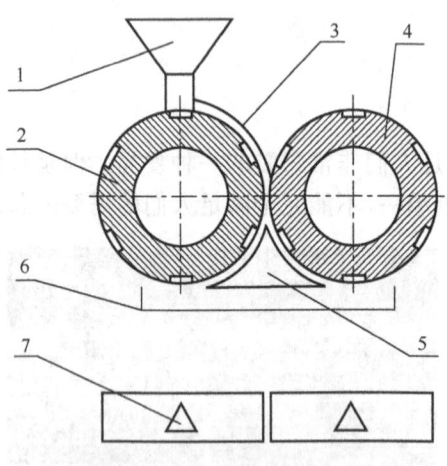

图4-19 方案一：对滚积压成形
1-料斗；2-主动滚；3-护料板；4-从动滚；
5-出料板；6-接料盘；7-模孔

为 z,滚子转速为 n,则机器的生产率为

$$Q = zn \tag{4-23}$$

方案二:带板与平板对压成形,如图 4-20 所示。

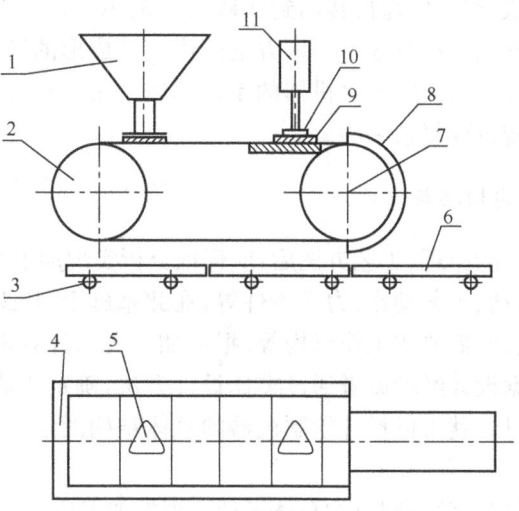

图 4-20 方案二:带板与平板对压成形
1-料斗;2-主动带轮;3-送盘滚;4-环带;5-模板;6-接料盘;
7-从动带轮;8-护料板;9-撑板;10-冲压板;11-气缸

将刻制有三角形凹槽的模板 5 固定在环带 4 上,环带 4 套在等径的主动带轮 2 和从动带轮 7 上,环带 4 上方设置料斗 1、冲压板 10 和气缸 11,接料盘 6 托放在送盘滚 3 上,当料斗 1 中的圆形汤圆落入移动的模板 5 的凹槽中后,模板 5 和汤圆随环带 4 继续移动到冲压板 10 下方时,冲压板向下运动,将圆形汤圆压成扁三角汤圆,环带 4 托着汤圆绕过从动带轮 7 后,由护料板 8 下口落入接料盘 6 中并随其移动而摆放成排。该方案的优点是成形的扁三角汤圆上下面平整,形状规则,而且能实现汤圆的自动摆盘,缺点是机器的外形尺寸较大。机器的生产效率取决于环带 4 的移动速度,一般生产效率亦比较高。

方案三:模孔圆盘与平板对压成形,如图 4-21 所示。

在转盘 2 的底板上刻制出扁三角形孔(可取 4 个或者 6 个,并分为取料工位 4、冲压工位 5 和卸料工位 6),转盘 2 由槽轮 7

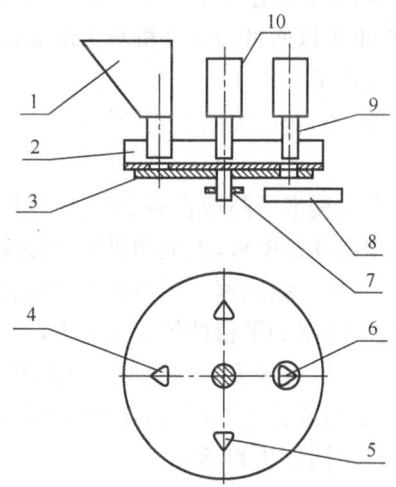

图 4-21 方案三:模孔转盘与平板对压成形
1-料斗;2-转盘;3-固定盘;4-取料工位;
5-冲压工位;6-卸料工位;7-槽轮;
8-接料盘;9-气动卸料杆;10-气动冲压板

驱动作间歇运动,转盘 2 的下面是一个固定盘 3,其上开有一个出料圆孔,转盘 2 上方设置料斗 1、气动冲压板 10 和气动卸料板 9,当转盘 2 在取料工位 4 从料斗 1 中取出一个圆形汤圆后,继续转动到冲压工位 5 停止,气动冲压板 10 向下运动,将型孔中的汤圆压成扁三角状,然后转盘再转动到卸料工位 6,由气动卸料杆 9 将汤圆经固定盘 3 上的出料圆孔推到接料盘 8 中。该方案的优点是成形的汤圆上下面平整,形状规则,但由于转盘为间歇转动,所以机器的生产率较方案一和方案二要低。另外,机器的传动方式和结构也要复杂一些。

4. 机器总体结构构思与设计

在明确机器加工的原理、工艺方法后,应仔细分析实现加工原理及工艺方法的构成要素,所需要的运动、工艺动作、力学条件等,在此基础上,构思机器的各个构成部分、传动方式及路线、所需要的工作机构等,根据加工要求计算机器的主要性能参数和结构参数。再根据设计经验或者通过类比设计方法,确定机器各个部分的具体尺寸等,这些工作做好后,就可以设计绘制机器的总体结构图纸(总装配图)、零件工作图纸等。

例如,对滚积压扁三角汤圆机的总体设计。根据加工原理可知,主要执行机构是一对转动滚,要求其做同步反向转动,这可采用一对外啮合圆柱齿轮分别装在主、从动滚轴上实现,为了减小齿轮尺寸,可采用两对外啮合圆柱齿轮依次进行传动,但需要增加两根齿轮轴,也可以采用交叉皮带传动。两个滚子的外径应该根据在滚子圆周表面上刻制的扁三角形凹槽的尺寸大小(或者球状汤圆直径)和数量(与机器的生产效率有关)确定,若滚子外径较大,可设计成空心滚筒以减轻重量。当滚子外径确定后,可计算出滚子安装中心距(亦是齿轮中心距),在选定齿轮的齿数或者齿轮模数(模数也可以通过力学分析与强度确定)后,齿轮分度圆直径以及其他结构尺寸就可完全确定了。

滚子的转速按照下式计算:

$$n = Q/z \tag{4-24}$$

考虑糯米汤圆很容易变形,所以机器的驱动力和功率应该比较小,可根据类比法初选出电动机型号,由电动机额定转速与滚子转速,计算出总传动比,若总传动比较大,可采用一级减速器二级带传动进行减速。若总传动比较小,可从机器的卫生、噪声、传动功率和平稳性等综合考虑,优先选用一级带传动,即能满足传动要求。

也可以将滚子上刻制的扁三角形凹槽改为镶块结构,即在模板上刻制出扁三角形、扁圆形或者其他形状的凹槽,再把模板镶装在滚子上,这样就可以在一台机器上加工出不同形状的汤圆。

实现加工原理所需要的辅助执行机构(或者装置)包括料斗、护料板、出料板和接料盘。

料斗固定安装在主动滚子的上方,其出料口下沿与滚子上的凹槽底面之间的距离应该稍大于球形汤圆的直径,这样可保证凹槽每次接取出一个汤圆。若沿滚子轴向刻制的凹槽有若干个,可将料斗沿滚子轴向等间距分割为与凹槽同等数量的分料斗。为了保证汤圆排队后可靠地进入料仓(即料斗的直圆筒段),也可以在料斗中加装拨料装置。

护料板配合主动滚子工作,以保证汤圆在滚子转动时始终处于凹槽中,护料板内弧面与凹槽底面之间的距离应该稍大于球型汤圆的直径。出料板的作用是将成型后的汤圆从凹槽中拨出并引导其落入接料盘。

若采取汤圆自动摆盘的方式,可在滚子的下方设置接料盘输送装置,例如,输送带、输送链或者输送托盘辊(如图 4-20 所示的送盘滚 3),若沿滚子圆周向均布刻制的凹槽数为 p,滚子转速为 n,扁三角汤圆的最长边边距为 l,则输送带的带速按照下式计算:

$$v=\frac{lp}{60n} \tag{4-25}$$

机器的机架可采用各种型材与螺栓连接(或者焊接)装配成框架式,也可以采用铸铁铸造式,机器主体结构呈立式,采用坐姿操作,主体操作高度为 700~800mm,电动机及减速器等布置在机架下部,带、链、齿轮传动装置加保护罩,机器的机壳要能包裹住两个滚子,可以与护料板、出料板等整体考虑布置,机壳最好做成两瓣便于打开而清洗与维修机器。

按照以上的分析与构思,就可设计绘制机器的总装配图。绘制总装配图时,应以表达清楚零件与零件连接、装配关系为原则,不一定遵循视图对应关系的要求,对一些用虚线、曲线、交贯线等表达的关系尽可能省略掉,以免引起看图时的理解错误。图纸上应有零件序号、机器外形尺寸、安装尺寸、装配尺寸、主要性能参数尺寸(如滚子直径、有效长度、操作高度、中心距等)、图框、标题拦、明细表、技术要求等内容。

若采用 UG、PRO/E 等高级 CAD 软件进行设计绘图时,可以先生成机器三维图、装配关系分解图(爆炸图),然后再转化为二维视图,但要仔细检查修改好转化后的二维视图中的表达关系,如消阴、多余线条等。如果可能对机器的三维视图进行动画转化,用仿真形式来检验所设计的机器的工作原理以及各个机件之间的运动干涉情况。如图 4-22 所示的装配关系分解图。

4.6.2 扁三山核桃破壳(裂口)机的设计

1. 设计目的及意义

山核桃作为一种坚果,其果仁具有很高的营养价值。山核桃在加工过程中,一般都要破壳以便调料进入壳内的核仁,更便于人们食用时剥壳。但是,由于山核桃形体小,果壳坚硬,所以破壳具有一定的难度。随着山核桃种植面积的扩大,产量的急剧增加,如何有效解决山核桃破壳的问题,具有十分重要的现实意义。

2. 包仁壳类果物破壳原理分析

查阅文献并分析可知,目前包仁壳类果物的破壳方法有离心碰撞法、化学腐蚀

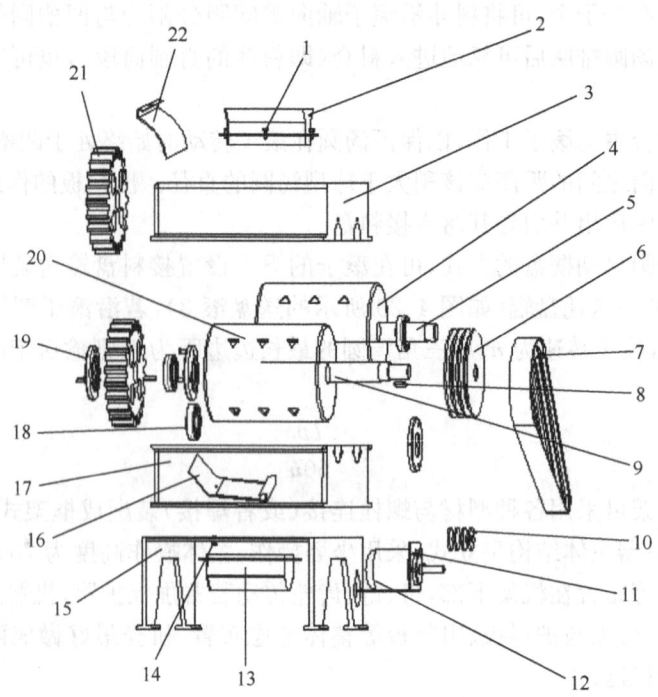

图 4-22 对滚挤压扁三角汤圆成形机分解图
1-螺钉;2-料斗;3-箱盖;4-从动滚筒;5-从动轴;6-大带轮;7-V带;8-键;
9-主轴;10-小带轮;11-电机支架;12-电机;13-接料盘;14-螺栓螺母;15-底座支架;
16-落料挡板;17-箱座;18-轴承;19-轴承盖;20-主动滚筒;21-齿轮;22-护料板

法、真空法、超声波法、机械挤压法等。其中,离心碰撞法是将加工物加速后让其相互撞击而破壳,因加速后的加工物运动及撞击状态较为复杂而且不易控制,所以破壳程度不一致,另外,高速飞驰的加工物也容易发生危险。化学腐蚀法既不符合食品卫生条件又容易造成环境污染。真空法是通过负压效应使得加工对象裂口,超声波法则是利用声波穿裂加工对象,因为其力作用太小,显然这两种方法不适宜对核桃类坚果进行破壳。机械挤压法是利用机械力直接作用于加工物体,比较适合核桃类硬壳坚果的破壳。

通过以上比较分析,这里选定机械挤压法的破壳原理。由于山核桃形体小,近似圆状,表面又较光滑,那么,怎样施加机械作用力,以达到较佳的破壳效果,这是机器设计中要解决的关键问题。

3. 机器原理方案设计

根据挤压破壳的基本原理,构思并设计出如图 4-23 所示的机器结构。它主要由剖分式箱体 4、加料斗 5、压果搅拌辊 6、齿板 3、出料斗 1、滚筒 7、传动链条 8、电动机 9 等组成。主要实施破壳加工的机件是齿板和滚筒。其中,铸铁齿板安装在箱体内,可由齿板调节装置手动调节其与滚筒的间距,以适应破壳不同大小的山核桃。滚筒通过轴承支撑在箱体上,由电动机通过链条传动使得滚筒旋转。压果搅拌辊设置在加料斗中,由滚筒轴通过带传动以及压果搅拌辊轴上的一对齿轮传动,使得两辊反向转动。

机器在工作时,先根据山核桃的大小(需要预先筛分),通过调节装置调节好齿板与滚筒之间的破壳间隙,然后将山核桃倒入加料斗中,启动电动机使得滚筒转动,当核桃到达挤压破壳工位时,山核桃进入滚筒和固定齿板形成的空间内,经过挤压破壳,下一批核桃继续到达该型腔后再次对核桃实施挤压破壳。如此不停地循环往复,被挤压破壳后的山核桃随着滚筒的旋转进入出料斗。

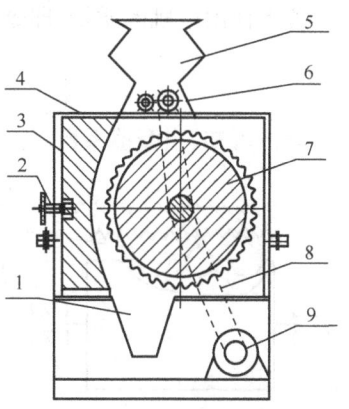

图 4-23 山核桃破壳机的构造
1-出料斗;2-调距手轮;3-齿板;
4-箱体;5-加料斗;6-压果搅拌辊;
7-滚筒;8-传动链条;9-电动机

4. 山核桃咬入条件分析及破壳机构设计

当山核桃随着旋转滚筒的作用而进入待挤压区后,由于山核桃形体小、近似圆状、表面又较光滑。那么,若齿板与滚筒之间的间距过大,则山核桃受不到足够的挤压力作用而无法破壳;若间距过小,一方面可能将山核桃压碎,另一方面也可能使得山核桃跳动,不会随滚筒进入破壳区。

参考相关文献并分析单辊挤压时山核桃的受力情况,得到如图 4-24 所示的受力模型。图中的 1 为齿板,2 为山核桃,3 为滚筒,若取山核桃平均直径为 $2r$,滚筒设计直径为 $2R$,齿板与滚筒调节后的最小间距 $ab=h$。那么,山核桃被夹住时分别受到自身重力 F_w、齿板和滚筒对山核桃的正压力 N_a、N_b,摩擦力 F_a、F_b 的作用。图中的 α 为挤入角。

显然,$h<2r$,而

$$F_a = N_a f_1 \qquad (4\text{-}26)$$
$$F_b = N_b f_2 \qquad (4\text{-}27)$$

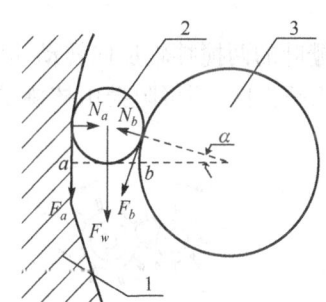

图 4-24 山核桃咬入分析
1-齿板;2-山核桃;3-滚筒

取摩擦系数 $f_1=f_2=f$,由图中几何条件可得

$$\cos\alpha = \frac{h+R-r}{R+r} \qquad (4\text{-}28)$$

山核桃受力后的平衡条件为

$$N_a = N_b \cos\alpha + F_b \sin\alpha \qquad (4\text{-}29)$$
$$F_w + F_a + F_b \cos\alpha = N_b \sin\alpha \qquad (4\text{-}30)$$

要使山核桃顺利进入挤压破壳区,应满足

$$F_W+F_a+F_b\cos\alpha \geqslant N_b\sin\alpha \tag{4-31}$$

若不计山核桃的质量,即令 $F_W=0$。联解以上各式可得

$$\sin\alpha \geqslant \frac{2f}{1-f^2} \cdot \frac{h+R-r}{R+r} \tag{4-32}$$

分析可知,当摩擦系数 f、山核桃直径 $2r$、滚筒设计直径 $2R$ 一定时,山核桃顺利进入挤压区并被挤压破壳,就取决于齿板与滚筒之间的调节间距 h。

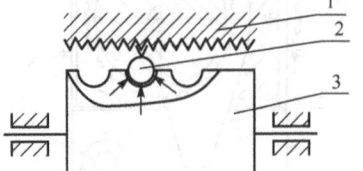

图 4-25 滚筒结构
1-齿板;2-山核桃;3-滚筒

考虑山核桃接近圆形,为了增加滚筒与山核桃的接触面积并保证山核桃果壳得到均匀挤压破壳,所以将滚筒设计成如图 4-25 所示的等间距半圆凹槽形。齿板面上则刻制出锯齿。接触面积的增加就可增大滚筒对山核桃的摩擦作用力,从而确保山核桃进入挤压破壳区并受到不同方向的作用力,使得受挤压作用的山核桃在整个果壳上产生裂纹,更易于破出半仁或整仁。

5. 机器其他装置的设计

齿板调节装置如图 4-26 所示,固定齿板 3 在上下两面与箱体 2 构成滑动运动副结构,调距手轮 1(螺杆)与箱体侧面构成螺旋运动副,螺杆端头与齿板为球铰接。旋转调距手轮可以使齿板移动,从而改变齿板与滚筒之间的距离,以适应于不同大小的山核桃的破壳。

加料斗截面为双菱形,通过内壁对山核桃的反作用力,可防止山核桃从加料斗飞弹出,必要时也可加一个上盖,如图 4-27 所示。

在加料斗内布置压果搅拌辊,如图 4-28 所示。带栅叶的两搅拌辊反向转动,既可搅动加料斗中的山核桃,又可将山核桃拨动、压入挤压破壳区,还可阻挡山核桃受力后的向上飞弹。

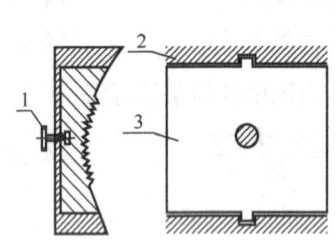

图 4-26 齿板调节装置
1-调距手轮;2-箱体;3-齿板

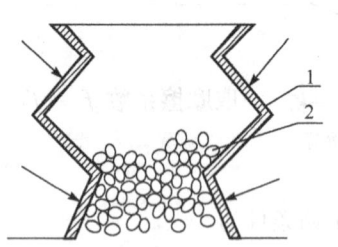

图 4-27 加料斗
1-加料斗;2-山核桃

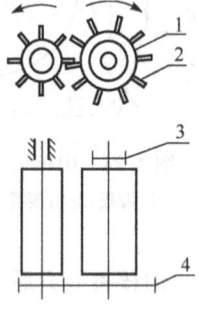

图 4-28 压果搅拌辊
1-压果搅拌辊;2-栅叶;
3-皮带轮;4-齿轮

6. 设计评价

（1）根据山核桃果壳形状及破壳要求，分析了山核桃破壳的原理及破壳条件，认为采用机械挤压方法是较佳的原理方案。

（2）采用等间距半圆凹槽形滚筒、挤压间距调节装置、双菱形加料斗以及压果搅拌辊等结构，从多方面考虑了机器在对山核桃破壳时，可能出现的各种情况，从而在结构原理上保证了破壳机工作的可靠性。

（3）所设计的破壳机结构简单、使用可靠、调整方便，满足了对山核桃进行破壳的需要，具有一定实用价值。

在机械设计竞赛活动中，教师与学生应针对设计竞赛要求，讨论分析设计对象的功能及任务，指导学生分解功能任务，并运用理论知识寻找功能实现途径，通过分析比较，逐步引导学生得到较优的设计结果，在这种"功能—分解—技术解—分析—比较—方案确定"的设计技术活动中，帮助学生学会正确运用理论知识，综合考虑各种问题，掌握设计要点和规律，养成良好的工程设计习惯和素养。应深入现场，构思设计方案，分析问题关键，教师身行示范，师生互动，通过构思与设计、通用零件和原材料的采购、主要零件的加工制作、机器的装配与调试等各个环节，循序渐进地指导和训练学生动手，如图4-29所示。在如同"师带徒"的训练过程中，助推学生掌握设计和制作方法，提高实践动手能力。

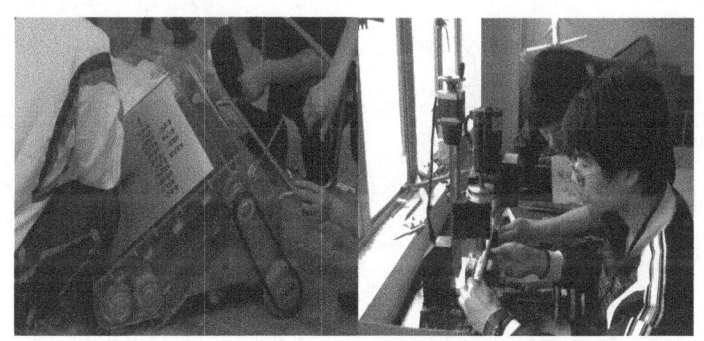

图4-29　机械设计竞赛中师生互动情况

本章主要讨论了机械系统设计中的功能任务确定、机械加工原理及工作原理方案的构思与设计、机械系统运动关系协调设计、机械传动系统和总体设计的基本设计原理和方法。在机械设计过程中，还需要进行力学分析与强度计算，选择机械零件的材料，查阅机械手册以选用各种标准件，机械控制系统的设计，有些情况下还需要进行试验、仿真、优化等工作。所以，机械设计是一项系统工程，在设计过程中，要养成全面、综合、仔细、认真的工程设计工作习惯，既要掌握机、电、液、气、光、热、计算机、控制等学科基础知识和理论，又要敢于创新、勤于思考、动手实践，积累设计经验。只有优质的工程设计，才能获得优质的产品，才能造福人类。

参考文献

黄纯颖,高志,等.2000.机械创新设计.北京:高等教育出版社.
李思益.2007.现代设计方法.西安:西安电子科技大学出版社.
尚久浩,张淳,李思益.2003.自动机械设计.北京:中国轻工业出版社.
孙桓,陈作模,葛文杰.2007.机械原理.北京:高等教育出版社.
翁海珊,王晶.2006.第一届全国大学生机械创新设计大赛决赛作品集.北京:高等教育出版社.
张策.2006.机械原理与机械设计.北京:机械工业出版社.
张春林.2007.机械创新设计.北京:机械工业出版社.
朱孝录.2002.中国机械设计大典(第四卷:机械传动设计).南昌:江西科学技术出版社.

第5章 机构应用与创新

机械创新设计中,机构设计是关键。机构创新设计是一个具有创新性的活动过程,体现了创新意识和创新设计的能力。本章在基本机构介绍的基础上,从机构选型和构型两方面对机构形式的设计方法,进行系统简捷的分析介绍。

5.1 基本机构及其运动形态

5.1.1 连杆机构

1. 连杆机构基本概念

用销、轴等零件将刚性杆件连接起来组成的机构称为连杆机构。杆与杆之间构成转动副或滑动副,转动副又可按能否转动整周分为周转副和摆转副。在构成转动副的杆件中,能作整周回转的杆件称为曲柄,而只能在一定角度范围内作往复摆动的杆件称为摇杆。图 5-1 所示为由转动副构成的连杆机构。

在传递运动的机构中,带动其他部分运动的零件叫做主动件,最后实现必要运动的零件叫做从动件。根据主动件与从动件之间的关系可以将传动方式分为直接传动与间接传动。齿轮、凸轮、螺旋等传动机构均为直接传动机构。如图 5-1 所示的连杆机构中,主动件 A 与从动件 C 分离,主动件 A 的运动先传给杆件 B,再由杆件 B 将运动传给从动件 C。因此,连杆机构属于间接传动机构。其中,运动传递的中介杆件 B 称为连杆,固连于静止坐标系的固定件 D 称为机架。

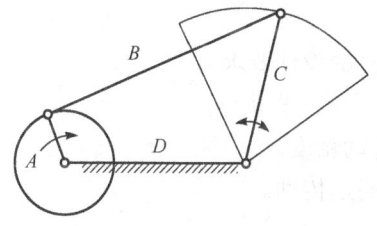

图 5-1 平面连杆机构示例(曲柄摇杆机构)

图 5-2 空间连杆机构示例

2. 连杆机构分类及基本形式

连杆机构按各运动杆件是否在相互平行的平面内运动,可分为平面连杆机构和空间连杆机构。如图 5-1 所示的连杆机构为平面连杆机构,而图 5-2 所示的连杆机构则为空间连杆机构。

平面连杆机构较空间连杆机构的应用更为广泛,而在平面连杆机构中,结构最简单且应用最广泛的是由 4 个构件所组成的平面四杆机构,其他多杆机构可看成是其基础上依次增加杆而组成的。

平面四杆机构中,根据主动件与从动件的使用方法,可将四连杆机构按曲柄和摇杆的组合形式分为三种基本形式。

(1) 曲柄摇杆机构:如图 5-1 所示,若杆 D 为机架,杆 B 为连杆,则短杆 A 就成为可回转的曲柄,而长杆 C 则成为进行往复摆动的摇杆。杆 A 和杆 C 都可以作为主动件或从动件。

(2) 双曲柄机构:如图 5-3 所示,若将短杆 A 固定,C 为连杆,则杆 B 和杆 D 均可作为曲柄使用。这时如果主动件为匀速回转,则从动件为非匀速回转。

(3) 双摇杆机构:如图 5-4 所示,若以杆 A 为机架,C 为连杆,则 B、D 两杆均可作为摆杆使用。

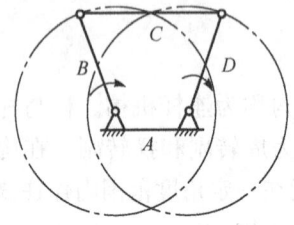
图 5-3 双曲柄机构

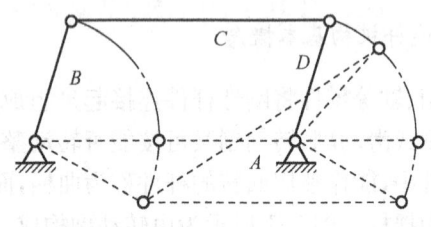
图 5-4 双摇杆机构

3. 连杆机构特点

连杆机构是机械中常见的机构,其优点主要有如下四点。

(1) 连杆机构为低副机构,运动副为面接触,压强小,承载能力大,耐冲击。

(2) 运动副元素的几何形状多为平面或圆柱面,便于加工制造。

(3) 在原动件运动规律不变的情况下,通过改变各构件的相对长度可以使从动件得到不同的运动规律。

(4) 连杆曲线可以满足不同运动轨迹的设计要求。

但连杆机构在设计与使用中存在着以下一些缺点。

(1) 由于运动积累误差较大,影响传动精度。

(2) 由于惯性力不好平衡而不适于高速传动。

(3) 设计方法比较复杂。

5.1.2 齿轮机构

1. 齿轮机构基本概念及分类

机械装置为完成各种必要的运动,往往需要传递来自驱动装置能量的传动机构。齿轮副是其中最重要的传动机构之一。

齿轮传动是通过轮齿之间的相互啮合实现直接接触的传动方法,这种传动方法的传动比精确、传动功率大。

齿轮是在圆盘形毛坯上规则地加工出齿形而制成的零件。齿轮传动是将齿轮安装在轴上使两齿轮的轮齿直接接触来传递转矩的传动方式。齿轮各部分的名称如图5-5所示。

齿轮副按传动形式的分类如图5-6所示。

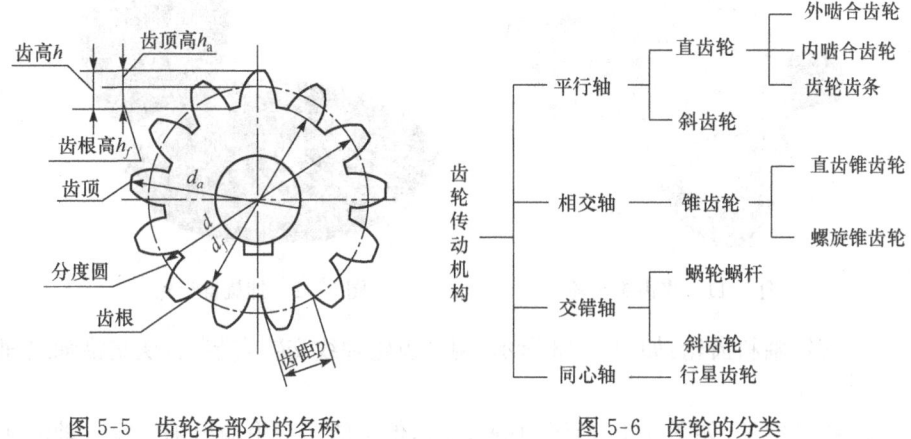

图5-5 齿轮各部分的名称　　　　　　图5-6 齿轮的分类

(1) 直齿轮：如图5-7所示，不存在轴向力，容易制造与装配。
(2) 斜齿轮：如图5-8所示，与直齿轮相比强度高，噪声小，但会产生轴向力。

图5-7 直齿轮外啮合　　　　　　图5-8 斜齿轮

(3) 内齿轮：如图5-9所示，在内圆柱表面上加工轮齿，可得到紧凑结构。
(4) 齿轮齿条传动：如图5-10所示，可将旋转运动变成直线运动。

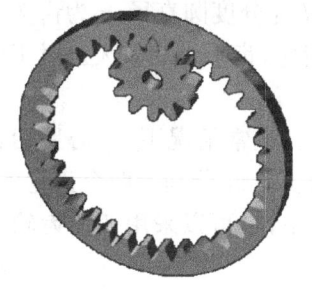 

图5-9 直齿轮内啮合　　　　　　图5-10 齿轮齿条

(5) 直齿锥齿轮:如图 5-11 所示,能实现两相交轴之间的传动。

(6) 螺旋锥齿轮:如图 5-12 所示,与直齿锥齿轮相比强度高,传动平稳。

图 5-11 直齿锥齿轮　　　　图 5-12 螺旋锥齿轮

(7) 交错轴斜齿轮:如图 5-13 所示,两斜齿轮轴线交错安装,实现交错轴之间的传动。

(8) 蜗轮蜗杆:如图 5-14 所示,减速比大,但不能实现由输出轴到输入轴的逆向传动。

图 5-13 交错轴斜齿轮　　　　图 5-14 蜗轮蜗杆

2. 齿轮机构设计

齿轮设计中的一个重要参数是模数,模数的定义是分度圆上的齿距(周节)除以圆周率的值。可用 $m=d/z$ 表达,其中,m 为模数,d 为分度圆直径,z 为齿数。可以看出,模数是表示轮齿大小的参数,即模数较大的齿轮,齿形也比较大。对于齿轮副的两个齿轮,其模数不同就不能互相啮合。

两相互啮合齿轮的节圆半径之和称为中心距。正常情况下,中心距可用 $a=m(z_1+z_2)/2$ 计算。其中,a 为中心距,m 为模数,z_1 和 z_2 分别为两个齿轮的齿数。当齿轮副两齿轮的模数和齿数不变时,在特殊情况下,也可以采用变位齿轮改变中心距。

齿轮副的传动比等于被动齿轮的齿数与主动齿轮的齿数之比。当被动齿轮的齿数多于主动齿轮齿数时称为减速传动,反之称为增速传动。小齿轮的最少齿数是有界限的,所以选择时必须注意。

齿轮在机械工程应用中,可常见到由一系列齿轮组成的齿轮传动系,即轮系。轮系可实现传动的分路、获得更大的传动比、变速、换向传动及运动的合成与分解等功能。

5.1.3 凸轮机构

1. 凸轮机构基本概念及分类

根据从动件所要实现的运动将主动件设计成特殊形状,通过直接接触来传递运动的机构称为凸轮机构。其中制成特殊形状的主动件称为凸轮,从动件称为凸轮推杆。主动件的凸轮可以是旋转运动,也可以是直线移动,凸轮推杆则可实现预期的往复直线运动或摆动。凸轮机构在自动机械、自动控制装置等各类机械中得到了广泛应用。

凸轮按接触部位的运动形式的分类如图5-15所示。

（1）盘形凸轮:如图5-16所示,凸轮是一个绕固定轴转动并且具有径向变化的盘形零件,当其绕固定轴转动时,可推动从动件在垂直于凸轮转轴的平面内运动。在平面凸轮中,盘形凸轮应用最为广泛。

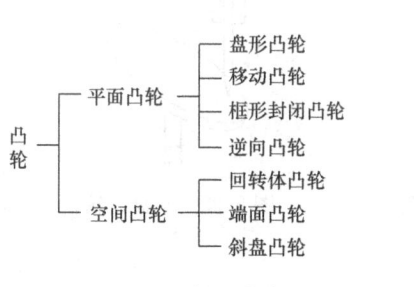

图 5-15 凸轮的分类

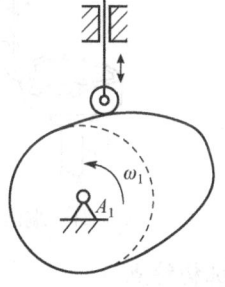

图 5-16 盘形凸轮

（2）移动凸轮:如图5-17所示,凸轮作往复直线运动。

（3）框形封闭凸轮:如图5-18所示,框形封闭凸轮是指将凸轮整体装入从动件的框形结构中,形成几何封闭的精确传递运动的凸轮。框形封闭只是封闭凸轮的一种。

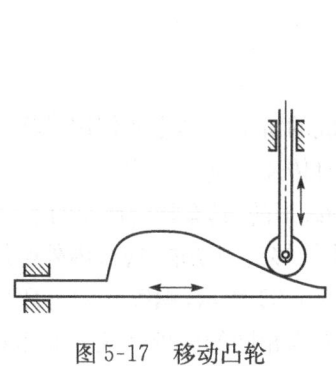

图 5-17 移动凸轮

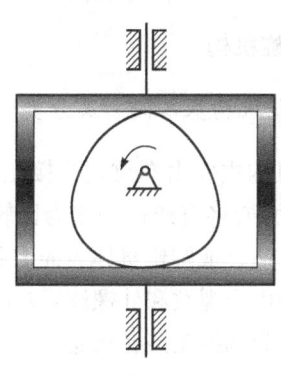

图 5-18 框形封闭凸轮

(4) 逆向凸轮：如图 5-19 所示，从动件制成特殊形状的凸轮机构。

(5) 回转体凸轮：如图 5-20 所示，在圆柱、圆锥或球面等回转体的表面上加工出具有特殊曲线规律的沟槽，将从动件嵌入沟槽内，通过主动件的旋转来传递运动的凸轮机构。

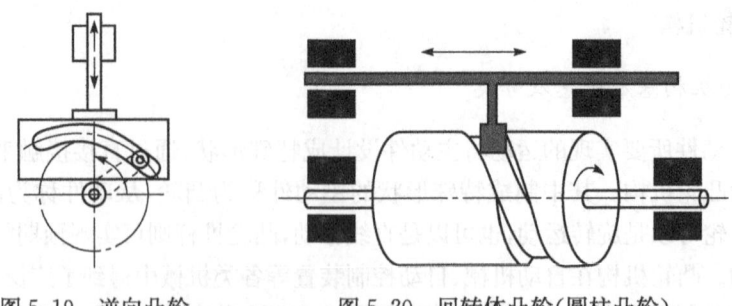

图 5-19　逆向凸轮　　　　图 5-20　回转体凸轮（圆柱凸轮）

(6) 端面凸轮：如图 5-21 所示，在轴的端面上加工出特殊轮廓而制成的凸轮。

(7) 斜盘凸轮：如图 5-22 所示，为使从动件实现简谐振动的凸轮。

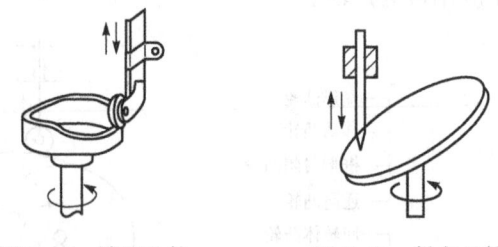

图 5-21　端面凸轮　　　　图 5-22　斜盘凸轮

2. 凸轮机构特点

凸轮机构的特点：结构简单、紧凑，占据空间较小；具有多用性和灵活性，从动件的运动规律取决于凸轮轮廓曲线的形状。对于几乎任意要求的从动件的运动规律，都可以毫不困难地设计出凸轮廓线来实现。但凸轮轮廓线与从动件之间是点或线接触的高副，易于磨损，故多用于传力不大的场合。

5.1.4　螺旋机构

1. 螺旋机构基本概念及分类

螺旋机构主要由螺纹副连接相应构件而成的机构。其主要作用是将回转运动变为直线运动，或将直线运动变为回转运动，同时传递运动或动力。

螺纹在圆柱或圆锥母体表面上制出的螺旋线形的、具有特定截面的连续凸起部分。螺纹副必须由内螺纹和外螺纹成对配合使用才能够实现功能，通过内外螺纹的相互滑动接触能够起到拧紧或传递运动的作用。如图 5-23 所示，螺纹结构有牙型、大径、螺距、线数及旋向等五个基本要素，只有基本要素均相同的内外螺纹才能相互旋合。

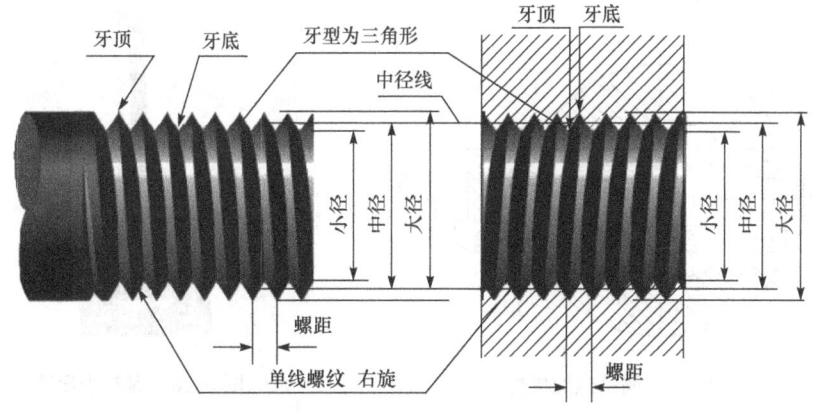

图 5-23 螺纹结构示意图

螺旋机构的传动形式按螺杆与螺母的相对运动形式可分为以下四类。
(1) 螺杆转动螺母移动,如图 5-24 所示。
(2) 螺杆又转动又移动(螺母固定),如图 5-25 所示。
(3) 螺母转动螺杆移动,如图 5-26 所示。
(4) 螺母又转动又移动(螺杆固定),实际应用较少。

图 5-24 螺杆转动螺母移动　　图 5-25 螺杆又转动又移动　　图 5-26 螺母转动螺杆移动

螺旋机构按其用途可分为以下三类。
(1) 调整螺旋:用于调整并固定零件或工件的位置,如图 5-27 所示的调整螺旋机构。
(2) 起重螺旋:用于举重或克服其他相当大的生产阻力,如图 5-28 所示的螺旋千斤顶。
(3) 传动螺旋:用于传递运动及功率,如图 5-29 所示的台钳定心夹紧机构。

2. 螺旋机构特点

螺旋机构的特点:螺杆转一周,螺母只移动一个导程,所以螺旋机构可以得到很大的减速比;由于减速比大,可使螺旋机构的从动件获得很大的机械推力;螺旋机构具有自锁特性;结构简单、传动平稳且无噪声。但螺旋机构的滑动螺旋效率较低。为提高传统螺旋机构的传动效率,如图 5-30 所示的滚珠丝杠已在机械传动中得到广泛应用。

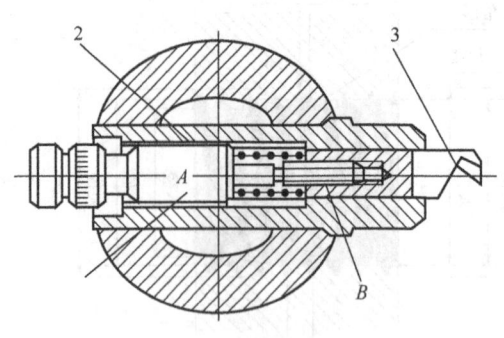
图 5-27 调整螺旋机构

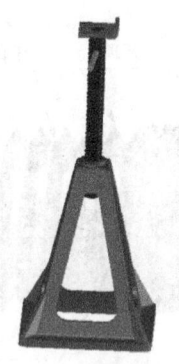
图 5-28 螺旋千斤顶

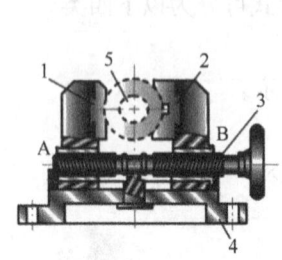
图 5-29 台钳定心夹紧机构

图 5-30 滚珠丝杠传动副

5.1.5 间歇运动机构

间歇运动机构是指能实现主动件连续运动,而从动件可以周期性地停歇的机构。其在各类转位机构、步进机构、计数装置等机械设计中得到广泛的应用。间歇运动机构的类型较多,其中棘轮机构、槽轮机构、不完全齿轮机构和凸轮间歇机构较为常见。

1. 棘轮机构

棘轮机构按运动形式可分为单动式棘轮机构(图 5-31)、双动式棘轮机构(图 5-32)及可变向棘轮机构(图 5-33)。棘轮机构按结构特点可分为齿式棘轮机构(图 5-31~图 5-33)和摩擦式棘轮机构(图 5-34)。利用棘轮机构步进间歇的运动特性,可作为间歇运动机构;也可利用棘轮单向运动的特性,作为制动装置(图 5-35)。棘轮机构除了常用于实现间歇运动,还能实现超越运动,如自行车的飞轮。

齿式棘轮机构的结构简单、制造方便、运行可靠、输出角度可以大范围调整,但其运动精度低,工作时冲击和噪声较大,所以一般用于速度较低、载荷不大的场合。相对齿式棘轮机构棘轮转角的有级性改变,摩擦式棘轮机构在传动过程中很少发生噪声,但其接触表面间容易发生滑动。

图 5-31　单动式棘轮机构　　图 5-32　双动式棘轮机构　　图 5-33　可变向棘轮机构

图 5-34　摩擦式棘轮机构　　　　图 5-35　棘轮制动装置

2. 槽轮机构

常见的槽轮机构主要有外槽轮机构（图 5-36）、内槽轮机构（图 5-37）和球面槽轮机构（图 5-38）等。槽轮机构与棘轮机构类似，可使从动件实现步进等间歇运动，但其运动平稳，机械效率较高。其在加工中心的刀架转位（图 5-39）和电影放映机的卷片机构（图 5-40）等机械中得到较为广泛的应用。

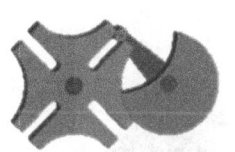  

图 5-36　外槽轮机构　　图5-37　内槽轮机构　　图 5-38　球面槽轮机构

图 5-39　刀架转位槽轮机构　　　　图 5-40　卷片槽轮机构

3. 不完全齿轮机构

不完全齿轮间歇运动机构可认为是由齿轮传动机构演化而来的，其最大特点是将齿轮传动机构的主动轮变为只有一个齿或几个齿，形成不完全齿轮，从而实现使从动轮产生间歇运动。不完全齿轮间歇运动机构常见外啮合（图5-41）、内啮合（图5-42）、齿条式（图5-43）和锥齿式（图5-44）等类型。该机构易产生刚性冲击，不宜用于主动轮转速很高的场合。

图 5-41 外啮合

图 5-42 内啮合

图 5-43 齿条式

图 5-44 锥齿式

4. 凸轮间歇机构

凸轮间歇机构的原理是圆柱或蜗杆凸轮连续回转，推动均布有柱销的从动圆盘实现间歇转动。常见的有圆柱凸轮间歇运动机构（图5-45）和蜗杆凸轮间歇运动机构（图5-46）两种类型。

图 5-45 圆柱凸轮间歇运动机构

图 5-46 蜗杆凸轮间歇运动机构

凸轮间歇运动机构的优点是运转可靠、传动平稳,转盘可实现任何运动规律,还可通过改变凸轮推程运动角得到所需要的转盘转动与停歇时间的比值。凸轮间歇运动机构常用于传递交错轴间的分度运动和需要间歇转位的机械装置中。

5.1.6 广义机构

随着科学技术的发展,机械的概念不断地得到扩展。利用液、气、声、光、电、磁等工作原理的非传统机构得到了越来越广泛的应用,这些非传统的机构,统称为广义机构。广义机构较多,本节主要介绍一些常见的该类机构。

1. 液、气动机构

液、气动机构是以具有压力的液体、气体作为工作介质,实现能量传递与运动变换的机构。如图 5-47 所示的液压升降机,利用液压缸驱动连杆机构,可实现较大的行程和增速等功能。如图 5-48 所示的四自由度气动机械手,动作迅速。

图 5-47 液压升降机

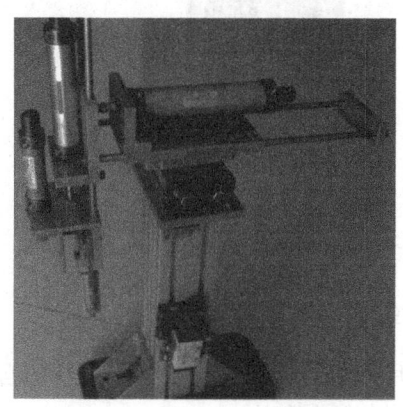
图 5-48 四自由度气动机械手

液、气机构体积小、重量轻、动作迅速,易于实现无级调速与控制;元件易于标准化、模块化及系列化。但元件加工及装配的精度要求较高。

2. 光电机构

光电机构是利用光的特性进行工作的,通常由各类光学传感器和各种机械式或机电式机构组合而成。利用光电效应可开发出很多创新机构,如图 5-49 所示的红外自动门,如图 5-50 所示的光电鼠标等。

3. 电磁机构

电磁机构是通过电与磁的相互作用,产生驱动力,从而控制和调节执行机构的动作。如图 5-51 所示的电磁阀,通过电磁机构控制阀门的开闭与调节。如图 5-52 所示的电推剪,利用电磁振动机构实现剪发等。

图 5-49 红外自动门

图 5-50 光电鼠标

图 5-51 电磁阀

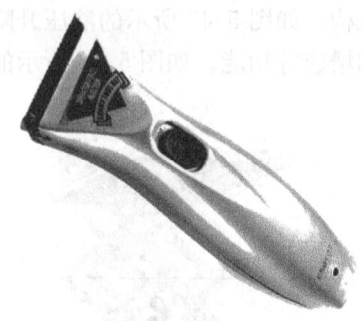
图 5-52 电推剪

4. 重力、惯性机构

利用重力效应,可设计出一些创新的自动机构,如图 5-53 所示的螺钉整列机构实现螺钉的自动整列。

利用速度惯性受到阻力才停下来的现象,也可创新设计出新机构,如图 5-54 所示的建筑打桩机。

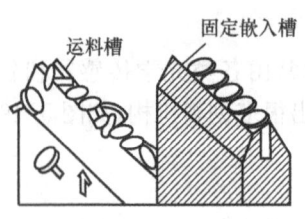
图 5-53 螺钉整列机构

图 5-54 打桩机

5.2 机械运动与机构选型

5.2.1 机械运动与形态变换

机械运动是指物体之间或同一物体各部分之间相对位置随时间的变化。在机械机构运动中,主要有直线运动、旋转运动、摆动及平面运动等几种机械运动形态。

直线运动:指机械构件的伸缩运动,有连续与间歇形态。

旋转运动:指机械构件的轴线固定绕自身轴线旋转的运动,有连续与间歇形态。

摆动:指机械构件的轴线绕另一轴线回转的运动,有连续与往复形态。旋转运动和摆动合称为转动。

平面运动:指机械构件在平面内按一定的轨迹运动。

机械运动的不同形态,可以通过机构进行变换。常见的机械运动形态变换与实现的基本机构如表 5-1 所示。

表 5-1 常见机械运动形态变换与实现的基本机构一览表

序号	运动形态变换类型	实现基本机构
1	连续旋转-连续旋转	齿轮传动机构、摩擦轮传动机构、连杆机构、带传动机构、链传动机构、绳轮传动机构、液力传动、钢丝软轴传动机构、万向联轴器
2	连续旋转-步进旋转	棘轮机构、槽轮机构、不完全齿轮机构、凸轮间歇机构
3	连续转动-往复摆动	连杆机构、凸轮机构
4	连续转动-往复直动	连杆机构、凸轮机构、齿轮齿条机构、螺旋机构
5	直线移动-直线移动	连杆机构、气与液传动、移动凸轮
6	直动-摆动	移动凸轮

5.2.2 机构选型

满足同一原理方案的要求,可采用不同的机构类型,或者满足同一运动形式或功能要求的机构方案有很多。因此,机构设计中最富有创造性、最关键的环节是机构形式设计。

机构选型是指利用发散思维的方法,将已有各种机构按照运动特性或动作功能进行分类,再根据设计对象中执行构件所需要的运动特性或动作功能进行搜索、选择、比较和评价,选出合适的执行机构。

1. 机构选型基本原则

进行机构选型时,除了了解和掌握各种基本机构和常用机构的结构、功能及特点,还必须遵循如下的基本原则。

(1) 满足工艺动作及其运动规律的要求。这是首先要保证的。

(2) 机构运动链要尽可能短。在满足使用要求的前提下,机构的结构应尽可能简单。

（3）机构动力性能要尽可能好。

（4）动力源的选择应有利于简化机构和改善运动质量。

此外，还要从加工制造、操作运行、经济成本等方面进行综合考虑。

简言之，机构选型就是在满足功能要求的多种可能的机构类型中，选择结构最简单、最易实现、经济性最好的机构形式。

2. 机构选型方法

机构选型有较多方法，其中按执行构件所需的运动特性进行选型的方法，具有方便、直观的特点，容易掌握，应用广泛。

按执行构件所需的运动特性进行机构选型的方法，是指从具有相同运动特性的机构中，按照执行构件所需的运动特性进行搜寻。当有多种机构均可满足所需要求时，可根据机构选型的基本原则，对初选的机构形式进行分析对比，从中选择出较优的机构形式。采用该方法进行机构选型，具有方便、直观的特点，应用广泛。表 5-2 为常见的运动特性及其对应的机构类型。

表 5-2 常见运动特性及其对应机构一览表

连续转动	定传动比匀速	平行四杆机构、双万向联轴节机构、齿轮机构、轮系、谐波传动机构、摆线针轮机构、摩擦轮传动机构、挠性传动机构等
	变传动比匀速	轴向滑移圆柱齿轮机构、混合轮系变速机构、摩擦传动机构、行星无级变速机构、挠性无级变速机构等
	非匀速	双曲柄机构、转动导杆机构、单万向连轴节机构、非圆齿轮机构、某些组合机构等
往复运动	往复移动	曲柄滑块机构、移动导杆机构、正弦机构、移动从动件凸轮机构、齿轮齿条机构、楔块机构、螺旋机构、气动、液压机构等
	往复摆动	曲柄摇杆机构、双摇杆机构、摆动导杆机构、曲柄摇块机构、空间连杆机构、摆动从动件凸轮机构、某些组合机构等
间歇运动	间歇转动	棘轮机构、槽轮机构、不完全齿轮机构、凸轮式间歇运动机构、某些组合机构等
	间歇摆动	特殊形式的连杆机构、摆动从动件凸轮机构、齿轮-连杆组合机构、利用连杆曲线圆弧段或直线段组成的多杆机构等
	间歇移动	棘齿条机构、摩擦传动机构、从动件作间歇往复运动的凸轮机构、反凸轮机构、气动、液压机构、移动杆有停歇的斜面机构等
预定轨迹	直线轨迹	连杆近似直线机构、八杆精确直线机构、某些组合机构等
	曲线轨迹	利用连杆曲线实现预定轨迹的多杆机构、凸轮-连杆组合机构、行星轮系与连杆组合机构等

续表

特殊运动要求	换向	双向式棘轮机构、定轴轮系(三星轮换向机构)等
	超越	齿式棘轮机构、摩擦式棘轮机构等
	过载保护	带传动机构、摩擦传动机构等

5.2.3 机构选型设计实例(机器人手爪机构的选型设计)

第八届浙江省大学生机械设计竞赛的题目是设计并制作"抗灾救援"机器人。竞赛场地如图 5-55 所示。题目要求该机器人在通过图中所示的 1 区和 2 区后,要将 3 区和 4 区内的救援目标取出并送至安全区。3 区和 4 区内救援目标分别为三个圆筒(尼龙棒)和三个方块(木块)。其中,三个圆筒的高度均为 80mm,直径分别为 50mm、80mm、100mm;三个方块的尺寸分别为 100mm×100mm×10mm、80mm×80mm×30mm、50mm×50mm×50mm。

题中六个救援目标的提取,需要借助机器人的机械手操作完成。下面对该机械手手爪机构的选型设计进行分析讨论。

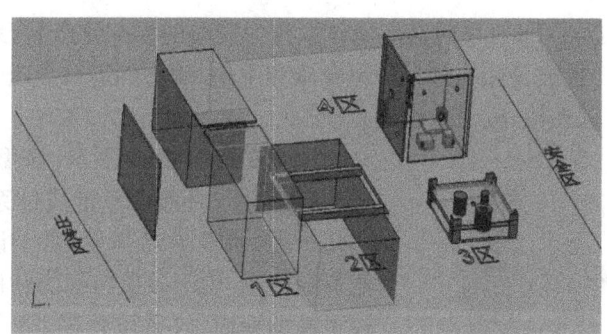

图 5-55 竞赛场地示意图

1. 机械手手爪功能分析

机械手手爪也称为机器人末端执行器,其种类很多,以适应机器人的不同作业及操作要求。机械手手爪按作业用途可分为搬运、加工和测量等。在本设计中,机械手手爪用来夹持提取圆柱和方块救援目标,属于搬运的用途,即用来抓取或吸附被搬运的物体。该类型手爪也称为夹持装置。

2. 机械手手爪设计要求分析

(1) 适应性要求:按题目要求,救援目标的外形既有圆柱形,又有方块,且外形尺寸各不相同,这对机械手手爪对目标抓取的适应性要求相对较高。

(2) 速度性要求:在完成多目标类型抓取夹持的功能外,由于是竞技类型的竞赛,速度越快越好,所以需要强调操作的快速性。

(3) 灵活性要求：救援目标的尺寸均较小、重量较轻，但分别位于 3 区和 4 区规定的窄小空间内，空间边界存在围板等障碍物。这对机械手手爪结构的空间尺寸要求较严，抓取的操作灵活性要求也较高。

3．机械手手爪机构类型与选型设计分析

1) 按物理作用力的机构选型设计与分析

机械手手爪机构按提取夹持目标的物理作用力分类，如图 5-56 所示。

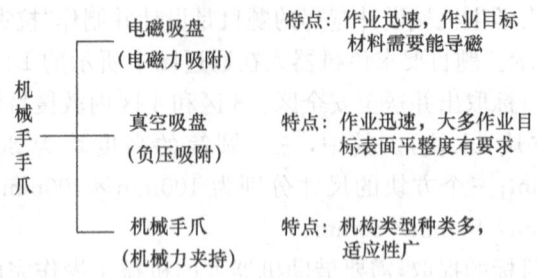

图 5-56　手爪机构按物理作用力分类示意图

(1) 电磁吸盘式手爪：目前已形成体系较为完整的标准化产品，易于选购。但本设计要求中，由于救援目标的材料为尼龙棒和木块，均不能进行导磁。该型手爪不能实现对目标的提取夹持，应予以否决。

(2) 真空吸盘式手爪：该型手爪的原理清晰、结构简捷；目前也已形成体系较为完整的标准化产品，如图 5-57 所示，易于设计选购。在本竞赛题目中，由于救援目标的圆柱和方块均具有较平整的端面，且重量较轻，适合小型真空吸盘式手爪的操作作业；同时，真空吸盘式手爪比机械式手爪的作业速度快，具有较好的竞技优势。因此，在本设计中，真空吸盘式手爪是一个较优的选型方案。

在第八届浙江省大学生机械设计竞赛中，采用该型手爪的作品，成绩较为优异。但相对来讲，高速真空吸盘式手爪的作业需要配备真空发生器，真空发生器需要压缩空气源，即需要配备空气压缩机，致使整体造价比机械式手爪的作品要高出不少。

图 5-57　真空吸盘产品图

(3) 机械式手爪：由于采用机械力作业，结构设计灵活多样，可较好地满足题目的功能要求。但其具体的机构类型较多，选择不同的类型，作业效率也有较大差异。在第八届浙江省大学生机械设计竞赛中，采用机械式手爪的作品较多。

2) 机械式手爪机构的选型设计与分析

机械式手爪按驱动方式不同,大致可分为气动、液压及电动三种类型。气动和液压驱动的作业效率相对比较高。如图5-58所示的气动机械式手爪,它们驱动机构的结构更复杂,造价也高。在第八届浙江省大学生机械设计竞赛中,采用气动或液压驱动的机械式手爪的作品很少,基本上均采用电动驱动。

机械式手爪按爪片的数量,可分为2爪(图5-59)、3爪、4爪(图5-60)及更多爪等多种类型。实际应用中,2爪、3爪和4爪较为常见。爪片数量越多,结构相对更为复杂。但针对本题设计,由于救援目标既有圆柱形又有方块,如果在垂直方向抓取夹持救援目标,2爪结构不如4爪结构可靠。相应地,如果是水平横向抓取夹持救援目标,2爪结构更为可行。但3爪结构无论垂直还是水平抓取夹持均不具备较强优势。因此,在第八届浙江省大学生机械设计竞赛中,机械式手爪多采用2爪或4爪结构。具体是2爪还是4爪结构,这与机械手手腕等机构的配合有关,单纯从爪片数量看,没有绝对的优劣之比。

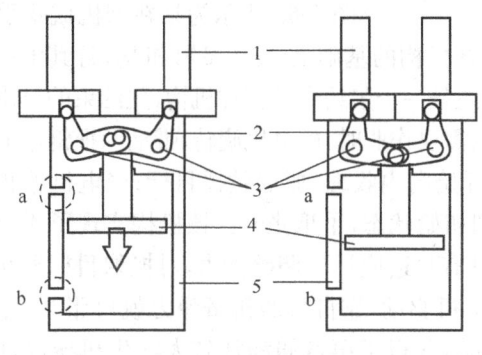
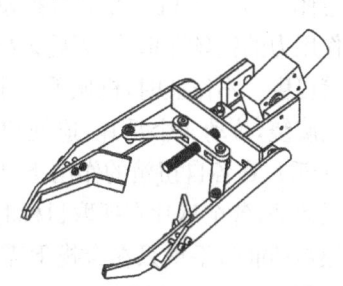

图5-58 气动机械式手爪 　　图5-59 机械手2爪结构示意图
a,b-气孔;1-手爪;2-杠杆;3-支点;4-活塞;5-缸体

机械式手爪按爪片的运动方式可分为平移(图5-58、图5-61)和摆动(图5-59、图5-60)两种类型。平移式手爪可选用螺旋机构(图5-61)和导杆杠杆滑块的4杆机构(图5-58)。摆动式手爪大多选用导杆摆动4杆机构及其变异机构(图5-59、图5-60)。

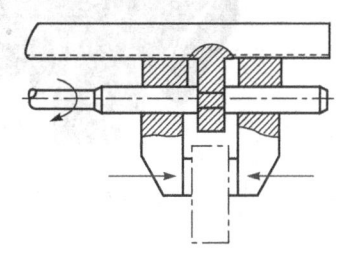

图5-60 机械手4爪结构示意图　　图5-61 螺旋式平移机械式手爪

由于平移式手爪没有空间角度的放大作用,在抓取目标尺寸相同的情况下,与摆动式相比,其结构的空间尺寸较大,手爪开、合的行程较长。

对于螺旋机构的平移式手爪,结构简单,易于实现,但其开、合均要通过螺旋转动,时效较低。因此,选用螺旋机构的平移式机械手爪的作品,在第八届浙江省大学生机械设计竞赛中,成绩大多不是很理想。

导杆摆动 4 杆机构类型的摆动式手爪机构,由于空间角度的放大作用,手爪开、合的行程较短。同时,其作业的时效与导杆移动的时效直接相关。导杆移动采用螺旋副传动(图 5-59)和直线电机传动(图 5-62)等方式。摆动式机械手爪机构中的导杆移动,若采用螺旋副传动也存在着手爪开、合均要通过螺旋转动,时效较低的问题,但其移动的行程较短,比螺旋机构传动的平移式机械手爪机构要好一些。

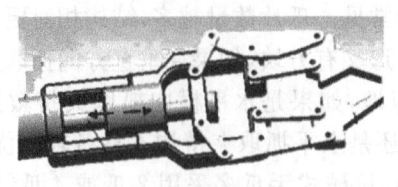

图 5-62 导杆直线电机传动摆动式手爪机构示意图

为了进一步提高摆动式手爪机构的作业时效,可在导杆摆动 4 杆机构类型的基础上进行变异。

图 5-63 所示为某新型机械式手爪机构示意图。该手爪机构在导杆摆动 4 杆机构的基础上,变为 6 杆机构,且其中一杆由单向作用力的钢丝绳取代,因此该机构还是一个欠约束的杆件机构,欠约束的自由度再由扭簧提供。不作业时,机械手爪张开;需要作业时,由电机旋转,带动两根钢丝绳在电机轴上旋绕,拉动 4 个爪片,迫使扭簧开始向内收缩,抓取救援目标;当电机停止不转时,4 个爪片在各自扭簧的作用下,回到初始状态,手爪张开。该机构实现了 4 个爪片的并联运动,各个爪片在抓取目标时,具有自适应性的调整能力,对抓取目标形状的适应性很强;同时,手爪只在合拢下需要电机驱动,靠自身的扭簧弹力就可张开,作业时效性也好。采用该机械手爪机构的作品,获得了第八届浙江省大学生机械设计竞赛一等奖。

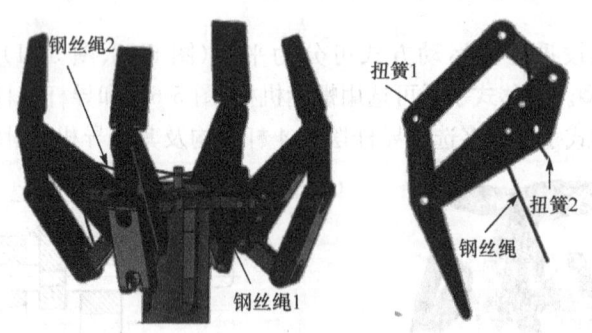

图 5-63 新型机械式手爪机构示意图

5.3 机构创新设计方法

要创新设计机器完成所要求的各种各样的执行动作,就要创新设计机构。创新设计机构不是凭空构思的,而是以一个原型机构为基础的,通过机构组合、机构变异与演化及再生运动链等方法,创造出更多的新机构。

5.3.1 机构组合设计

在机械设计实际中,对于比较复杂的运动变换,单一的基本机构已难以满足设计要求,为此需要将若干个基本机构组合起来形成组合机构,进而满足设计要求。组合机构设计是机械创新设计的重要发展方向之一。

在机构组合系统中,单个的基本机构称为组合系统的子机构。机构组合主要有串联式组合、并联式组合、反馈式组合及复合式组合等四种方式。

1. 串联式组合

串联式组合是指前一级子机构的输出构件,作为后一级子机构的输入构件,依次串联的组合方式。示例与组合框图如图 5-64 所示。示例中,后一级子机构的主动件(移动凸轮)为前一级子机构的一个连架杆(滑块)。

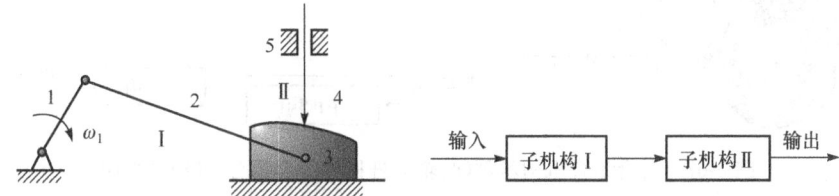

图 5-64　串联式组合机构示例(连杆-移动凸轮串联组合)与组合框图

2. 并联式组合

并联式组合是指几个子机构共用同一个输入构件,而它们的输出运动又同时输入给一个多自由度的子机构,从而形成一个自由度为 1 的机构系统。示例与组合框图如图 5-65 所示。

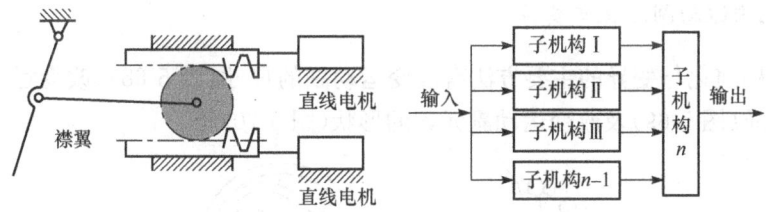

图 5-65　并联式组合机构示例(双齿条齿轮-连杆并联组合)与组合框图

3. 反馈式组合

反馈式组合是指多自由度子机构的一个输入运动,是通过单自由度子机构从该多自由度子机构的输出构件回授的组合方式。示例与组合框图如图 5-66 所示。示例为一机床校正机构,该机构中,蜗杆主动,因制造误差使蜗轮运动精度达不到要求,由误差设计一凸轮机构,经齿轮齿条、差动机构 K 使蜗杆得到一附加运动,以校正误差。

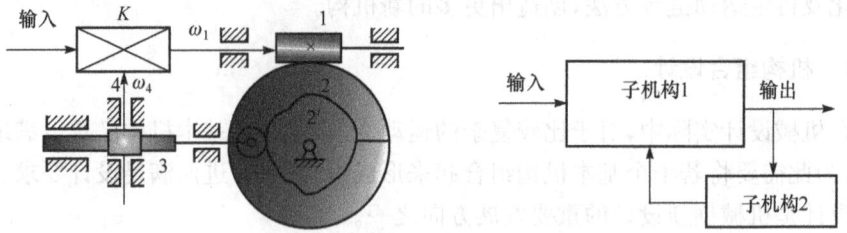

图 5-66　反馈式组合机构示例(蜗杆蜗轮-凸轮反馈组合)与组合框图

4. 复合式组合

复合式组合是指由一个或几个串联的基本机构封闭一个具有两个或多个自由度的基本机构的组合方式。示例与组合框图如图 5-67 所示。

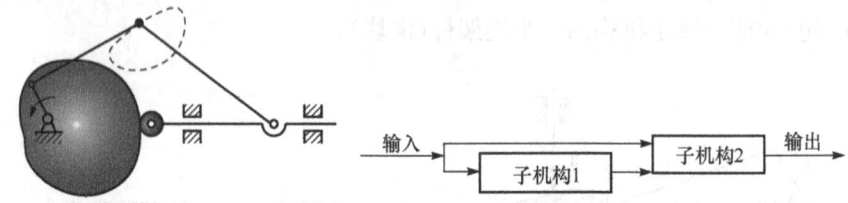

图 5-67　复合组合机构示例(凸轮-5 杆机构复合组合)与组合框图

5.3.2　机构演化与变异

机构的变异是指以某个现有机构为原始机构,在其基础上对组成机构各部分进行某些结构的改变或变换,而演化形成一种功能不同或性能改进的新机构。机构的演化与变异主要有运动副演化与变异、机架变换、构件变异、等效变换及机构运动原理的仿效等方法。

1. 机构运动副演化与变异

运动副演化与变异的主要方法有改变运动副的尺寸(图 5-68)、改变运动副元素的接触性质(图 5-69)及改变运动副元素的形状(图 5-70)等。

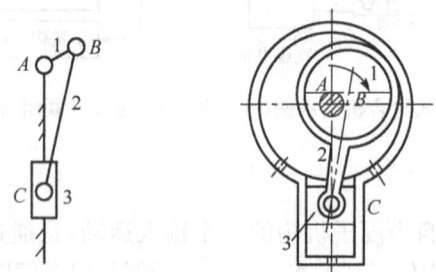

图 5-68　曲柄滑块机构与活塞泵机构(转动副销轴和销轴孔直径增大)

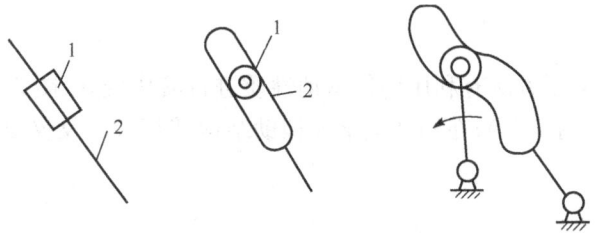

图 5-69　移动副演化变异成滚滑副示意图

图 5-70　四杆机构转动副演化变异成曲柄滑块机构移动副的过程

2. 机架变换

机架变换是指机构内的运动构件与机架的互相转换,也称为机构倒置,如图 5-71 和图 5-72 所示。

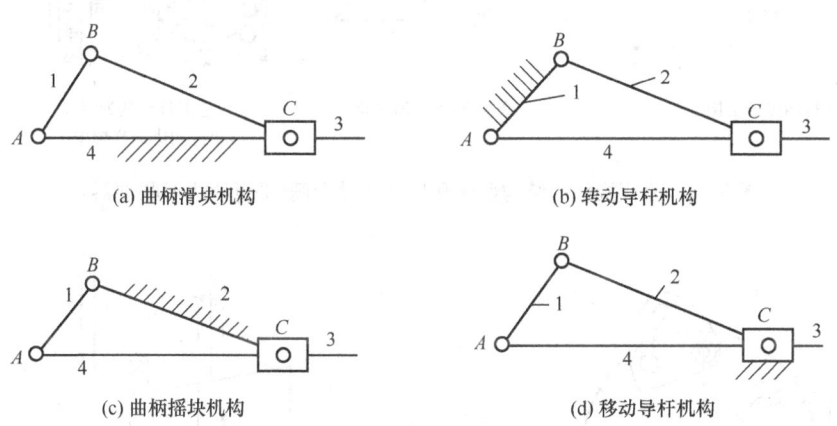

图 5-71　由曲柄滑块机构选取不同构件作机架而生成的机构

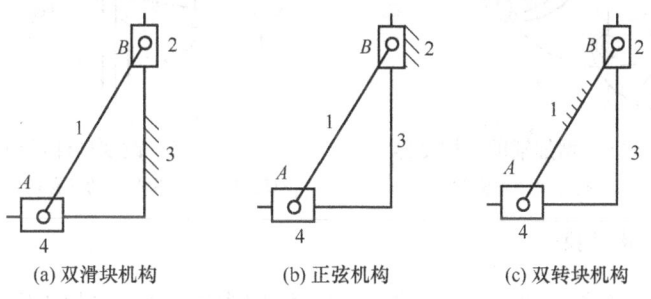

图 5-72　由双滑块机构选取不同构件作机架而生成的机构

3. 构件变异

构件变异的主要方法有利用构件运动性质进行演化变异(图5-73)、改变构件的结构形状和尺寸(图5-74)、在构件上增加辅助结构(图5-75)及改变构件的运动性质(图5-76)等。

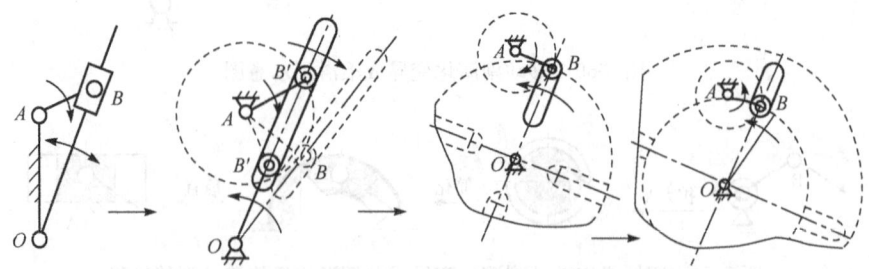

图5-73 利用构件运动性质进行演化变异示例(摆动导杆机构演化变异成槽轮机构)

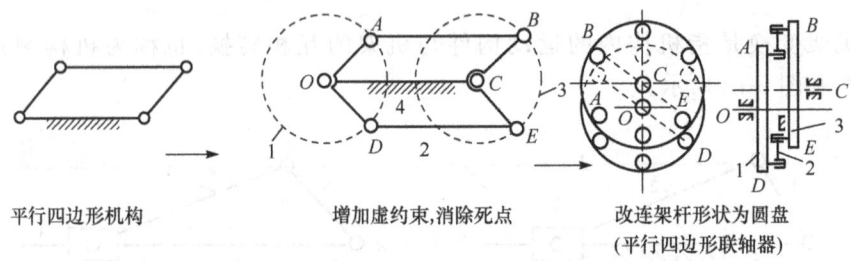

平行四边形机构　　　增加虚约束,消除死点　　　改连架杆形状为圆盘
　　　　　　　　　　　　　　　　　　　　　　　　(平行四边形联轴器)

图5-74 改变构件的结构形状和尺寸变异示例(平行四边形联轴器)

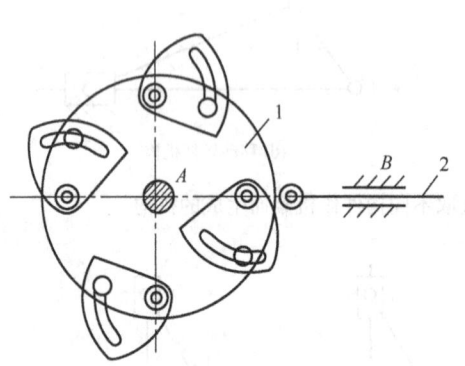

图5-75 增加辅助机构变异
(廓线可变凸轮机构)

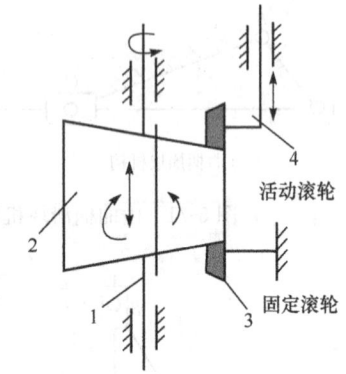

图5-76 改变构件运动性质变异
(转动凸轮变为既转动又移动的增程凸轮机构)

4. 机构等效变换

机构等效变换是指输入、输出的运动性质相同或等效,但结构不同的一组机构。主要包括运动副的等效替换(图5-77)和机构功能的等效替换(图5-78)。

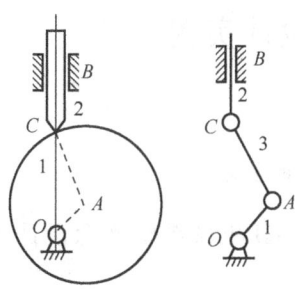 

图 5-77 运动副的等效替换示例(高副低代)　　图 5-78 机构功能的等效替换示例

5.3.3 再生运动链法

机构再生运动链法是台湾成功大学颜鸿森教授提出来的一种机构创新设计方法。该方法对现有机构的运动链类型,进行类型创新或变异,从而得到新的机构类型。

该方法的基本思路是:将原始机构用运动简图表示,通过释放原动件、机架,将机构运动简图转化为一般化运动链,再按该机构的功能所赋予的约束条件,演化出众多的再生运动链与相应的新机构。

现有夹具装置结构简图如图 5-79 所示,通过机构再生运动链法进行创新设计,可获得如图 5-80 所示的多种新型夹具装置。机构再生运动链法的原理与步骤,请参阅相关文献。

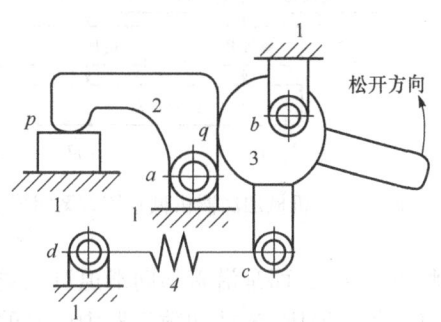

图 5-79 现有夹具装置结构

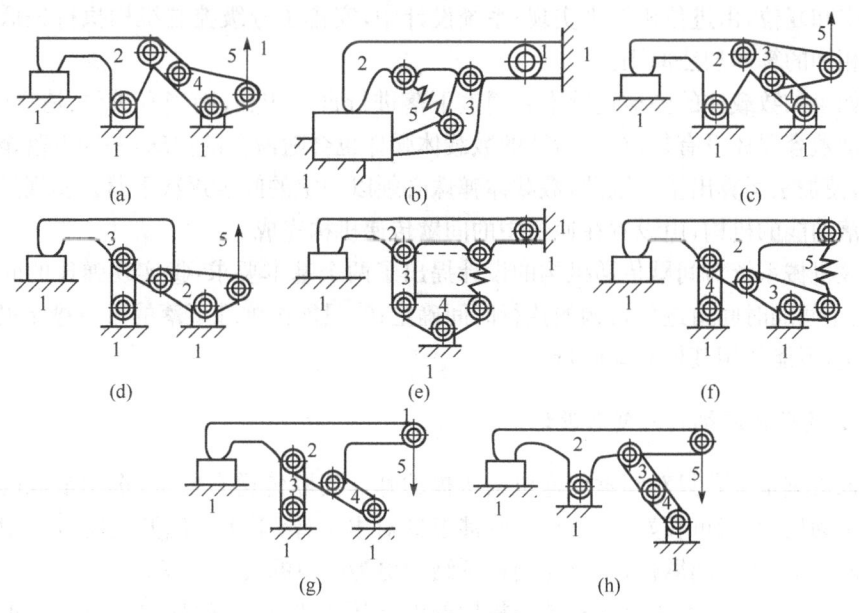

图 5-80 再生夹具机构简图

5.4 机构创新设计实例

5.4.1 机械加法器间歇传递机构的创新设计

1. 机械系统方案介绍及其对间歇传递机构的要求

机械加法器要实现直观的自动加法运算。其机械系统概念设计中的原理如图 5-81 所示。

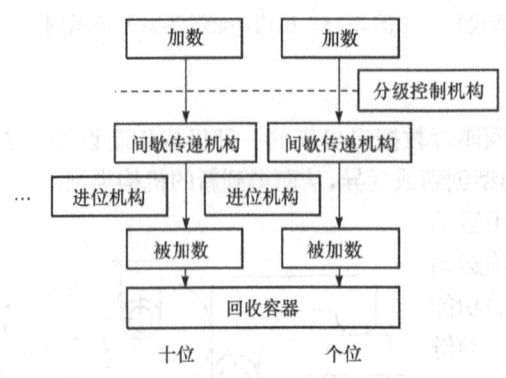

图 5-81 机械加法器机械系统方案组成示意图

用儿童喜欢玩耍的实物弹珠作为数的载体;每个加数和被加数容器只能存放 9 个数载体弹珠,且加数和被加数容器分别置于机架的上部和下部;加数载体弹珠在自身重力势能下能够沿着通道下落,自动进入被加数容器,实现相加;加数和被加数容器有刻度,可直观体现数的多少;当某位被加数容器已达到 9 个数载体后,若再有 1 个数载体欲进入被加数容器时,由于被加数容器已存满,这个数载体将不能进入,而是沿着斜向滑道进入更高位的被加数容器,实现进位;进位的同时,按算术加法原则,该被加数容器中已有的 9 个数载体应清空,落入回收容器,且清空后,这个被加数容器能复位,为存放下一个加入的数载体做好准备;实现被加数容器的进位清空和复位,由进位机构来实现;系统设计中,安排了分级控制机构执行先低位再高位相加的算术加法原则。

如果加数载体的弹珠连续沿着通道下落进行自动相加,则当有进位、清空时,由于被加数容器还没有复位,则后续的数载体弹珠也会随清空的弹珠,一同下落至回收容器,使加法运算出错。因此,数载体弹珠必须以一定的间歇逐次下落。实现弹珠间歇下落功能的机构,由设置在通道中的间歇传递机构完成。

该机械系统对间歇传递机构的设计提出了两个基本要求:①实现弹珠的间歇下落,最小间隔时间由进位机构的执行时间确定;②只能由弹珠下落的重力势能提供驱动能量,不能使用其他驱动能量。

2. 间歇传递机构的创新设计

该机械系统若只对间歇传递机构所提的弹珠间歇传递有要求,选用常规的一些间歇运动机构,就可较好地予以实现;甚至针对本设计,采用电磁开关闭合实现通道开关的方法,进行间歇传递,可能会得到结构更为简单的设计方案。

问题是该机械系统对间歇传递机构的设计还要求,除了弹珠自身下落的重力势能,不能借助其他能量对该机构进行驱动。也就是说,在这个间歇传递机构中,按系统方案要求,弹珠即间歇操作的对象,又是间歇传递机构的驱动源。如果参见前面章节所述常见的间歇运动机构,难以进行选型设计。

根据该间歇传递机构的特点,经过对比、发散等设计思维方法,联想到了传统自动提水的水车机构,如图 5-82 所示。

图 5-82　自动水车

自动水车是一个轮辐框架式的圆盘结构,辐条外端装有刮板,刮板间设有等距斜挂的长方形水斗。当水流自然冲动辐轮刮板叶片时,推动水车转动;水斗便舀满水,随着水轮旋转,将水提升至一定的高度;等转至顶空后,水斗内的水就可倾下,从而实现源源不断地将水提至较高的水渠。

从自动水车的工作中可以发现,水是自动水车间歇传递的目标,水流还是自动水车的驱动源,这与加法器间歇传递机构的要求是类似的。因此,这个特征结构的机构可以移植到加法器间歇传递机构中。

根据这个借鉴与创意,加法器间歇传递机构的设计如图 5-83 所示。间歇传递机构主要由传递转轮和传递滑道组成,传递转轮上设有比数载体弹珠直径略大的半球传递孔;转轮通过配重,在静止状态时,传递孔正好位于弹珠下落通道的下方。

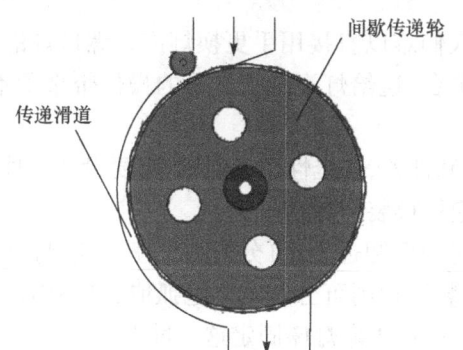
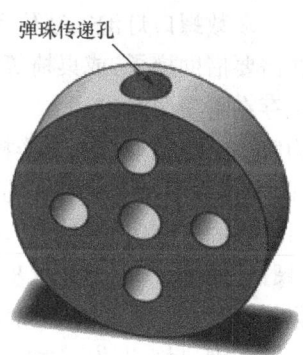

图 5-83　间歇传递机构

它的工作原理是：通道内数载体弹珠下落进入传递孔后，由于转轮轴与传递孔不在垂直面内，在弹珠的重力作用下，转轮旋转，带动弹珠在传递滑道内滑动；当弹珠随转轮滑动到滑道下方时，弹珠在重力作用下自然落入下方通道。当下落的弹珠没有落入传递孔时，由于滑道空间的限制，弹珠不能沿着滑道下滑。由于转轮上只设一个传递孔，转轮旋转一圈只能传递一个弹珠，从而实现了数载体弹珠的间歇传递。当然，也可根据加法器机械系统时序的配合情况，在传递转轮上多设传递孔，使转轮转一圈，传递多个数载体弹珠；但必须保证传递转轮在静止状态时，必有一个传递孔位于弹珠下落的正下方。

通过认真分析与精心构思，所设计的间歇传递机构，原理清晰、结构简捷、易于实现，较好地满足了机械系统对该机构的设计要求。采用该间歇传递机构的加法器如图 5-84 所示。该作品凭借原始创意、机构设计灵巧及良好的性价比，获得了第五届全国大学生机械设计大赛二等奖及浙江省第九届大学生机械设计竞赛一等奖。

三维造型图

实物照片

图 5-84　机械加法器

5.4.2　灯泡装卸机械手爪机构的创新设计

1. 螺口灯泡装卸方案介绍及其对机械手爪机构的要求

由于多数螺口灯泡安装位置较高，人们难以直接用手更换灯泡。螺口灯泡的更换往往需要借助梯子，或桌椅等搭建的平台，这给灯泡维护更换的操作带来了不便，同时也存在着安全隐患。

为解决目前螺口灯泡更换操作的便利性差、安全性弱的问题，需要设计一种通用性较强、操作简便又安全可靠的螺口灯泡更换装卸装置。

对于非固定灯座（悬挂式），螺口灯泡的拆卸过程，可分解为灯座固定、灯泡抓取固定、螺口旋松取下三个基本步骤；其安装过程则可分解为灯泡抓取、灯座固定和螺口旋紧三个基本步骤。对于固定式灯座，则可省略灯座固定这一过程。

为实现螺口灯泡的上述拆装操作，首先需要机械手爪抓取灯泡或固定灯座（针对悬挂式)。其次,螺口旋松或旋紧则可通过机械手操作杆施加一个力矩,使灯泡与灯座间产生相对的旋转运动,从而实现灯泡的拆卸或安装。

该灯泡更换装卸装置对机械手爪机构提出三个基本要求:①安全性要求,首先,机械手爪抓取灯泡时,要保证薄玻璃材质的灯泡不破碎;其次,机械手爪要保证防漏电,以防漏电事故的发生。②实用性要求,即操作简单、便利,无需专业人员;成本低廉,易推广。③通用性要求,能适应较多规格尺寸的灯泡。

2. 机械手爪机构创新设计

在5.2.3节中,针对第八届浙江省大学生机械设计竞赛"抗灾救援"机器人的各类机械手爪机构的选型进行过讨论。对于灯泡更换装卸装置,5.2.3节介绍的各类常见手爪机构类型,均较难同时达到安全性、实用性和通用性的要求。如2爪、3爪或4爪等刚性机械手,由于与灯泡接触面积较少,较易出现应力集中,从而易导致薄玻璃材质灯泡的破裂,使安全性较难保证;同时,也难进行较好的实用性设计。电磁和真空吸盘式手爪也较难应用。为此,根据灯泡更换装卸装置对机械手爪机构的基本要求,进行创新设计,可能是一个较为妥当的路线途径。

首先,从安全性要求思考。既然刚性机械手难以保证安全,反过来思考,如果机械手是柔性的,其在抓取灯泡时,是不是接触面积会较大,且受力较均匀,不易出现应力集中呢?一般来讲,这个答案是肯定的。

接下来,柔性机械手的结构会是怎样的呢?最易联想到的是在刚性机械手表面敷设一层柔性材料。但对于这种刚柔结合的机械手,其驱动部分还是会较复杂,难以较好达到理想的实用性要求。

进一步思考,如果采用广义的气动机构,且该机构执行件材料(即手爪)是完全柔性的,有没有可能呢?同时,一般来讲,气动机构的气源也较为复杂,但对于灯泡的抓取,气量需求很少,有没有较为简易且有效的气源呢?思考到这个阶段,就容易联想到气球了。

至此,就可创新设计出一种气囊式柔性机械手爪机构,如图5-85所示。它主要由内层气囊、外层刚体组成,通过对内层气囊的充气与放气可实现对灯座、灯泡的抓取固定与松开;由于气体的流动性,其与灯座、灯泡的接触面积大,力均匀性好,因此

图5-85 气囊式柔性机械手爪机构

具有很好的柔性效果;同时,充气与放气相当快捷,所以操作效率高。由于用气量少,可以选用血压计充气气囊对该气囊式柔性机械手进行充气,使整体成本也非常低廉。气囊弹性变形量大,较易实现多种规格尺寸灯泡的抓取。

采用该柔性机械手爪机构的灯泡更换装卸装置,如图 5-86 所示,在与多个灯泡更换装卸装置作品的竞争中,脱颖而出,获得了浙江省第九届大学生机械设计竞赛一等奖和第五届全国大学生机械设计大赛一等奖。

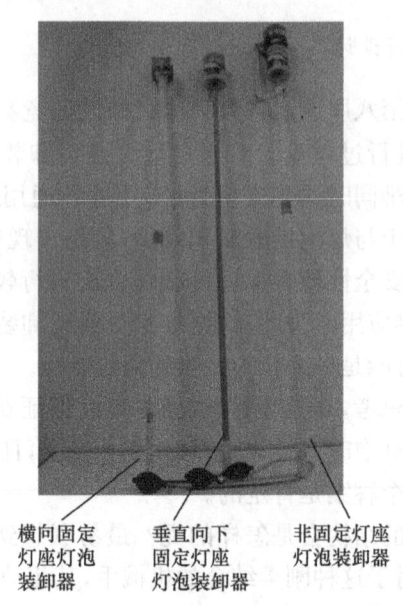

图 5-86　螺口灯泡更换装卸装置实现照片

参考文献

高志.2009.机械创新设计.北京:清华大学出版社.
黄共乐,邵伟,范峻峰.2011.抗灾救援机器人设计说明书.杭州.
黄观信,郦国浩,潘锦松.2011.抗灾救援机器人设计说明书.杭州.
黄茂林,秦伟.机械原理国家级精品课.http://jpkc.cqu.edu.cn/China_2004_jxsj.
聂建武.2007.应用再生运动链法对夹具进行创新设计研究.机械制造,45(515):11-13.
三浦宏文.2007.机电一体化实用手册.杨晓辉,译.北京:科学出版社.
孙桓.2006.机械原理.北京:高等教育出版社.
张美麟.2010.机械创新设计.北京:化学工业出版社.
郑文纬,吴克坚.1997.机械原理.北京:高等教育出版社.

第6章 机械结构设计

机械结构设计就是将抽象的工作原理具体化为某类构件或零部件的图样,然后进一步确定它们的加工工艺、材料、几何尺寸、相互配置关系等。图6-1为二级圆柱圆锥齿轮减速箱的工作原理。图6-2为该减速器的结构设计图(此处省略了尺寸、公差等技术参数)。图6-3为一级齿轮变速箱结构设计总装图。

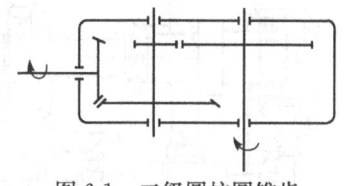

图6-1 二级圆柱圆锥齿轮减速箱工作原理图

由此可见,若把结构设计过程当做一个黑箱,那么它的输入是工作原理,输出是结构设计方案。结构设计是工作原理在技术上的具体化,而一定的工程机构设计不仅要使构件实现其工作原理,还要考虑力学、工艺、材料、装配、使用、美观、成本、安全、环保等众多其他要求和限制。在现代机械设计中,后者越来越重要,并直接关系到产品的质量,因此决定了产品的竞争力。综合考虑各种要求,提高产品质量,是现代机械设计的关键所在。与考虑工作原理相比,考虑各种要求似乎只是细节上的问题,然而细节的总和是质量,提高质量应始于细节设计。市场竞争日益激烈,优化设计和创新设计在现代机

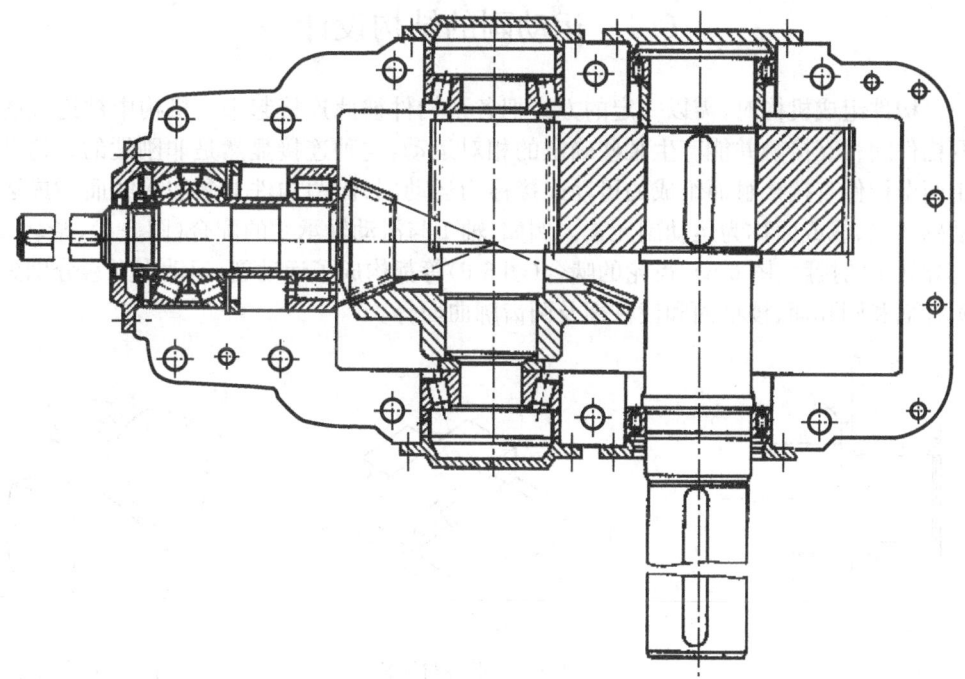

图6-2 二级圆柱圆锥齿轮减速箱结构设计图

械设计中的作用越来越重要,它们将是未来技术产品开发的竞争重点。

综上所述,机械结构设计就是将抽象的工作原理变成技术图样的过程。在此过程中要兼顾各种技术、经济和社会要求,并设计出尽可能多的可能性方案,从中优选或归纳出经济合理的方案。实际上就是确定产品、零部件材料、形状、尺寸及相互配置关系,它是原理方案的具体化,以满足产品功能要求。结构设计是一个从抽象到具体、从粗略到精确的过程,它根据既定的原理方案,确定总体空间布局、选择材料和加工方法,通过计算确定尺寸、检查空间相容性等,由主到次逐步进行结构细化。机械结构的设计有多种方案,具有多解性,因此需要通过各种设计方法,寻求最好的设计方案,最后完成总体结构设计。本章将用四节内容介绍机械结构设计的过程,其中6.1节介绍运动副的结构设计,6.2节介绍活动构件的结构设计,6.3节介绍机架的结构设计,6.4节通过机械结构创新实例全面介绍机械结构设计。

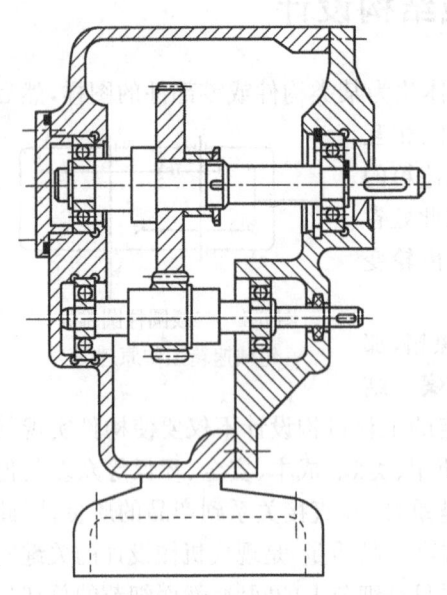

图6-3 一级齿轮变速箱结构设计总装图

6.1 运动副的结构设计

构件组成机构时,需以一定的方式把各个构件彼此连接起来。机构中被连接的两构件间相互接触并能产生某些确定的相对运动,这种连接显然是非刚性的。这种由两个构件直接接触而组成的可动连接称为运动副,而两构件上参加接触而构成运动副的点、线或面称为运动副元素。例如,轴1与滑动轴承2的配合(图6-4)、滑块2与导轨1的接触(图6-5)、齿轮的啮合(图6-6)等都构成了运动副,运动副元素分别为圆柱面和圆孔面、棱槽面和棱柱面及两齿廓曲面等。

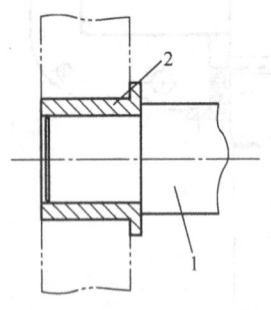 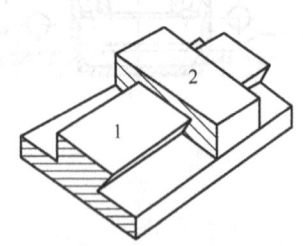 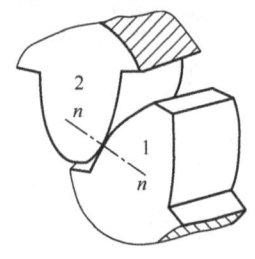

图6-4 轴与滑动轴承　　　图6-5 滑块与导轨　　　图6-6 轮齿的啮合

两构件在组成运动副之前，每个独立构件在空间中共有 6 个相对自由度。组成运动副之后，它们之间的相对运动将受到约束。运动副的自由度(以 f 表示)和约束(以 s 表示)的关系为 $f=6-s$。

两构件组成运动副后所受到的约束至少为 1，最多为 5。运动副常根据其引入约束的数目进行分类，把引入一个约束的运动副称为Ⅰ级副，引入两个约束的运动副称为Ⅱ级副，以此类推。

运动副还经常根据构成运动副的两构件的接触情况进行分类。凡两构件通过单一点或线接触构成的运动副称为高副。通过面接触而构成的运动副统称为低副。

为了使运动副元素始终保持接触，运动副必须保持封闭。凡借助构件的结构形状所产生的几何约束来封闭的运动副称为几何封闭或形封闭运动副，借助重力、弹簧力、气液压力等封闭的运动副称为力封闭运动副。

运动副的结构对机械的性能有很大的影响。运动副的结构创新设计，对提高机械的性能和使用寿命有很大帮助。例如，在螺旋传动中，安装一系列的滚珠组成滚珠丝杆传动，可以把滑动摩擦变换为滚动摩擦，大大提高了机械效率。以下按构件的运动形式介绍几种常见的运动副的结构设计。

6.1.1 转动副的结构设计

两构件之间的相对运动为转动的运动副称为转动副，也称回转副或铰链，常以字母 R 表示。转动副允许两个构件绕公共轴线作相对转动，其运动副符号如图 6-7 所示。因转动副引入了 5 个约束，具有 1 个自由度，所以转动副为Ⅴ级副。封闭方式为几何封闭。

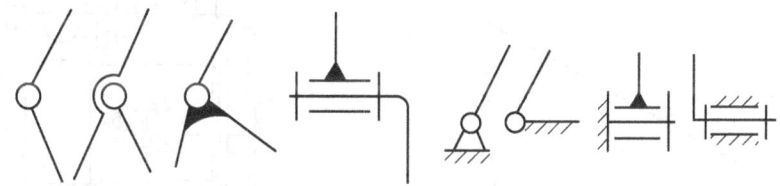

图 6-7 转动副简图

在机械设计过程中转动副有着极其广泛的应用空间。例如，根据相对运动速度和载荷的大小，可使用滚动轴承(图 6-8(a))或滑动轴承(图 6-8(b))。

滚动轴承有多种结构可选择，一般情况下，其内圈随轴转动，外圈不动；特殊情况下也可相反使用。滚动轴承是现代机器中广泛应用的部件之一，它是依靠主要元件间的滚动接触来支撑转动零件的。滚动轴承绝大多数已经标准化，并由专业工厂大量制造及供应各种常用规格的轴承。滚动轴承具有启动阻力小、功率消耗少、启动容易等优点。采用滚动轴承作转动副时，机械效率高。当某些不能、不便或使用滚动轴承没有优势的场合，例如，在工作转速特高、特大冲击与振动、径向空间尺寸受限制或

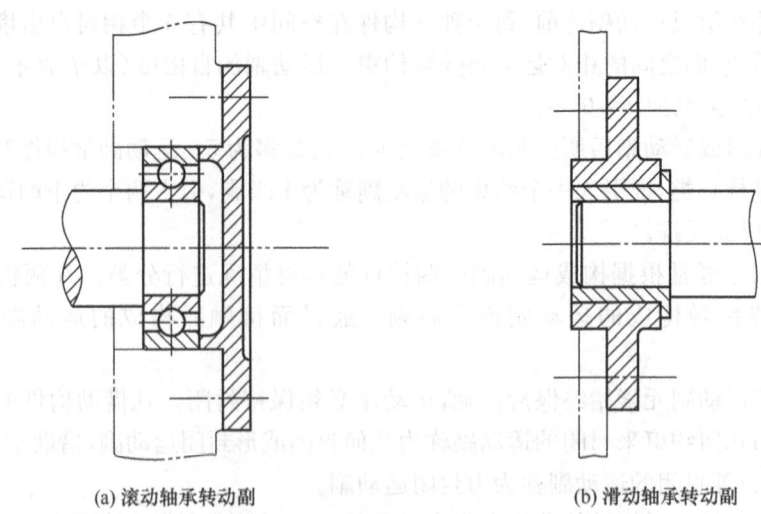

(a) 滚动轴承转动副　　　　　　　　　　　(b) 滑动轴承转动副

图 6-8　滚动轴承与滑动轴承转动副

必须剖分安装以及需在水或腐蚀性介质中工作等场合，可使用滑动轴承。

在平面连杆机构中转动副有很重要的应用，平面连杆机构又称平面低副机构，是由若干个刚性构件通过平面低副（其中主要是转动副）连接，各构件均在相互平行的平面内运动的机构。如图 6-9 所示，平面四杆机构中引入了 4 个转动副，其自由度为 1，原动件只有一个。由于其运动副和构件数目少，传动效率和传动精度较高，相对成本较低，设计制造容易，因此应用最为广泛。

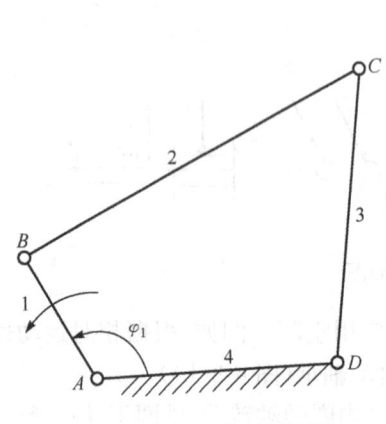

图 6-9　四杆机构运动简图

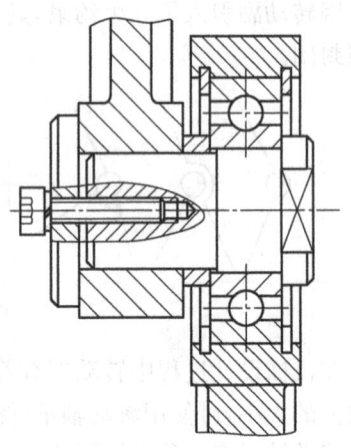

图 6-10　滚动轴承式转动副

平面连杆机构中的转动副一般设计成滚动轴承式（图 6-10）和滑动轴承式（图 6-11）两种结构形式。当要求转动副的结构简单、径向尺寸小、减振能力强、噪声小时，可采用滑动轴承式；当要求转动副启动阻力小、换向灵活、维护方便时，可采用滚动轴承式，但滚动轴承式不宜用于振动及冲击大、要求噪声低以及径向尺寸小的场合。

滑动轴承式转动副中滑动表面间摩擦较大,因此,应考虑润滑和减摩问题。为便于润滑,如图 6-11 所示,可在构件上设置加油孔。为了减小磨损,转动副的摩擦表面可采用减摩材料,或采用不同硬度的材料相配,也可在构件的轴孔内压配含油轴衬或铜套避免直接磨损。

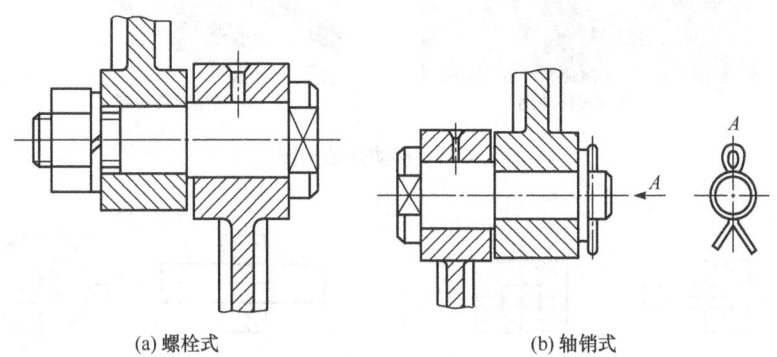

(a) 螺栓式　　　　　　(b) 轴销式

图 6-11　滑动轴承式转动副

在对转动副结构的稳定性有较高的场合下,需要提高转动副结构的稳定性。如果使用的是滑动轴承转动副,则可增大轴承的宽度,保证配合精度,提供充足的润滑油;如果使用的是滚动轴承转动副,则可以使用双轴承,或使用滚针轴承。

此外,在凸轮机构、齿轮机构等机构中,转动副都有广泛的应用。

6.1.2　移动副的结构设计

机构中两构件之间的相对运动为移动的运动副称为移动副。常以字母 P 表示。移动副也是机械中常见的运动副,是一种平面低副,其运动副符号如图 6-12 所示。因为移动副引入了 5 个约束,具有 1 个自由度,所以移动副为 V 级副。所受到的封闭方式为几何封闭。

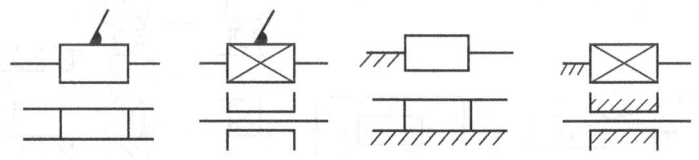

图 6-12　移动副简图

如图 6-13 所示,移动副结构比较复杂,分别为低副式移动副(图 6-13(a))和高副式移动副(图 6-13(b)),这两种移动副可以购买现成部件。

直线运动的移动副结构也可以自行设计并加工,根据需要移动副截面形状主要有矩形、圆柱形和三角形,如图 6-14 所示。矩形和三角形导轨的刚度较大,圆柱形孔加工方便,内孔可通过简单钻削加工而满足使用精度不高的场合,三角形及矩形孔一般可用线切割加工。

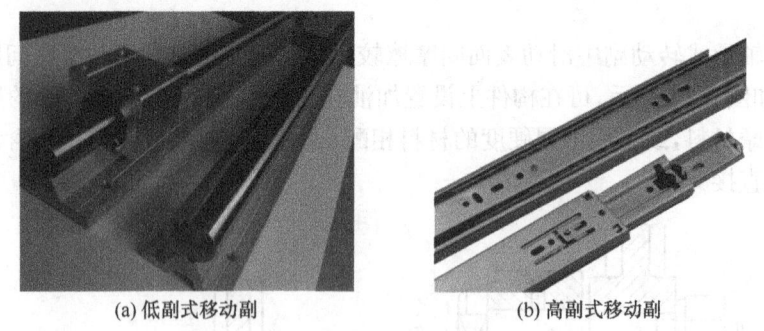

(a) 低副式移动副　　　　　　(b) 高副式移动副

图 6-13　移动副结构图

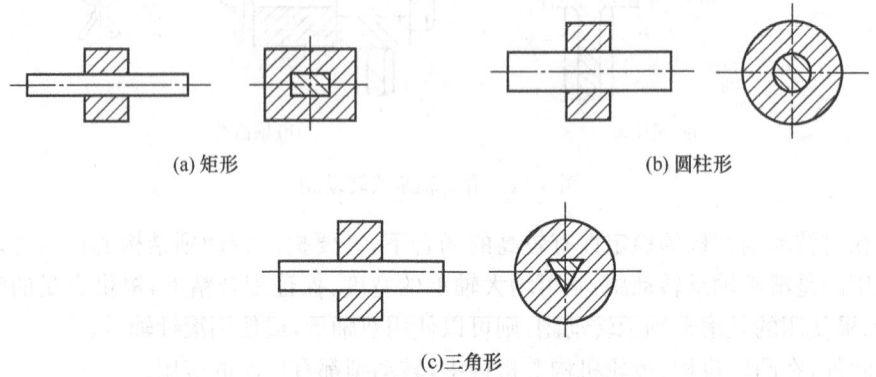

(a) 矩形　　　　　　　　　　(b) 圆柱形

(c) 三角形

图 6-14　常用移动副结构图

在图 6-15(a)所示的曲柄滑块机构中,滑块与机架组成的运动副为移动副。该移动副可设计成滑动导轨式和滚动轴承式,如图 6-15(b)、(c)所示。与滑动导轨式相比,滚动轴承是依靠现成的滚动轴承,其摩擦系数较小,运转灵活,对温度变化不敏感,磨损较慢,但结构复杂,导轨的尺寸较大,接触面积小。

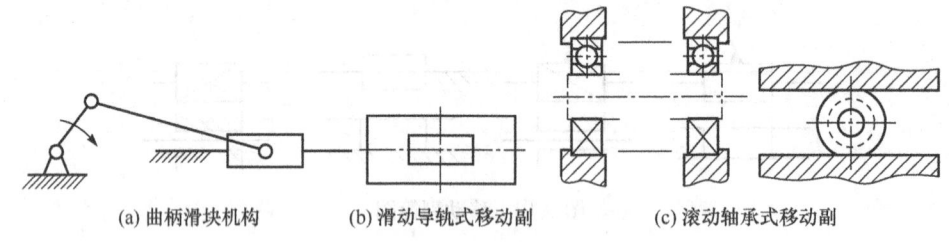

(a) 曲柄滑块机构　　(b) 滑动导轨式移动副　　(c) 滚动轴承式移动副

图 6-15　曲柄滑块机构中移动副结构

由于移动副的体积、重量较大,传动效率较低,实现高精度配合较难,润滑要求较高,又易发生楔紧、爬行或自锁现象,且滑块的惯性力完全平衡困难。而转动副较移动副更容易制造,更易保证运动精度,传动效率较高,并可采用标准轴承实现高的传动精度、传动效率、传动灵敏度。因此,选择连杆机构时,最好选用移动副较少的机构。在设计移动副时,移动副中的间隙不要设计得过大,以免产生过大冲击,同时影响移动精度。含移动副的机构一般只宜用做直线运动或将转动变为移动的场合。

移动副可以通过提高其接触面的加工精度,减小配合间隙或增大移动副的接触面积来增加结构的稳定性与运动精度。

移动副在许多机构中都得到应用,如凸轮机构、变速传动机构、换向机构等。

6.1.3 平面高副的结构设计

机构中两构件之间的相对运动为点或线接触的运动副称为平面高副。常以字母 RP 表示。平面高副如图 6-16 所示,平面高副与移动副、转动副同属于平面运动副。在平面内是一种相对移动或转动。因为平面高副引入了 4 个约束,具有 2 个自由度,所以平面高副为Ⅳ级副。所受到的封闭方式为力封闭。

图 6-16 平面高副简图

一般情况下高副不存在结构设计问题,如齿轮高副(图 6-17)、凸轮高副(图 6-18)等,在结构设计过程中就随之解决了。平面高副移动元素的变换在设计过程中有其特殊的意义。平面高副元素的形状变换,可以演化变异出具有不同功能的平面高副,此外还可以改善高副机构的各种性能,如受力状态、接触强度、运动及动力特性等。平面高副元素的各种形状可以看做由凸轮高副变异的,而凸轮机构(图 6-19(b))又可以看成由楔块(图 6-19(a))变异的。

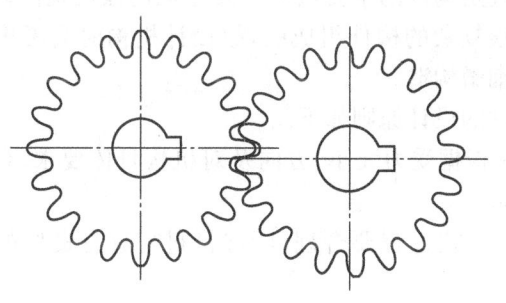

图 6-17 齿轮高副

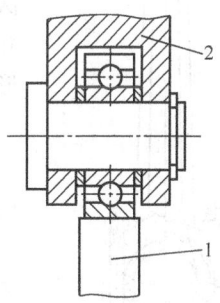

图 6-18 凸轮高副
1-凸轮;2-推杆

组成凸轮高副(图 6-20)的两个运动副元素,一个是凸轮轮廓曲线,另一个是从动件与凸轮接触的工作面。凸轮的形状是径向变化的曲线,而从动件的形状是圆柱滚子或平面、球面等单一曲线形状。凸轮的工作过程一般是变凸轮转动为从动件的往复运动。

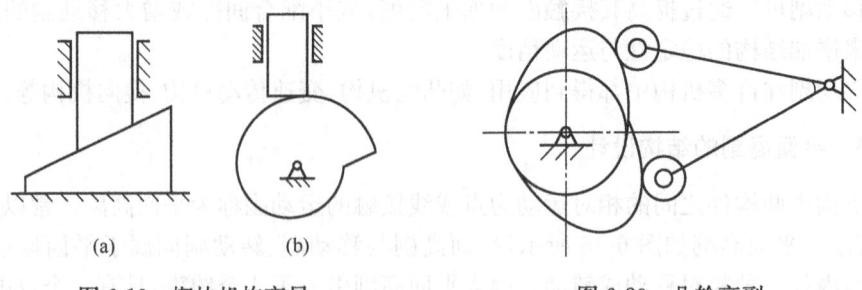

图 6-19 楔块机构变异　　　图 6-20 凸轮高副

平面高副元素形状变换还可改善机构性能,如凸轮高副,可从凸轮轮廓曲线和从动件与凸轮接触的工作平面两个方面考虑。从凸轮廓线考虑,凸轮轮廓曲线应满足从动件各种运动规律;从动件方面考虑,可将从动件的工作平面设计成平面的、凸曲面的或凹曲面的,以增强接触强度,减小磨损。

6.2 活动构件的结构设计

任何机器都是由许多零件组合而成的。在这些零件中,有的是作为一个独立的运动单元体而运动的,有的则常常由于结构和工艺上的需要,而与其他零件刚性地连接作为一个整体而运动,如图 6-21 中的连杆就是连杆体、连杆头、螺栓、螺母、垫圈等零件的刚性连接作为一个整体而运动的。这些刚性地连接的零件共同组成一个独立的运动单元体。机器中每一个独立的运动单元体称为一个构件。可见,构件是组成机构的基本要素之一。从运动的观点看,也可以说任何机器都是由若干个(两个以上)构件组合而成的。

为了便于研究,通常采用机构运动简图分析,但这种办法只能确定构件的主要尺寸。实际机构往往是由许多外形和结构很复杂的构件组成的,故设计机构时需考虑构件的形状和细微构造。

构件的设计原则如下。

(1) 根据受力大小、方向及对机构具体要求,合理选择构件材料。

(2) 工艺过程要合理,所选材料需具有良好的结构工艺性。

(3) 选择适当的横截面及合理的尺寸。

(4) 结构化的构件要满足强度、刚度等要求,符合安全性与可靠性指标。

(5) 要考虑与其他构件的可连接性及连接特点。

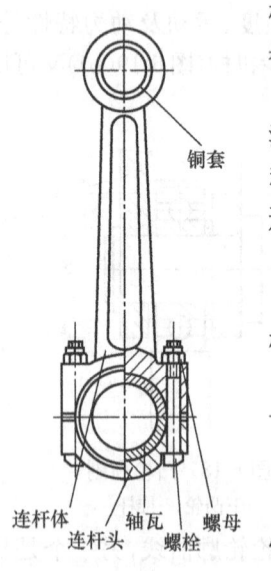

图 6-21 连杆结构图

(6) 要考虑经济性,尽量降低成本,便于安装、维护。

在活动构件设计中常用构件主要有杆类构件、盘类构件、轴类构件以及具有其他复杂形状的构件。构件的结构设计要考虑其运动形式。

6.2.1 杆类构件的结构设计

杆类构件有曲柄、连杆、摇杆等,其结构主要根据杆件系统的构造而定,通常结构简单易于制造。杆件系统虽然其运动状态的分析比较麻烦,但因其制作构件容易,故能得到可靠性高的机构。杆件类构件是长时间连续运动机械的重要组件。平面连杆机构在经过运动设计确定出运动尺寸参数后,还需进行组成机构的各零部件的结构设计。

(1) 当转动副之间的距离较大时,一般将构件设计成杆状,并且最好做成直杆,除非有特殊要求需要把构件设计成特殊的结构形式。

(2) 当三副构件的三个转动副构成钝角时,优先选用图 6-22(a)、(b)、(c)所示的结构,尽量不要用图 6-22(d)、(e)所示的结构。

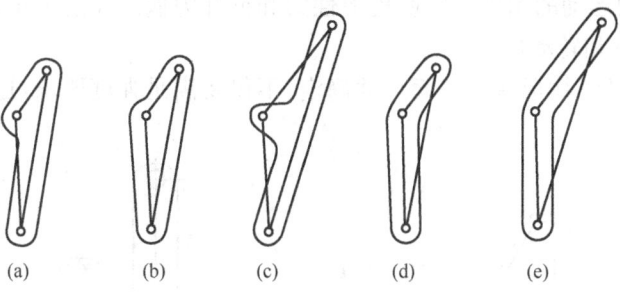

图 6-22 钝三角形的三幅构件的形状设计

(3) 当一构件与齿轮或带轮等盘状构件同轴一起回转时,可直接把该构件设置在盘状构件上,使盘状构件身兼两个角色。这种回转件质量均匀,可用于转速较高的场合。

(4) 当构件较长或受力较大,采用整体式杆件不经济或制造困难时,可采用**桁架式结构**,如图 6-23 所示。

(5) 有时杆类构件也设计成盘状,例如,当曲柄转动副的轴间距很小,难以在构件上安置两个紧挨着的轴销或轴孔;或曲柄需要安装在传动轴的中间部位,而采用一般曲柄,机构运动时连杆与转动轴会相互干涉;或曲柄销需承受较大的冲击载荷,其尺寸必须加大时,可将曲柄设计成偏心轮的结构形式,如图 6-24 所示。

(6) 当曲柄尺寸较长时,不要采用偏心轮式结

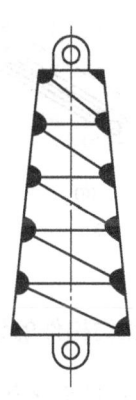

图 6-23 杆件的桁架式结构

构,以免结构庞大,使得平衡困难。这种情况可采用图 6-25 所示的曲轴形式。但要注意,此时与曲轴相连的连杆轴套部分必须做成剖分式结构,分为连杆体和连杆盖,待安装到曲轴中间轴颈处后再用螺栓将二者拧紧。

(7) 杆件的横截面可采用矩形、圆形等截面,如图 6-26 所示,若需提高构件的抗弯强度,可将截面设计成 T 字形,如图 6-27(a)、(b)所示。当构件材料为板材时,应优先选用冲压件,而且可以采用如图 6-27(c)所示的折边结构,提高构件的抗弯强度。若需减轻质量,可在构件的适当部位打孔(图 6-27(c)),也可考虑改换材料,如采用轻质合金。若机构是在有腐蚀性的环境中工作,可以考虑对构件镀镍或镀铬。

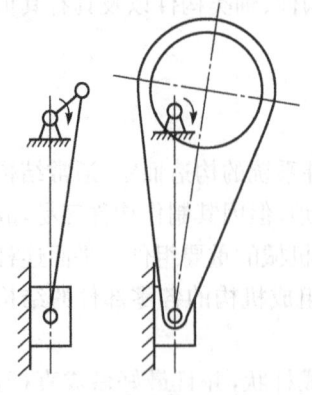

图 6-24 杆件的转换

(8) 对高速转动的构件,应考虑质量不均带来的不利影响,设计时要合理选择结构和形状,加工后还要进行静平衡和动平衡。

(9) 做平面运动的构件难以实现惯性力和惯性力偶的完全平衡,因此设计时应尽量减小其质量和转动惯量。

(10) 构件的结构形状和端面尺寸确定,不仅要满足强度要求,还应具有良好的工艺性。

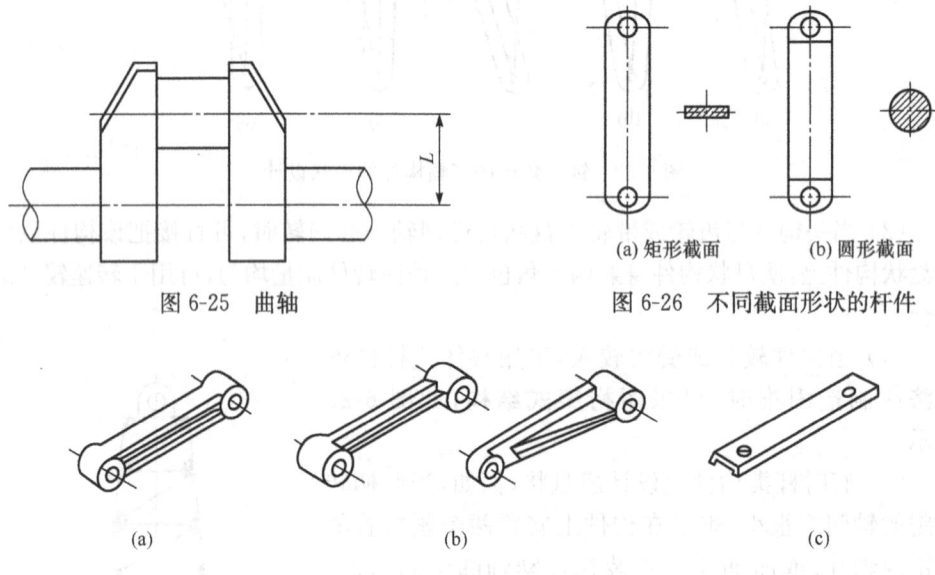

图 6-25 曲轴

图 6-26 不同截面形状的杆件
(a) 矩形截面　　(b) 圆形截面

(a)　　(b)　　(c)

图 6-27 连杆机构杆件的截面设计

6.2.2 盘类构件的结构设计

盘类构件大多作定轴转动,中心毂孔与轴连接后与轴承形成转动副,如盘状齿轮

(图 6-28)、凸轮(图 6-29)、蜗轮(图 6-32)、链轮(图 6-33)、带轮(图 6-34)等。所以该类构件在机械结构设计中有着很广泛的应用。

齿轮可在临近的轴间进行一定传动比的准确传动容易达到高精度和高强度,互换性也好,故应用广泛。以圆柱齿轮为例说明,图 6-28(a)所示为外齿轮构件与支承的简图。如齿轮不大时,可做成圆盘状(图 6-28(b));大一些可做成凹心腹板状(图 6-28(c));为减轻重量,还可在其腹板处开孔(图 6-28(d));当齿轮较小时,可把齿轮与轴做成一体式的齿轮轴(图 6-28(e));更大的齿轮可做成辐条状齿轮(图 6-28(f))。

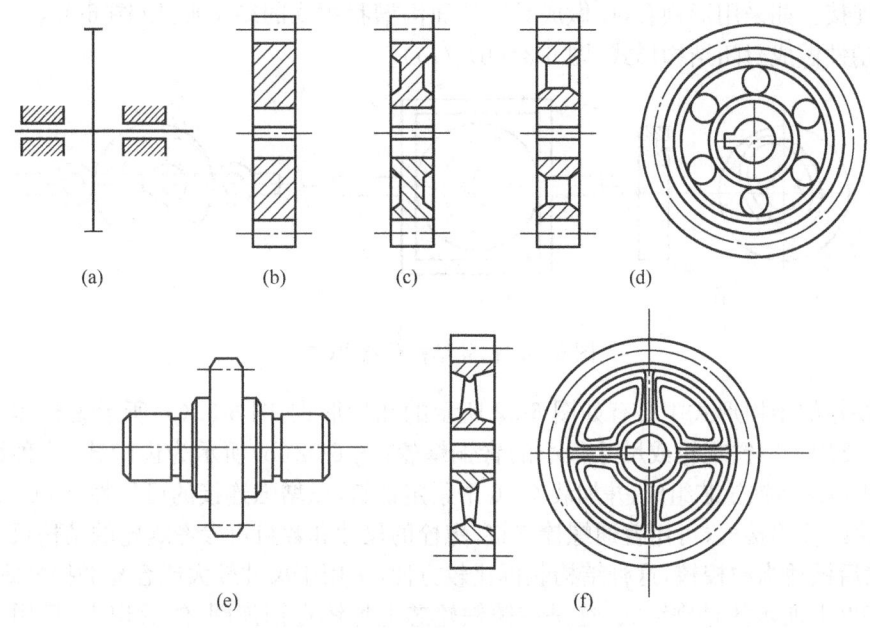

图 6-28 外齿轮的结构示意图

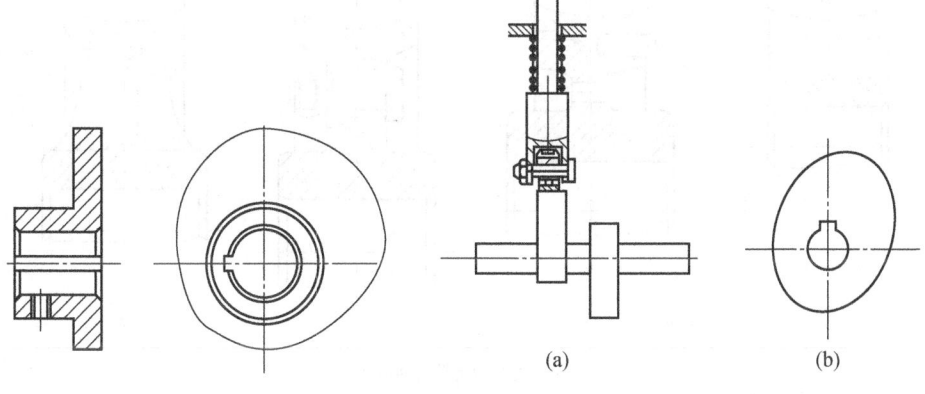

图 6-29 盘形凸轮　　　　图 6-30 凸轮结构示意图(一)

一般情况下，齿轮与转轴通过键或花键连接成固定齿轮，齿轮随轴一起转动；轮系中的介轮在轴上空转，介轮与轴通过轴承连接称为空套齿轮；变速装置中的滑移齿轮需在轴上移动，滑移齿轮与轴通过花键连接并随轴一起转动。

凸轮以直接接触来传递运动，因此运动传递准确且灵活，其显著特点是能从几何学角度上做出任意而反复的动作，这是其他组件难以做到的，故得到广泛应用。盘形凸轮是凸轮主要类型中的一种。凸轮类构件的结构设计与从动件的形状、锁合方式、加工方法及凸轮的尺寸有密切关系。当凸轮的基圆半径较小，采用弹簧锁合时，常做成凸轮轴形状(图 6-30(a))；若基圆半径较大，做成盘形凸轮(图 6-30(b))，通过键与转轴连接。如采用形锁合，可做成具有端面沟槽状廓线的结构形式(图 6-31(a))，或把从动件做成封闭结构形式(图 6-31(b)、(c))。

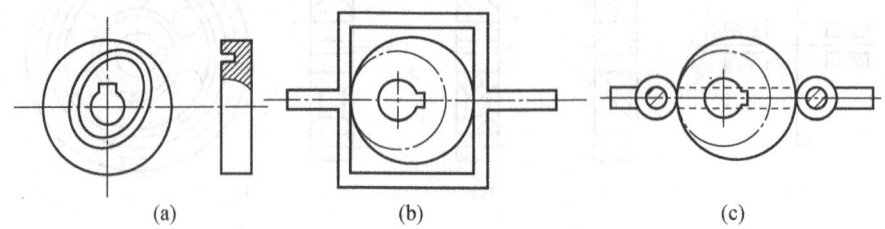

图 6-31 凸轮结构示意图(二)

蜗轮的结构形式主要有如图 6-32 所示的几种形式，图 6-32(a)所示为整体浇铸式，主要用于铸铁蜗轮或尺寸很小的青铜蜗轮；图 6-32(b)所示为齿圈式，这种结构由青铜齿圈铸铁轮芯组成，并加装 4~6 个紧定螺钉，以增强连接的可靠性；图 6-32(c)所示为螺栓连接式，可用普通螺栓连接，螺栓的尺寸和数目可参考蜗轮的结构尺寸而定，然后做适当的校核，这种结构装拆比较方便，多用于尺寸较大或容易磨损的蜗轮；图 6-32(d)所示的是拼铸式，这是在铸铁轮芯上加铸青铜齿圈，然后切齿，只用于成批制造的蜗轮。

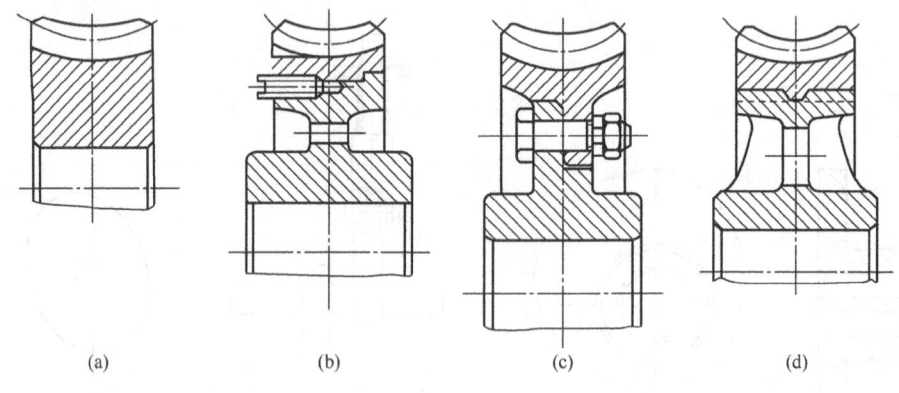

图 6-32 蜗轮结构图

小直径的链轮可制成整体式，如图 6-33(a)所示；中等尺寸的链轮可制成孔板式,如图6-33(b)所示;大直径的链轮,常可将齿圈焊接或用螺栓连接在轮毂上,如图6-33(c)、(d)所示。

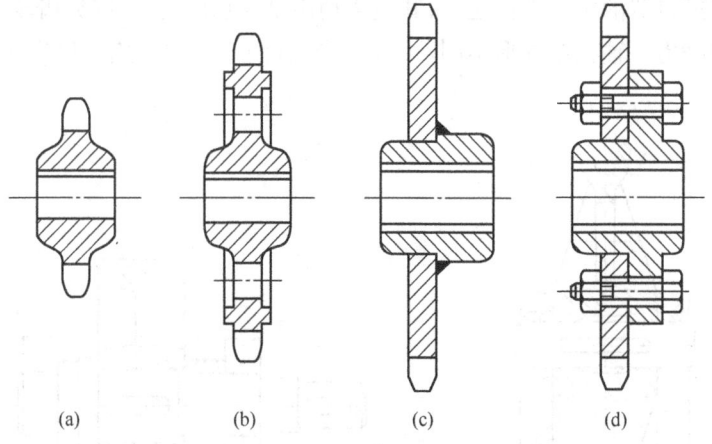

图 6-33 链轮结构图

V带轮由轮缘、轮辐和轮毂组成。根据轮辐结构的不同,V带可以分为实心式(图6-34(a))、腹板式(图6-34(b))、孔板式(图6-34(c))、椭圆轮辐式(图6-34(d))。V带的不同结构形式与基准直径有关。当带轮基准直径 $d_d \leqslant 2.5d$(d为安装带轮的轴的直径,mm)时,可采用实心式;当 $d_d \leqslant 300$mm 时,可采用腹板式或孔板式;当 $d_d > 300$mm 时,可采用轮辐式。

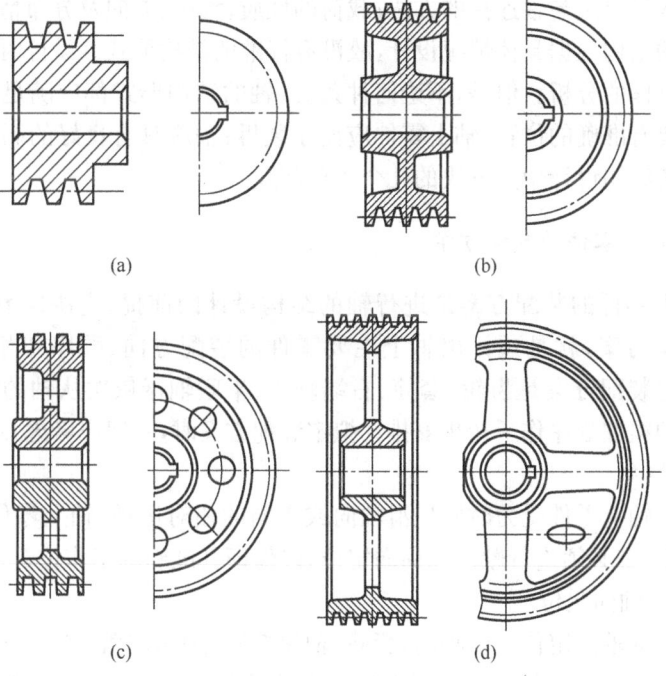

图 6-34 V带轮结构图

6.2.3 轴类构件的结构设计

轴是组成机器的主要零件之一,其主要功用是支承回转零件(如齿轮、带轮等)及传动运动和动力。轴根据外形不同,可分为光轴(图 6-35 中的轴)和阶梯轴(图 6-36 中的轴)。

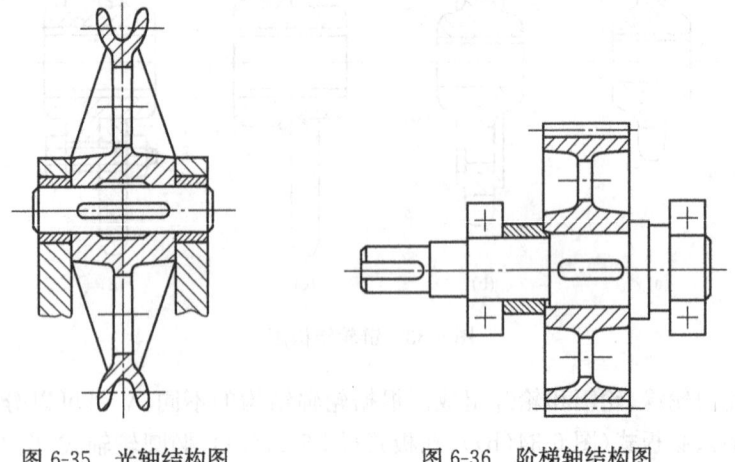

图 6-35　光轴结构图　　　　图 6-36　阶梯轴结构图

轴的结构设计主要是针对阶梯轴,包括制定出轴的合理外形和全部结构尺寸。轴的结构设计主要取决于以下因素:轴在机器中的安装位置及形式;轴上安装的零件类型、尺寸、数量以及与轴连接的方法;载荷的性质、大小、方向及分布情况;轴的加工工艺等。轴的结构根据具体情况设计,故没有标准的结构形式。设计时,必须针对不同情况进行具体的分析。但是,不论何种条件,轴的结构形式都应满足:轴和安装在轴上的零件要有准确的位置;轴上零件应便于装拆;轴应具有良好的制造工艺性等。下面讨论轴的结构设计中要解决的几个主要问题。

1. 拟定轴上零件的装配方案

拟定轴上零件的装配方案是进行轴的结构设计的前提,它决定着轴的基本形式。所谓装配方案,就是预订出轴上主要零件的装配方向、顺序和相互关系。例如,图 6-37 的装配方案是齿轮、套筒、右端轴承、半联轴器依次从轴的左向右安装。这样就对轴的粗细顺序作了初步安排。拟定装配方案时,一般应考虑几个方案,进行分析比较与选择。

为了防止轴上零件受力时发生沿轴向或周向的相对运动,轴上零件除了有游动或空转的要求,都必须进行轴向和周向定位,以保证其准确的工作位置。

1) 零件的轴向定位

轴上零件的轴向定位是以轴间、套筒、轴端挡圈、轴承端盖(图 6-37)和圆螺母等来保证的。轴肩分为定位轴肩(如图 6-37 中的轴肩①、②、⑤)和非定位轴肩(轴肩

③、④)两类。利用轴肩定位是最方便可靠的方法,但采用轴肩就必然会使轴的直径加大,而且轴肩处将因截面突变而引起应力集中。另外,轴肩过多也不利于加工。因此轴肩定位多用于轴向力较大的场合。定位轴肩的高度 h 一般取为$(0.07\sim 0.1)d$,d 为与零件相配处轴的直径。滚动轴承的定位轴肩(如图 6-37 中的轴肩①)高度必须低于轴承内圈端面的高度,以便拆卸轴承,轴肩的高度可查手册中轴承的安装尺寸。为了使零件能靠紧轴肩而得到准确可靠的定位,轴肩处的过渡圆角半径 r 必须小于与之相配的零件毂孔端部的圆角半径 R 或倒角尺寸 C(图 6-37(a)、(b))。轴和零件上的倒角和圆角尺寸的常用范围见表 6-1。非定位轴肩是为了加工和装配方便而设置的,其高度没有严格的规定,一般取为 1~2mm。

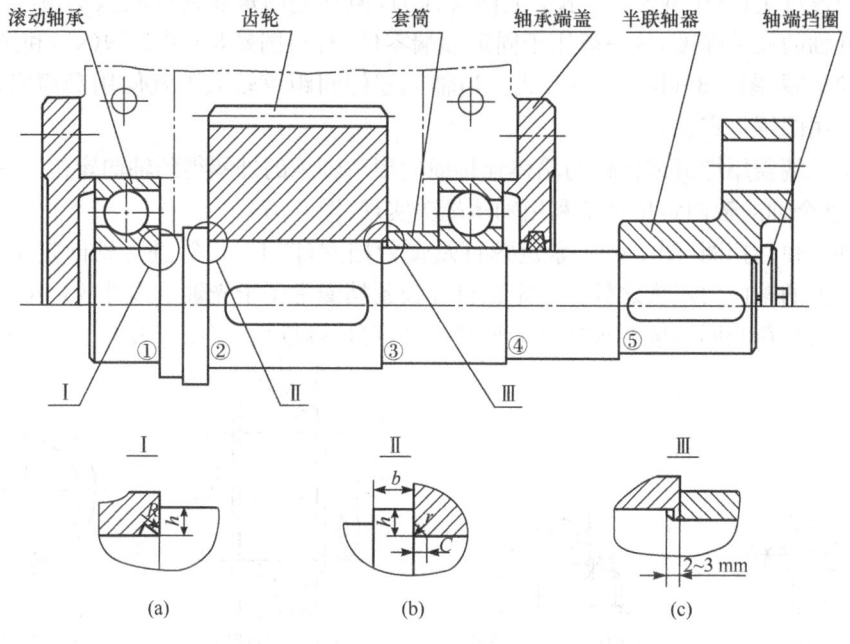

图 6-37 轴上零件装配与轴的结构示例

表 6-1 零件倒角 C 与圆角半径 R 的推荐值

直径 d	>6~10	>10~18	>18~30	>30~50	>50~80	>80~120	>120~180
C 或 R	0.6	0.8	1.0	1.6	2.0	2.5	3.0

轴环(图 6-38(b))的功用与轴肩相同,轴环宽度 $b\geqslant 1.4h$。轴套定位(图 6-37)结构简单,定位可靠,轴上不需开槽、钻孔和切制螺纹,因此不影响轴的疲劳强度,一般用于轴上两个零件之间的定位。当两零件的间距较大时,不宜采用套筒定位,以免增大套筒的质量及材料用量。因套筒与轴的配合较松,当轴的转速很高时也不宜采用套筒定位。

轴端挡圈适用于固定轴端零件,可以承受较大的轴向力。轴端挡圈可采用单螺钉固定(图 6-37),为了防止转动造成螺钉松脱,可加圆柱销锁定轴端挡圈(图 6-38(a)),

也可采用双螺钉加止动垫片放松(图 6-38(b))等固定方法。

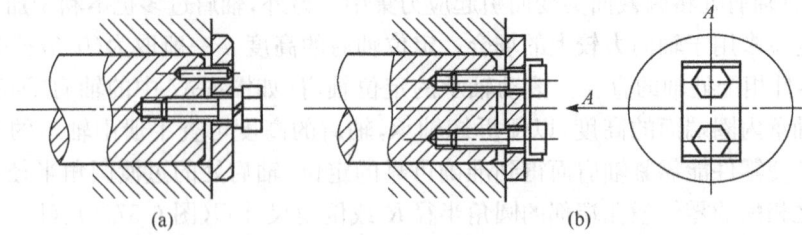

图 6-38 轴端挡圈定位

圆螺母定位(图 6-39)可承受大的轴向力,但轴上的螺纹处有较大的应力集中,会降低轴的疲劳强度,故一般用于固定轴端零件,有双圆螺母(图 6-39(a))和圆螺母与止动垫圈(图 6-39(b))两种形式。当轴上零件间距离较大不宜使用套筒定位时,也常采用圆螺母定位。

轴承端盖用螺钉或榫槽与箱体连接而使滚动轴承的外圈得到轴向定位。一般情况下,整个轴的轴向定位也常利用轴承端盖实现(图 6-37)。

利用弹性挡圈(图 6-40)、紧定螺钉及锁紧挡圈(图 6-41)等进行轴向定位,适用于零件上的轴向力不大之处。紧定螺钉和锁紧挡圈常用于光轴上零件的定位。对于承受冲击载荷和同心度要求较高的轴端零件,可用圆锥面定(图 6-42)。

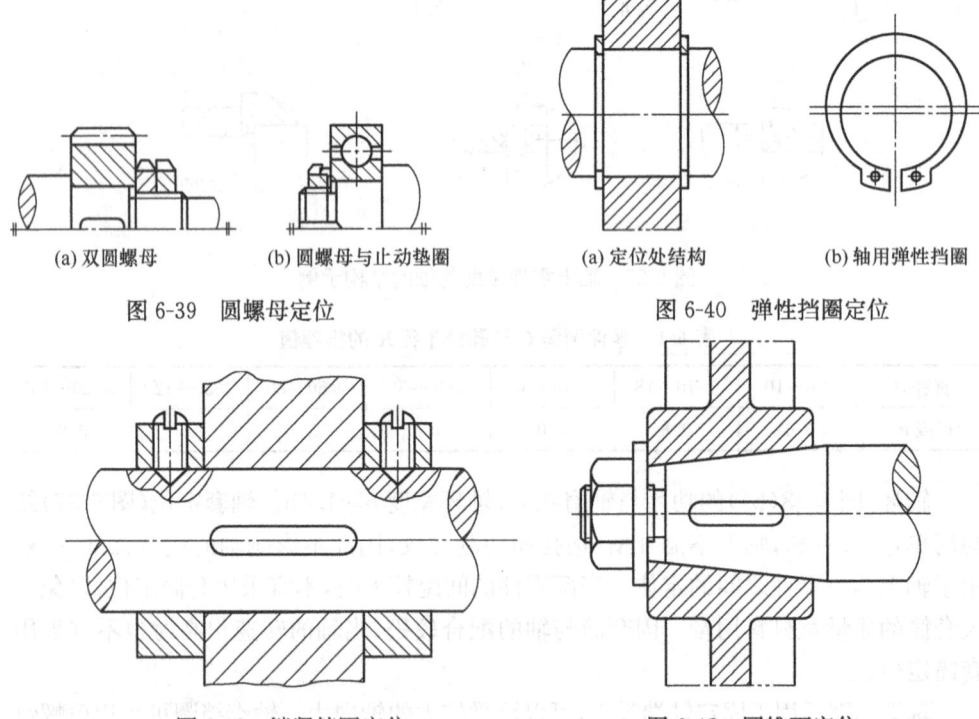

(a) 双圆螺母　　(b) 圆螺母与止动垫圈　　(a) 定位处结构　　(b) 轴用弹性挡圈

图 6-39 圆螺母定位　　　　图 6-40 弹性挡圈定位

图 6-41 锁紧挡圈定位　　　　图 6-42 圆锥面定位

2) 零件的周向定位

周向定位的目的是限制轴上零件与轴发生相对转动。常用的周向定位零件有键、花键、销、紧定螺钉以及过盈配合等,其中紧定螺钉只用在传力不大之处。

2. 各轴段直径和长度的确定

轴的形状大体确定以后,各轴段所需的直径与轴上的载荷大小有关。初步确定轴的直径时,通常还不知道支反力的作用点,不能决定弯矩的大小与分布情况,因此还不能按轴所受的具体载荷及其引起的应力确定轴的直径。但在进行轴的结构设计前,通常已能求得轴所受的扭矩。因此,可按轴所受的扭矩初步估算轴所需的直径。将初步求出的直径作为承受扭矩的轴段的最小直径 d_{min} 再按轴上零件的装配方案和定位要求,从 d_{min} 起逐一确定各段轴的直径。在实际设计中,轴的直径亦可凭设计者的经验取定,或参考同类机器用类比的方法确定。

有配合要求的轴段,应尽量采用标准直径。安装标准件(如滚动轴承、联轴器、密封圈等)部位的直径,应取为相应的标准值及所选配合的公差。

为了使齿轮、轴承等有配合要求的零件装拆方便,并减少配合表面擦伤,在配合轴段应采用较小的直径(如图 6-37 中轴肩③、④右侧的直径)。为了使与轴做过盈配合的零件易于装配,相配轴段的压入应制出锥度(图 6-43);或在同一轴段的两个部位上采用不同的尺寸公差(图 6-44)。

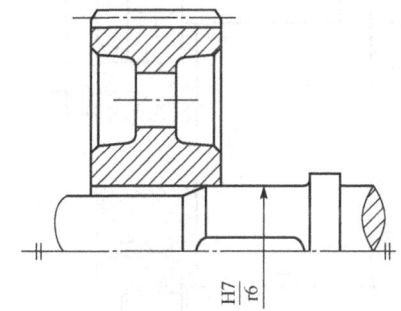

图 6-43 轴的装配锥度

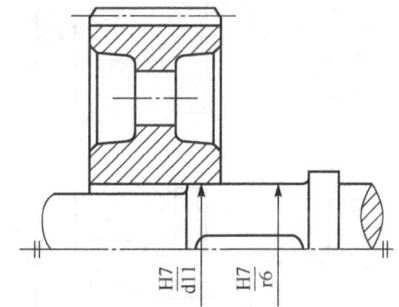

图 6-44 采用不同的尺寸公差

确定各轴段长度时,应尽可能使结构紧凑,同时还要保证零件所需的装配或调整空间。轴的各段长度主要是根据各零件与轴配合部分的轴向尺寸和相邻零件间必要的空隙确定的。为了保证轴向定位可靠,与齿轮和联轴器等零件相配合部分的轴段长度一般应比轮毂长度短 2~3mm(图 6-37(c))。

3. 轴的结构工艺性

轴的结构工艺性是指轴的结构形式应便于加工和装配轴上的零件,并且生产率高,成本低。一般地,轴的结构越简单,工艺性越好。因此,在满足使用要求的前提下,轴的结构形式应尽量简化。

为了便于装配零件并去掉毛刺,轴端应制出 45°的倒角;需要磨削加工的轴段,应留有砂轮越程槽(图 6-45(a));需要切制螺纹的轴段,应留有退刀槽(图 6-45(b))。它们的尺寸可参看标准或手册。

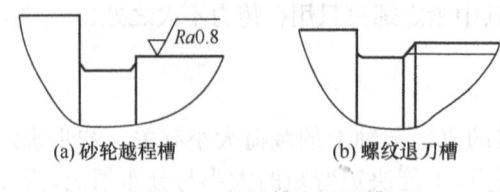

(a) 砂轮越程槽　　(b) 螺纹退刀槽

图 6-45　越程槽和退刀槽

为了减少装夹工件的时间,同一轴上不同轴段的键槽应布置(或投影)在同一母线上。为了减少加工刀具种类和提高劳动生产率,轴上直径相近处的圆角、倒角、键槽宽度、砂轮越程槽宽度和退刀槽宽度等应尽可能采用相同的尺寸。

通过上面的讨论也可进一步说明,轴上零件的装配方案对轴的结构形式起着决定性的作用。为了强调同时拟定不同的装配方案进行分析对比与选择的重要性,现以减速器输出轴的两种装配方案(图 6-46)为例进行对比。显而易见,图 6-46(b)中的轴向定位套筒长,质量大。相比之下,可知图 6-46(a)中的装配方案较为合理。

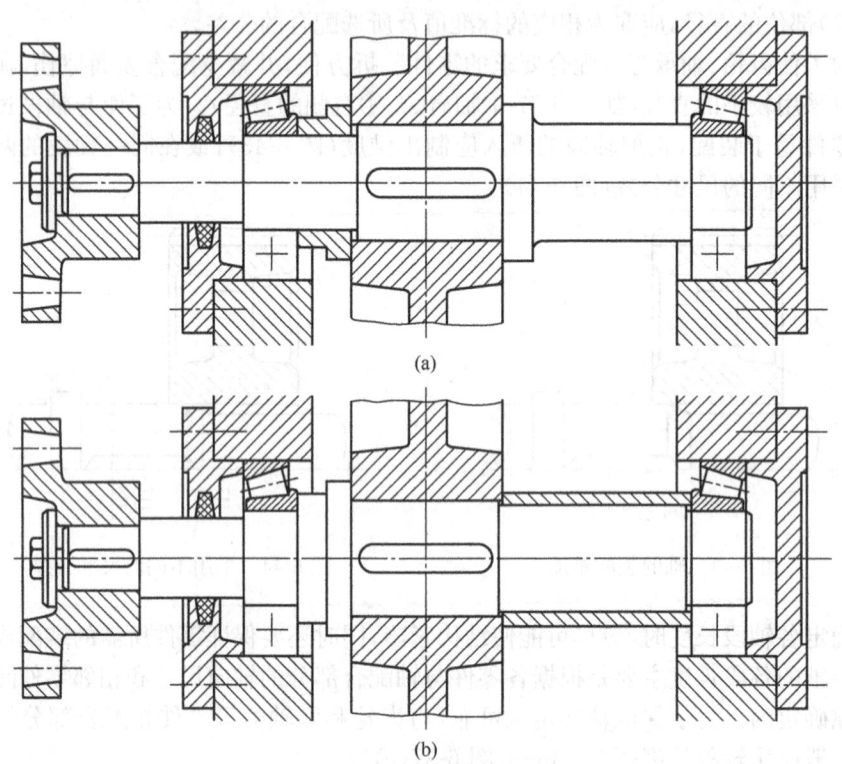

图 6-46　输出轴的两种装配方案

6.3　机架的结构设计

在运动链中,机架是机构中不动的构件。主要起支撑和容纳其他构件的作用,并保持被支撑零部件间的相互位置关系及承受各种力和力矩。在机械产品中,支架、箱体、工作台、床身、底座等支撑件均可视为机架。机架的体积一般较大且形状复杂,机架的结构设计没有固定的模式,也没有固定的计算公式,需要根据机械的总体结构和设计经验确定机架的类型,它们的设计和制造质量对整个机械产品的质量有很大的影响。

机架的种类较多,但根据其结构形状大致可分为四类,即梁型、板型、框型和箱型。

梁型机架的特点是构件的一个方向的尺寸比另外两个方向的尺寸大得多,如机床的床身、立柱、横梁、摇臂、伸臂、滑枕等均属于此类。图 6-47 和图 6-48 中的机架为梁型机架。

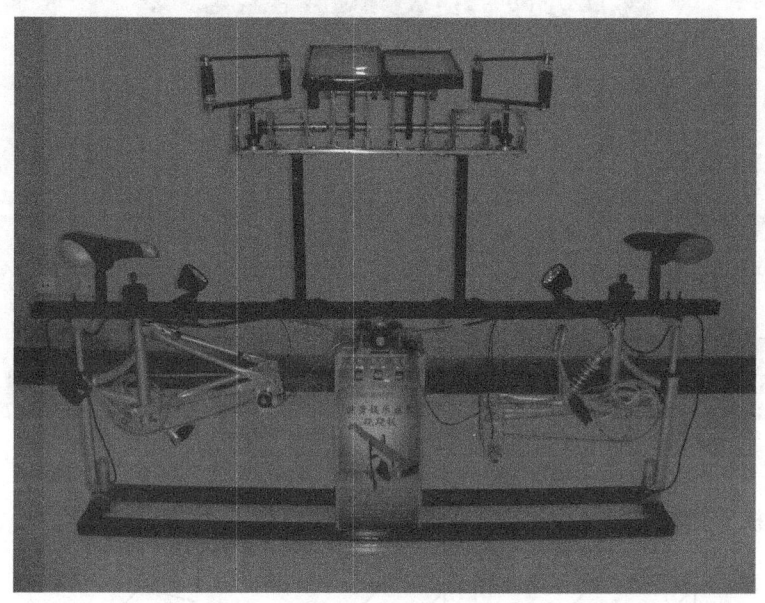

图 6-47 方管组成的梁型机架

图 6-48 工业铝型材搭建的梁型机架

板型机架的特点是构件的一个方向的尺寸比另外两个方向的尺寸小得多,如机床的底座、工作台、刀架等。如图 6-49 中小车机架是一块平板结构,前后轮轴和机械臂都安装在这块平板上,为板型机架。

图 6-49 小车上的板型机架

框型机架具有框架结构,如轧钢机机架、锻压机机身等,如图 6-50 所示。

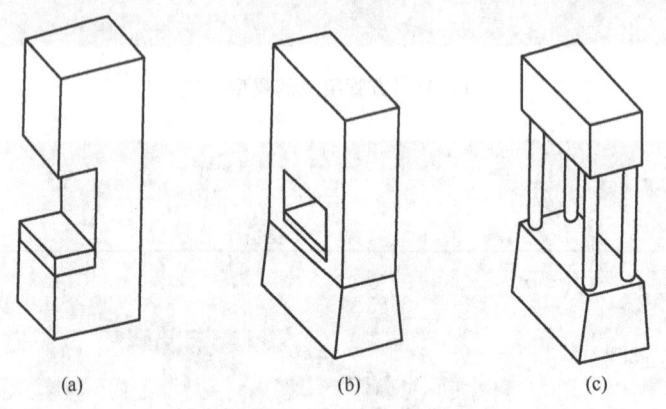

图 6-50 机床的框型机架

箱型机架的特点是构件的三个方向的尺寸大致一样,如图 6-51 所示的减速器箱体。

要求严格的机架零件,加工和工作过程中产生不允许的变形,常需要合理布置加强肋和隔板。

图 6-51 箱型机架

机架的受力情况非常复杂,而对其影响较大者为弯矩、扭矩或者二者的组合。截面积相同而形状不同时,其截面惯性矩和极惯性矩差别很大,因此其抗弯和抗扭刚度差别很大。因此,机架的设计还要考虑合理的截面形状和尺寸以提高机架的连接刚度。机架一般都设计成空心形状,因为空心的截面比实心的刚度大。同时,机架要具有良好的工艺性。

批量大的箱体一般采用铸造的方法来制作,在设计铸造机架时,力求形状简单、壁厚均匀、过渡平稳、避免金属局部积累。此外,机架在满足连接刚度及精度的前提下结构应尽量简单,铸件机架起模也要尽量方便。

机架结构设计过程中还应注意它的结构工艺性,包括铸造、焊接或铆接以及机械加工的工艺性。机架构件工艺性的好坏,对提高加工精度、装配质量以及产品的质量寿命等,都有直接影响,故应特别重视。结构工艺性不仅是理论问题,因此,除了要学习相关理论知识,还应注意在实践中学习,积累经验。

6.4 机械结构创新设计实例

本节以浙江省第八届大学生机械设计竞赛的设计实例来介绍机械结构创新设计的实现过程,竞赛的题目是"抗灾救援机器人",根据题目设定的要求设计并制作"抗灾救援"机器人。

依题意,机器人要从出发区出发,通过 1 区 2 区的障碍,拯救 3 区和 4 区的物块并送到安全区,用时最短者获胜。其最大的困难在于,1 区的"山洞"要比 2 区的仅由两根杆搭起来的"桥"窄,如何能找到快速穿过山洞并且过桥方法,是解决该问题的关键。

过桥机构成为了此次比赛成功与否的关键,下面就过桥机构的结构方案和实例作进一步分析。

6.4.1 过桥结构方案分析

1. 自己"搭桥"式

该方案的过桥机构一般都是由机械手搭一个事先准备好的宽度适中的"桥",而避开原有过宽的"桥"。

如图 6-52 所示,小车在出发前,已安装携带一个木制"折叠桥梁",需要过桥时,通过机械臂的伸展打开桥梁,放置在河道两岸,然后越过河道。

这种方案虽然没有多余机构,只需要多做一个桥,可以省去复杂机构的设计与装配,但是其缺点在于可靠性不高,对于操作的要求非常高,而且对于不同条件不同宽度的可调节性较差。且缺乏现实意义与价值。

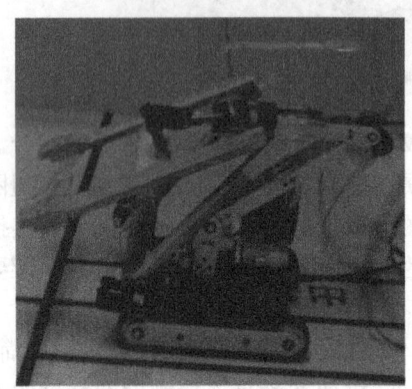

图 6-52 "搭桥"式过桥机构

2. 机械手调节"桥"宽度式

该方案的形式结构更为简单,并没有为过桥多设置任何机构,而是采用现有的机械手去拨动活动的桥,使其达到要求的宽度,如图 6-53 所示。

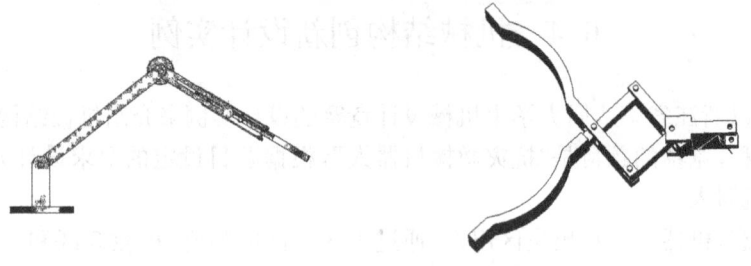

图 6-53 机械臂与机械手

这种方案虽然结构简单,没有复杂的机构,但其操作难度大,而且对于不同条件不同宽度的可调节性较差。

3. 改变轮距式

1) 齿轮齿条式调节轮距

该方案的过桥机构一般是由齿轮齿条或者同步带轮传递动力,使左右两排轮子的轮距在水平面内伸缩,从而由小于"山洞"的距离伸长到和"桥"的宽度一致。如图 6-54 所示,两根履带分别由两个独立的驱动电机提供行走动力,通过正反转控制前进后退以及转向,两根履带各固连两根齿条,左齿条与右齿条之间啮合一个齿轮,齿轮由电机提供动力,两根齿条会随着齿轮的旋转而向相反的方向运动,将两个履带的距离"推开"或"收拢"。该机构简单,比较容易实现。

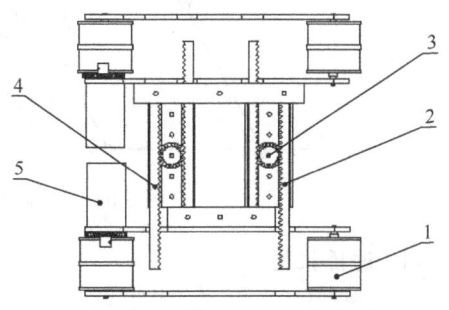

图 6-54 改变轮距式过桥机构
1-履带轮;2-右齿条;3-齿轮;
4-左齿条;5-驱动电机

2) "平行四边形"过桥机构调节轮距

图 6-55 所示为浙江理工大学同学的参赛作品"救援者号"模型,它采用了对称的双平行四边形过桥机构,该结构方案可迅速自由改变轮距,同时使机器整体在过桥的时候更加平稳,可操作性高。

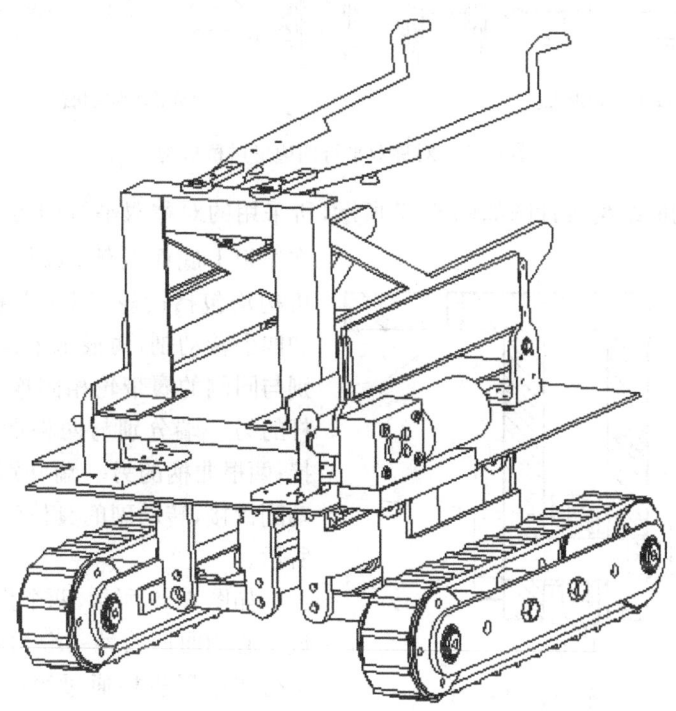

图 6-55 "救援者号"模型

6.4.2 具体结构实例分析

下面结合"平行四边形"过桥机构的具体实例进行分析。

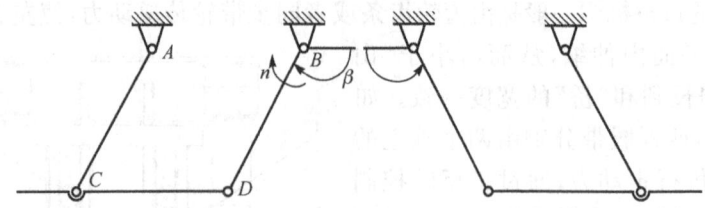

图 6-56 对称双平行四边形机构简图

1. 过桥机构

对称双平行四边形过桥机构简图如图 6-56 所示,履带轮安装在连杆 CD 上,通过平行四边形机构改变轮距。如图 6-57 所示,图 6-57(a)为正常行走时的状态,此时小车的轮距为最小,可节约横向空间,重心较高;图 6-57(b)为小车轮距伸展后的状态,此时轮距伸长至需要的宽度,重心随之降低。

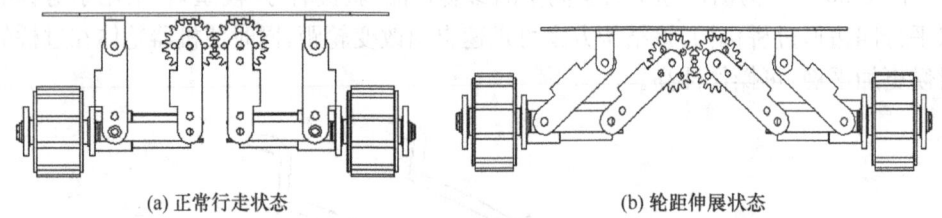

(a) 正常行走状态　　　　　　　　(b) 轮距伸展状态

图 6-57 对称双平行四边形过桥机构

过桥机构的结构设计图如图 6-57 所示,所采用的对称双平行四边形机构,安装在车板下底面两侧;每组平行四边形机构均包括齿轮、四个曲柄、两根连杆和四个转动副,两根水平连杆的一端分别与同侧的履带轮相固连,两根水平连杆的另一端分别与两根曲柄的一端铰接;两根曲柄的另一端分别与对应的转动副铰接,转动副的具体结构如图 6-58 所示。

如图 6-59 所示,两个齿轮分别与靠近中心的曲柄的另一端相固连,对称的平行四边形机构通过第一齿轮和第二齿轮啮合,齿轮分别与对应的平行四边形内侧曲柄固连在一起,组成对称双平

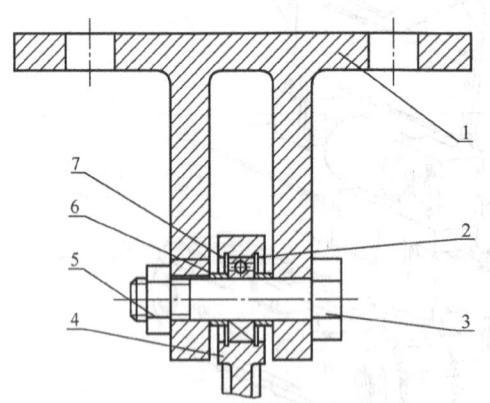

图 6-58 转动副结构图
1-机架;2-滚动轴承;3-螺栓;4-曲柄;
5-螺母;6-套筒;7-卡簧

行四边形机构。齿轮由起降电机输入动力,然后齿轮将扭矩传递给曲柄,使其摆动,从而使得平行四边形带动连杆作水平移动,运动轨迹是以齿轮中心为圆心、以曲柄长度为半径的一段圆弧,在扩大两履带之间的距离的同时,改变了机器的重心。电机停止运动,则平行四边形固定,车身位于某一高度,电机正反转实现轮距的改变和机器高度的变化,以适应不同的环境需要。在扩展或者收缩轮距的同时,小车的重心也随之降低,增加了小车通过损毁道路、桥梁的可靠性,在正常道路时则不需改变。

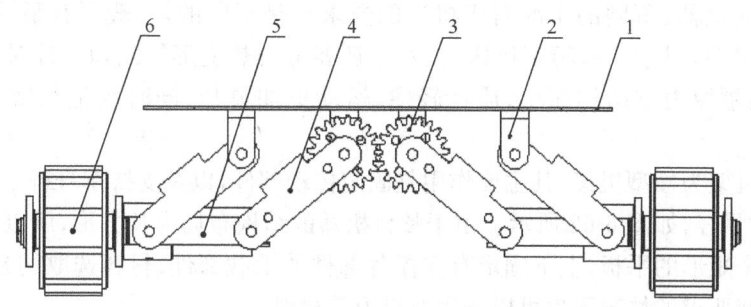

图 6-59 对称双平行四边形过桥机构结构图
1-车架;2-转动副;3-齿轮副;4-摇杆;5-连杆;6-履带轮

2. 抓取机构的结构设计

抓取机构采用的是一个大张角二自由度的机械臂,该机构只有两个自由度:翻转和夹取。每个电机控制一个自由度,翻转自由度使用蜗轮蜗杆来实现自锁功能。机械手和机械臂固连在一起,使整个机构强度加强,而且减少了自由度,便于操作和控制。其机构简图和结构图如图 6-60 和图 6-61 所示。支撑杆可以用来支撑障碍物,保护被夹取的物块;两根机械手的拉紧轮与电机上的缠线轮通过绳索连接,因此机械手可以在电机的旋转下"拉拢",当缠线轮放松时,机械手会在弹簧的弹力下自动张开。机械手阶梯状的设计能让机械手越过现场可能出现台阶等障碍。本机构不同于现在在抗震救灾中采用的挖掘机、起重机,机械手伸入物块底部,调整张开度,抬升整

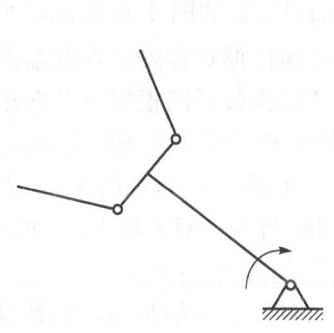 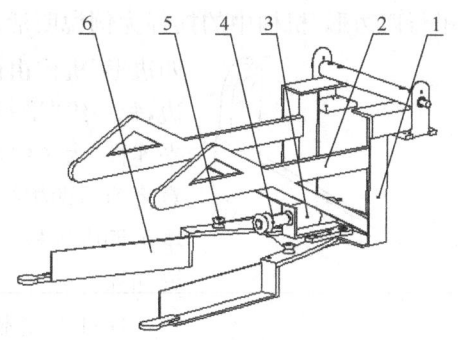

图 6-60 机械臂机构简图　　　图 6-61 机械臂结构图
　　　　　　　　　　　　　1-机械臂;2-支撑杆;3-电机;4-缠线轮;5-拉紧轮;6-机械手

块物块,蜗轮蜗杆实现抬升过程的自锁,防止意外发生,提高整个救援的可靠性。对于难以从底部进行救援的,则使用机械手夹紧物块并抬升的方式实现。

其特点在于机械手的两根手指开口大,定位要求低,可同时抓取多个物块;整个机械臂只有两个自由度,避免了机械臂多自由度的复杂结构,简单易控,动作迅速。

3. 机架的设计

不同的机器、不同的工况对于机架的要求也是不同的,一般要有足够的刚度、强度及稳定性,对于一些精密机床、仪器等还要考虑热变形等问题。针对比赛题目的设定,机器要力求结构简单、质量轻便,运动更加灵巧,同时满足刚度和稳定性的要求。

小车机架为板型机架,其主要作用是固定传动部件,以及支持车身行走和盛放物体,要求质量轻,如图 6-62 所示。由于整台机器的结构布局为长方形,所以该机器的机架为一个矩形的平板,上下固定有支撑各部件的承载部件,材料选取的是铝合金,在满足比赛要求的情况下也可以选用亚克力等材料。

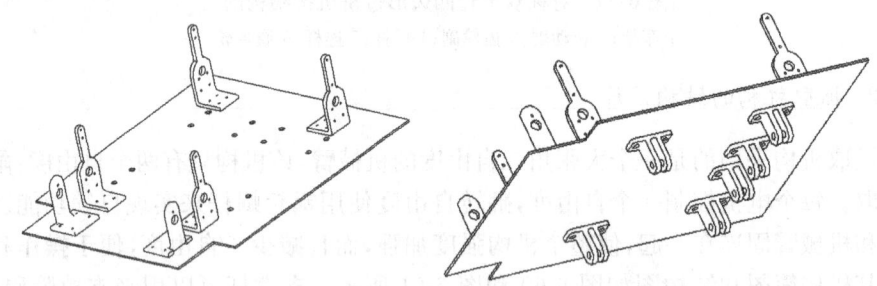

图 6-62 板型机架结构图

4. 典型活动构件的设计

该作品的主要活动构件是"平行四边形"过桥机构和用于抓取物体的机械臂,下面以"平行四边形"机构中的摇杆为例说明活动构件的设计。如图 6-56 所示,"平行四边形"机构由两对平行四边形对称安装在底盘的两边,每一组"平行四边形"机构包括四根摇杆和两根水平连杆,为了保持运动的平稳性以及避免安装误差,特意将前后两根摇杆通过水平横梁固连,如图 6-63 所示,本示例中摇杆设计为一体,若为了便于加工,也可将横梁和摇杆分开加工,然后再装配成一体。

摇杆的横截面积为矩形,矩形的长边与曲柄摆动的方向一致,刚度较大,不易发生弯曲变形;材料选择为铝合金或其他金属板材等。

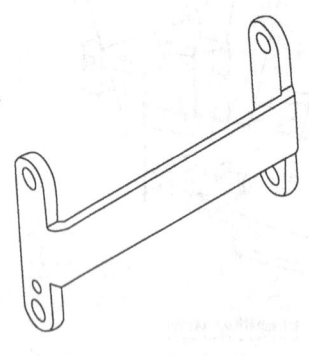

图 6-63 摇杆结构图

5. 整体方案实现

"救援者号"整体方案结构如图 6-64 所示。

如图 6-64 所示,小车通过控制行走电机的正反转实现前进、后退与转弯,对称双平行四边形机构在改变轮距的同时调整小车重心;机械臂电机带动蜗轮蜗杆转动,使机械臂绕轴作 180°翻转,机械手配合弹簧和绳索的作用,实现夹紧与放松的动作,机械手夹紧物块后机械臂翻转 180°,将物块放至传送带上,传送带将物块送至车尾。

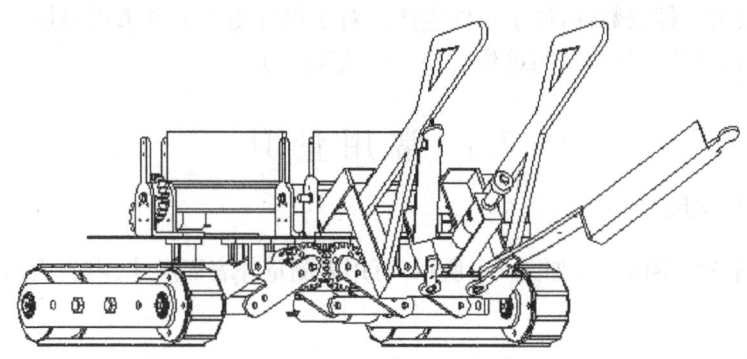

图 6-64 "救援者号"整体方案结构图

该机器人的特点是由对称双平行四边形机构实现轮距的改变。当车身下方的电机带动一对齿轮转动时,平行四边形机构绕轴转动,带动了两条履带(车轮)同时向外扩张。当达到损毁道路、桥梁的宽度后,电机便停止转动。在扩张轮距的同时小车的重心也随之下降,加大了小车通过损毁道路、桥梁的可靠性,在正常道路时则不需改变。此机构的优点在于它的稳定性和快速性,且操作简单,便于控制。有效地保证自身的机构价值最大化。

该机器人模型机构新颖、方案恰当,在浙江省第八届机械设计大赛中动作完成流畅迅速,并获得了一等奖。

参 考 文 献

方建. 2006. 机械结构设计. 北京:化学工业出版社.
侯秀珍,孙靖民. 2003. 机械系统设计. 哈尔滨:哈尔滨工业大学出版社.
罗绍新. 2008. 机械创新设计. 2 版. 北京:机械工业出版社.
濮良贵,纪名刚,陈国定,等. 2006. 机械设计. 8 版. 北京:高等教育出版社.
孙桓,陈作模,葛文杰. 2006. 机械原理. 7 版. 北京:高等教育出版社.
袁建雄,李晨霞,潘承怡. 2008. 机械结构设计禁忌. 北京:机械工业出版社.
张春林,陈亚琴,韩刚,等. 2007. 机械创新设计. 2 版. 北京:机械工业出版社.

第7章 加工、装配及调试

在机械设计竞赛中,不仅要完成设计,还要根据设计图纸完成作品的加工、装配及调试工作。竞赛作品制作时一般零件品种多,而每一种产品的结构、尺寸不同,且数量一般仅为一件或数件,属于单件生产。对于单件生产通常采用通用的生产设备和工艺装备,其装配与调试的过程也是一种试配的过程。

7.1 常用量具

7.1.1 游标卡尺

常用的三用游标卡尺如图 7-1 所示,可用来测量外表面尺寸、内表面尺寸和深度尺寸。

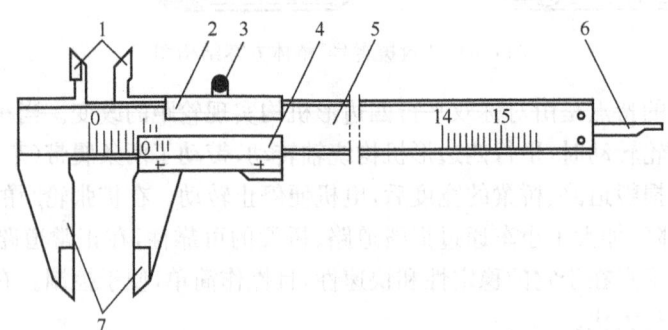

图 7-1 游标卡尺
1-内测量爪;2-尺框;3-紧固螺钉;4-游标;5-尺身;6-深度尺;7-外测量爪

1. 游标卡尺的读数方法

以精度为 0.02mm 的游标卡尺为例。尺身上刻线间距为 1mm,游标刻线共 50 格,总长 49mm,刻线间距为 0.98mm。因此,尺身与游标每格之差为 (1－0.98)mm ＝0.02mm,此值为游标卡尺的测量精度。

读数步骤:游标卡尺的读数方法如图 7-2 所示。

(1) 从游标零线以左的最近的尺身上的刻线读出毫米整数值;

(2) 观察游标零线的右边哪一根刻线与尺身上的刻线重合,将该线的序号乘以 0.02mm 即小数值;

(3) 上述两者读数二者相加即总尺寸。

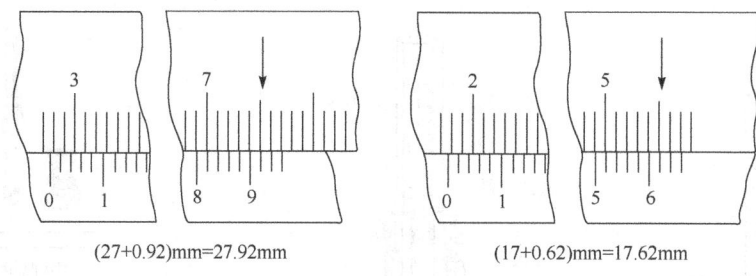

(27+0.92)mm=27.92mm　　　　　(17+0.62)mm=17.62mm

图 7-2　游标卡尺的读数示例

2. 游标卡尺的正确使用（图7-3）

（1）测量前合拢两外量爪，检查游标零线与尺身零线是否对齐；
（2）测量外尺寸时，先将尺框向右拉，使外量爪张开的比被测尺寸稍大；测量内尺寸时，先把内量爪张开的比被测尺寸稍小，然后轻轻推拉尺框，使量爪轻轻接触被测表面；
（3）测量内尺寸时，可轻轻摆动卡尺，以便找出最大值，然后拧紧紧固螺钉把尺框固定住读数，或取出卡尺再读数；
（4）测量时卡尺要放正，应在与零件轴线垂直的平面内进行测量；
（5）注意测量力，手感两量爪与被测部位刚刚接触后再稍加点力即可读数；
（6）切忌将量爪强行卡入零件。

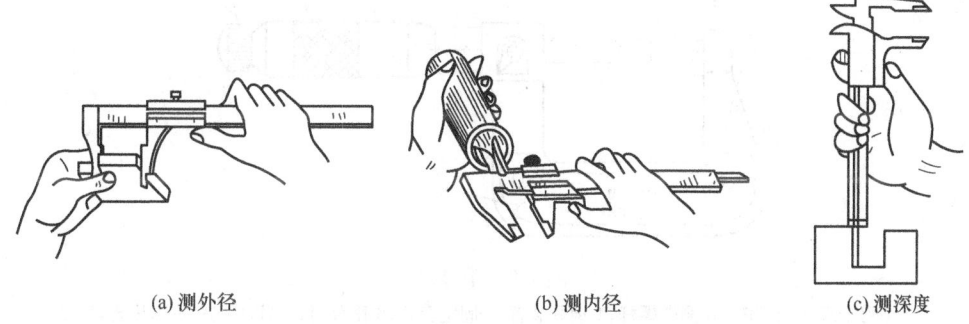

(a) 测外径　　　　(b) 测内径　　　　(c) 测深度

图 7-3　游标卡尺的使用方法

7.1.2　深度游标卡尺和高度游标卡尺

深度游标卡尺主要用于测量盲孔、凹槽、阶梯孔的深度及台阶高度等尺寸。高度游标卡尺主要用于精密划线和测量高度尺寸，划线或测量前，先换上所需的量爪。二者读数方法与游标卡尺一样，如图7-4和图7-5所示。

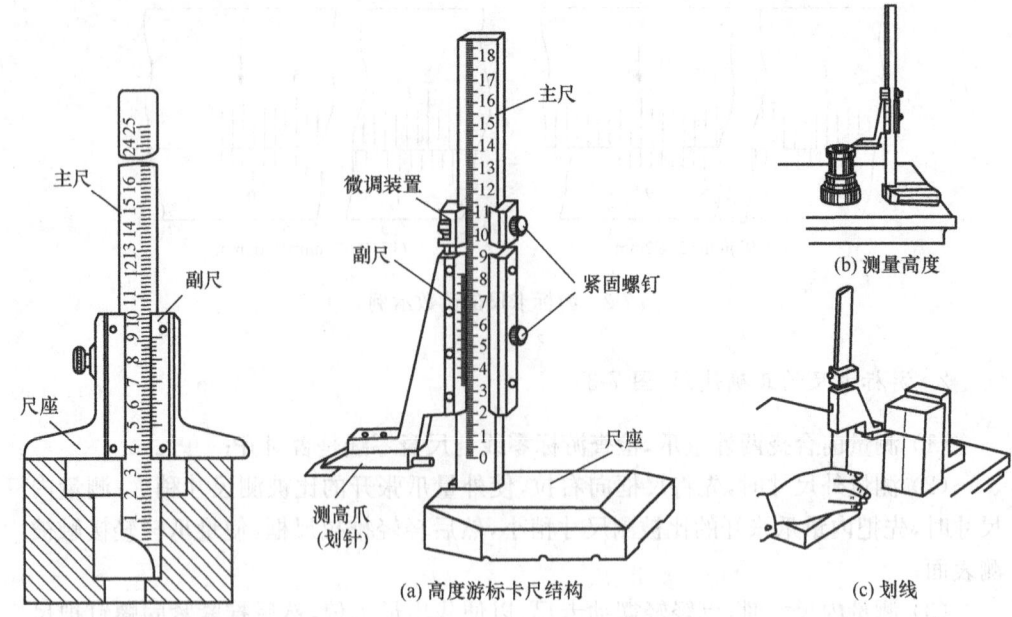

图 7-4 深度游标卡尺　　　　图 7-5 高度游标卡尺

7.1.3 外径千分尺

外径千分尺简称千分尺,如图 7-6 所示。

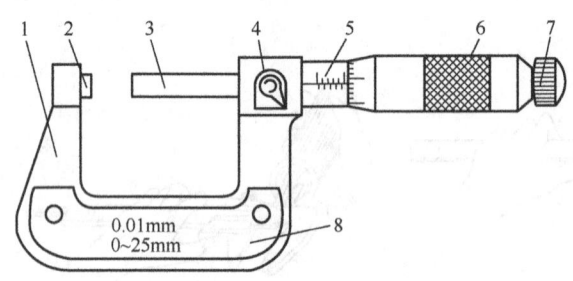

图 7-6 千分尺

1-弓形尺架;2-测砧;3-测微螺杆;4-锁紧装置;5-固定套管;6-微分筒;7-测力装置;8-隔热装置

1. 千分尺的读数方法

千分尺的读数精度为 0.01mm。

读数步骤如下:

(1) 从固定套管上露出的刻线读出毫米整数和半毫米数(应为 0.5mm 的整数倍);

(2) 从微分筒上由固定套管纵刻线所对准的刻线读出小数部分(刻线序号乘以 0.01mm),如果微分筒上没有任何一根刻线与纵刻线正好重合,那么应估读到小数点后第三位数；

(3) 将上述两者计数相加即总尺寸。千分尺的读数示例如图 7-7 所示。

2. 千分尺的正确使用

(1) 测量前,用干净棉丝擦净千分尺两测砧及被测表面,并校对零位；

(2) 左手拿住千分尺的弓形尺架,右手拇指和食指缓慢地旋转微分筒,当千分尺的两测量面与被测面快接触时,再旋转测力装置,待发出"咔咔"声即可读数,如图 7-8 所示；

(3) 使用千分尺时,要手握隔热板；

(4) 千分尺两测量面将与工件接触时,要使用测力装置,不要直接转动微分筒,千万不要在接触后再转动微分筒；

(5) 读数时,要特别注意有无 0.5mm；

(6) 为减小测量误差,在同一表面可多测几次,取重复次数较多的读数为测量尺寸。

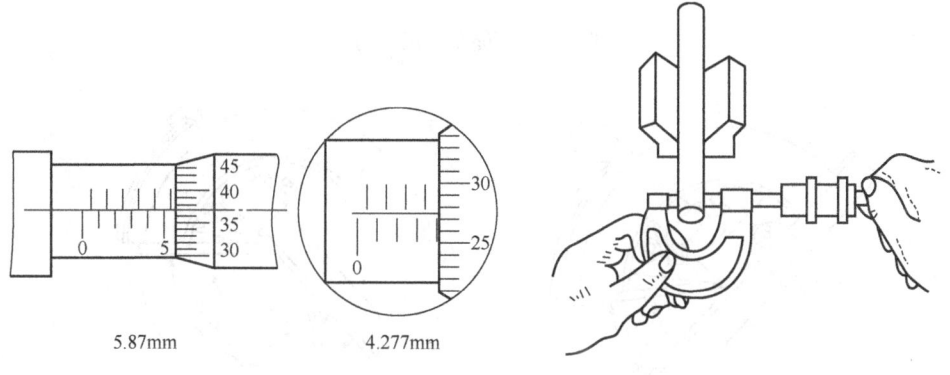

图 7-7 千分尺的读数示例　　图 7-8 千分尺的正确使用

7.1.4 万能角度尺

万能角度尺是用来测量工件内外角度的一种游标量具,其结构如图 7-9 所示,按测量精度分为 2′和 5′两种,测量范围为 0°～320°,读数方法与游标卡尺相似。使用时,根据检测范围移动、拆换角尺和直尺,如图 7-10 所示。

万能角度尺的测量时应注意如下几点：

(1) 工件表面和量具表面要清洁；

(2) 按照工件所要求的角度,调整好万能角度尺的测量范围；

(3) 测量时,万能角度尺尺面应通过工件中心,并且一个面要与工件测量基准面吻合,透光检查。读数时,应拧紧固定螺钉,然后移离工件,以免角度值变动。

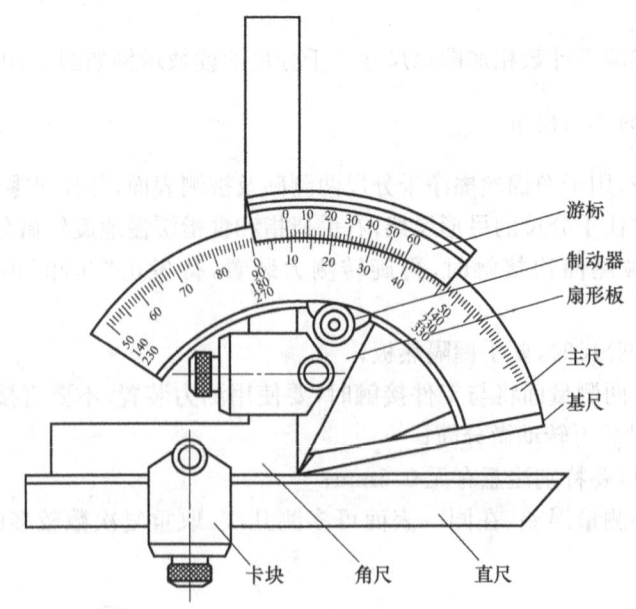

图 7-9　万能角度尺结构

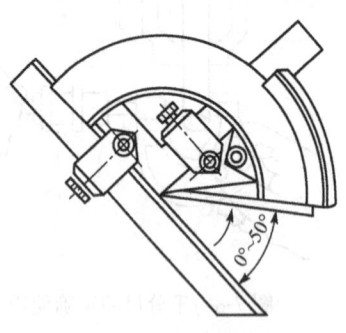

(a) 测量0°~50°时，装上角尺和直尺

(b) 测量50°~140°时，只装直尺

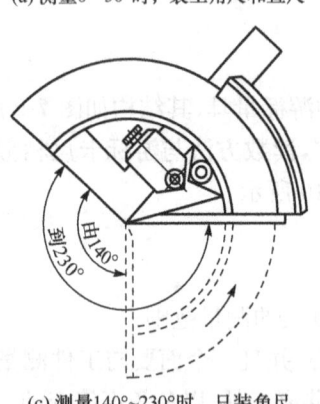

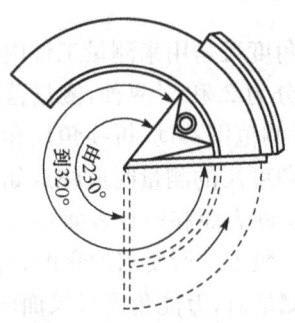

(c) 测量140°~230°时，只装角尺

(d) 测量230°~320°时，角尺和直尺均不装

图 7-10　万能角度尺测量范围调整

7.2 常用的机加工方法

7.2.1 车削加工

在车床上加工的零件的方法一般通称为车削,车削是机床加工中一种最基本的加工方法。车削加工是一般以工件旋转,刀具进给的方法来加工工件的。车削加工精度一般为IT9～IT8级,表面粗糙度为$Ra12.5$～$Ra1.6$;有时加工精度可高达IT5级,表面粗糙度为$Ra0.1$～$Ra0.2$。

车床主要是用来加工带有旋转表面的零件的。在车床上可以车外圆、车端面、切槽和切断、钻中心孔、钻孔、扩孔、车内孔、铰孔、车螺纹、车圆锥、车成形面、滚花及绕弹簧等,如图7-11所示。如果在车床上装上其他附件和夹具,还可以进行钻削、磨削、研磨、抛光以及加工各种复杂形状零件的外圆、内孔等。

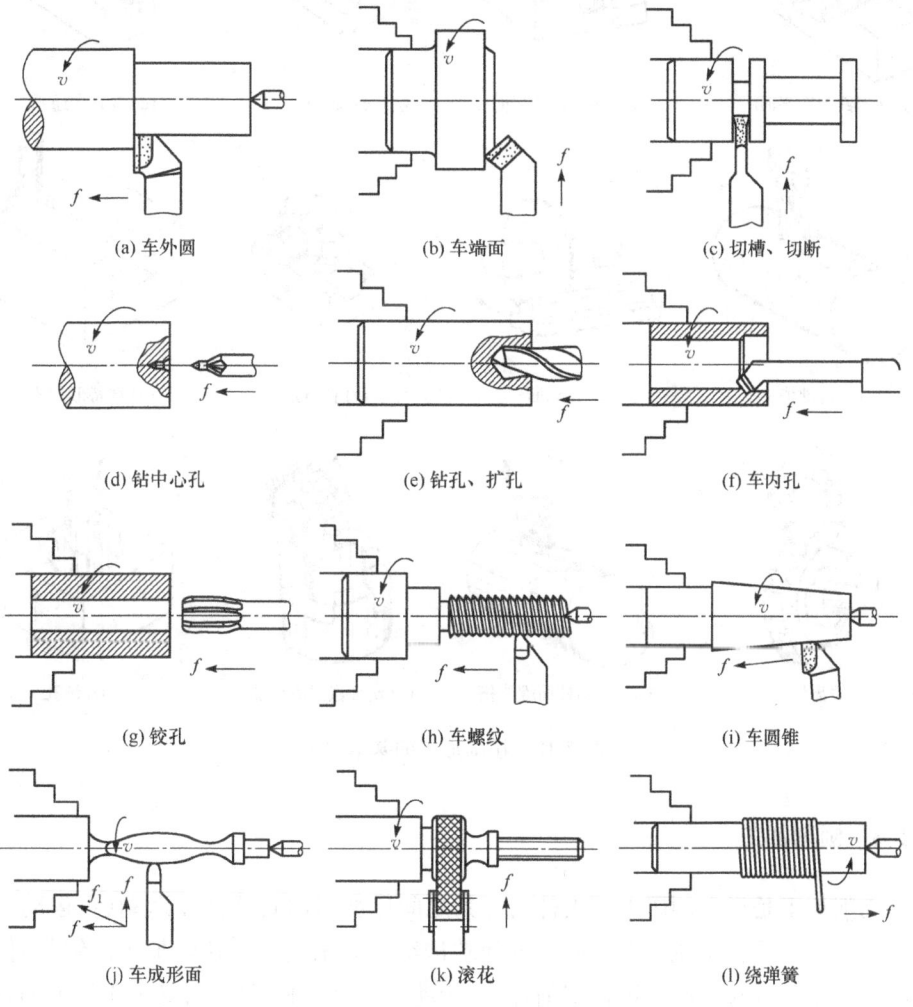

图 7-11 车床加工的基本内容

7.2.2 铣削加工

铣削加工是在铣床上利用旋转的铣刀进行切削的一种方法,是除车削外的一种重要加工方法。铣削加工精度一般为IT9～IT8级,表面粗糙度为$Ra12.5$～$Ra1.6$;有时加工精度可高达IT5级,表面粗糙度为$Ra0.2$。

在铣床上使用各种不同的铣刀可以加工平面、台阶、沟槽、特形面和切断材料等。使用分度装置可加工需周向等分的花键、齿轮、牙嵌式离合器、螺旋槽等。此外,在铣床上还可以进行钻孔、铰孔和镗孔等工作,如图7-12所示。

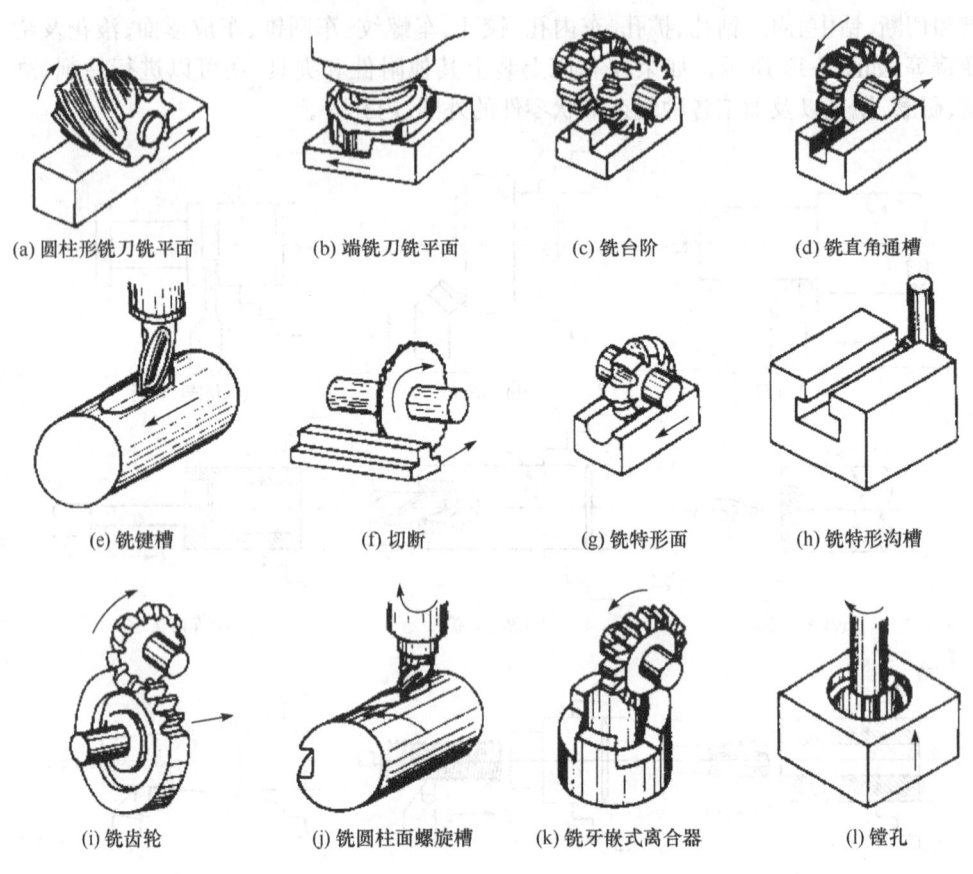

(a) 圆柱形铣刀铣平面　(b) 端铣刀铣平面　(c) 铣台阶　(d) 铣直角通槽

(e) 铣键槽　(f) 切断　(g) 铣特形面　(h) 铣特形沟槽

(i) 铣齿轮　(j) 铣圆柱面螺旋槽　(k) 铣牙嵌式离合器　(l) 镗孔

图7-12　铣削加工的基本内容

7.2.3 刨削加工

刨削加工是指在刨床上使工件与刀具之间作相对的直线往复运动(主运动),工件(或刀具)在垂直于主运动方向上的间歇进给运动来进行的切削加工。刨削时,由于向前运动(工作行程)时进行切削,向后运动(回行程)时不切削;又由于刨削的直线往复运动在反向时,要克服惯性力,并且切削过程中有冲击现象,限制了切削速度的提高,所以刨削的生产率较低。

刨削加工的精度通常为IT9～IT7,表面粗糙度为$Ra12.5$～$Ra3.2$。在龙门刨床上采用宽刃精刨时,表面粗糙度为$Ra1.6$～$Ra0.8$。

刨削主要用于加工平面、沟槽,也可以加工曲面。如图 7-13 所示为牛头刨床的加工范围。

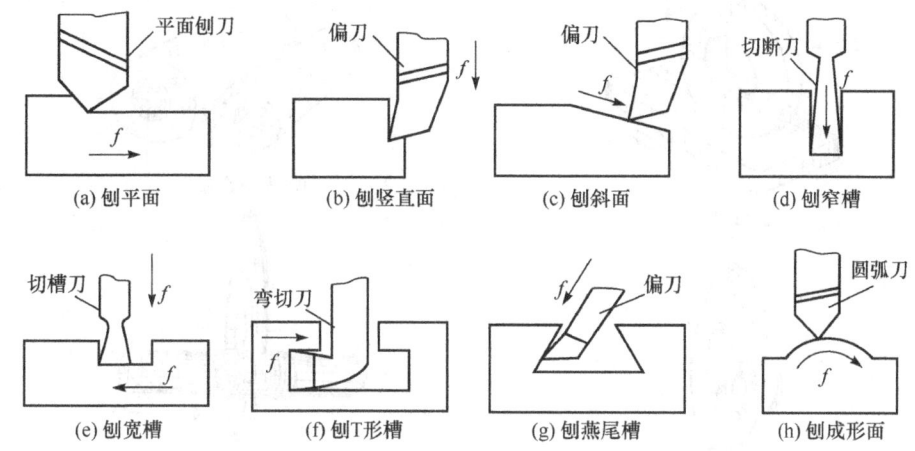

图 7-13 刨削加工的基本内容

7.2.4 磨削加工

目前,大多数机械产品主要零件的精度,是通过磨削技术达到的。随着工业生产的发展,对机器性能的要求也不断提高,零件的强度、硬度和加工精度的要求也越来越高,因此磨削加工在现代机械加工技术中占有日益重要的地位。

磨削时所使用的磨具种类很多,有砂轮、油石、砂带、砂布等,其应用最为广泛的是砂轮。根据磨削的方式不同,又有轮磨、研磨、珩磨(旋磨)、抛光等,其中以轮磨最为普遍。

磨削是用砂轮或其他磨具以较高线速度对工件表面进行加工的方法。经过磨削的零件有很高的精度和很小的表面粗糙度值。例如,外圆柱面经超精密磨削后,圆度可达到 0.0001mm,表面粗糙度值可达到 $Ra0.05$ 以下。因此,在大多数情况下,它是机床加工的最后一道工序。它还可用于毛坯的清理和刀具的刃磨等。

磨床的切削工具是高速旋转的砂轮,砂轮的每一颗砂粒都相当于一个刀齿。整个砂轮可以看做有无数个刀齿的铣刀,所以磨削加工过程实质上可看成密齿刀具的高速切削过程。磨床的工作范围很广,它可以磨外圆、平面、内圆、成形面、螺纹、齿轮、花键等,如图 7-14 所示。

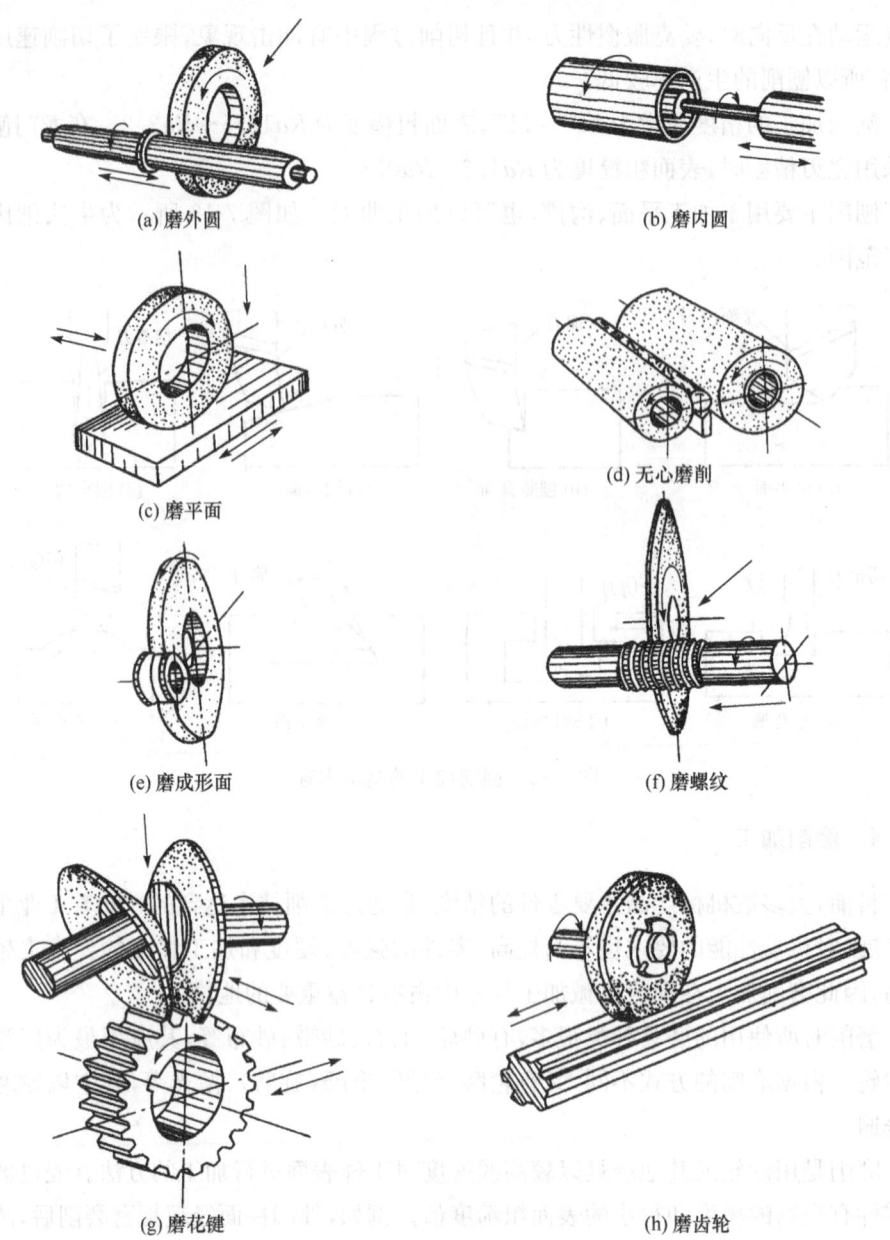

图 7-14 磨床的工作内容

7.2.5 数控加工

常用的数控加工设备有数控车床、数控铣床、雕铣机、加工中心等。

在数控机床上,传统加工过程中的人工操作均被数控系统的自动控制所取代。在普通机床上加工零件的过程,是机床操作者根据工序卡及零件要求、在加工过程中不断改变刀具与工件的相对运动轨迹和加工参数(如位置、速度等),使刀具对工件进行切削加工,从而得到所需要的合格零件的过程。

在数控机床上,首先将被加工零件图上的几何信息和工艺信息数字化,即将刀具与工件的相对运动轨迹、加工过程、主轴速度和进给速度的变换、冷却液的开关、工件和刀具的交换等信息,都按规定的代码和格式编成加工程序;接着将该程序送入数控系统,数控系统则按照程序的要求,先进行相应的运算、处理,然后发出控制命令,使各坐标轴、主轴动作及辅助动作相互协调,实现刀具与工件的相对运动,自动完成零件的加工。传统加工与数控加工的比较如图 7-15 所示。

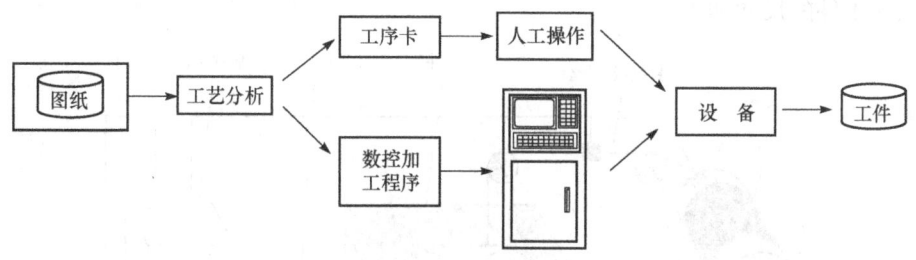

图 7-15 传统加工与数控加工的比较

数控技术是采用计算机对机械加工过程中各种控制信息进行数字化运算、处理,并通过高性能的驱动单元对机械执行构件进行自动化控制的技术。在数控加工中,由于用计算机来代替传统的人对机床操作,数控加工除了完成通用设备所能加工的零件,还具有零件适应性广、生产效率高、功能复合程度高等特点,对于具有复杂曲线轮廓、多种几何要素间相对位置的零件的加工,具有明显优势,以下种类的零件比较适合数控加工。

(1) 形状复杂,只能用数学模型描述的复杂曲线或曲面轮廓,并且加工精度要求高。

(2) 具有难测量、难控制进给、难控制尺寸的不开敞内腔的壳体或盒状零件。

(3) 必须在一次装夹中合并完成铣、镗、铰、铰成攻丝等多道工序的零件。

(4) 在普通机床上加工时极易受人为因素(如情绪、体力、技术水平等)影响,价值又高,一旦质量失控便会造成重大经济损失的零件。

(5) 在普通机床上加工时必须制造复杂专用工艺装备的零件。

(6) 需要多次更改设计后才能定型的零件。

(7) 在普通机床上加工需要长时间调整的零件。

(8) 用普通机床加工时,生产率很低或体力劳动强度很大的零件。

7.2.6 线切割加工

线切割加工是电火花加工的一种。电火花线切割加工机床,根据电极丝运动的方式可以分成高速走丝数控电火花线切割机和低速走丝数控电火花线切割机两大类,其中高速走丝数控电火花线切割机床结构比较简单,设备价格较低,加工成本低,是生产中常用设备。

高速走丝数控电火花线切割机,是利用钼线作为负电极,对导电或半导电材料的工件(作为正电极)进行所要求的尺寸加工。在加工中,电极钼丝一方面相对工件不断地上下移动,另一方面,安装工件的十字工作台,由数控伺服电机或步进电机驱动,在 x、y 轴方向实现切割进给,使线电极沿加工图形的轨迹,对工件进行切割加工。图 7-16 所示为数控电火花线切割加工的原理图。这种切割是依靠电火花放电作用实现的,它是在线电极和工件之间加上脉冲电压,同时在线电极和工件之间浇注矿物油、乳化液或去离子水等工作液,不断地产生火花放电,使工件不断地被电蚀,可控制地完成工件的尺寸加工。

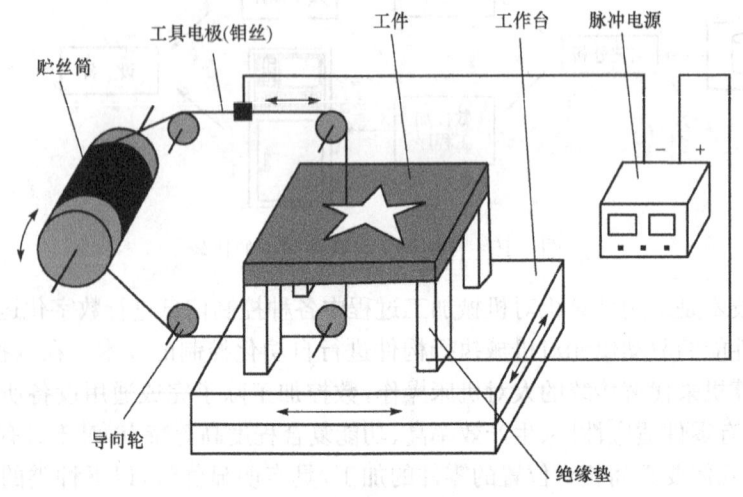

图 7-16 电火花线切割加工原理

线切割加工具有以下特点。

(1) 火花线切割加工的主要对象是平面形状,所加工出的表面为直纹面,除了在加工零件的内侧形状拐角处打最小圆弧半径的限制(最小圆弧半径为金属线的半径加放电间隙),其他任何复杂的形状都可加工。

(2) 电火花线切割加工是依靠电极处与工件之间产生火花放电对工件进行加工的,所以无论被加工工件的硬度如何,只要是导体或半导体的材料都能实现加工。但应注意的是,铝材在线切割时会产生氧化铝形成磨粒,对机床的导轮、钼丝、导电块产生较强的磨损作用,故一般不宜用线切割加工铝材。

7.2.7 机床加工方法选用

机械零件都是由一些简单的几何表面如外圆、孔、平面或成形表面等组合而成的。根据这些表面所要求的加工精度和粗糙度,以及零件的结构特点,应选用相应的加工方法和加工方案。

1. 选择加工方法时应考虑的问题

(1) 应先根据每个加工表面的尺寸精度、形状、位置精度和表面粗糙度的要求,确定能达到其精度要求的经济加工精度的加工方法。所谓经济加工精度,是指在一般条件下,正常的操作状态和工人正常技术水平下,某一加工装备及加工方法所能达到的加工精度和表面粗糙度。相同的加工表面通常可以用不同的加工方法获得,通常情况下,任何一种加工方法,其加工精度与加工成本之间的关系大致是:加工精度越高,加工成本就越高。

(2) 确定机床加工方法时,要考虑工件材料的性质。如淬火钢须用磨削加工;有色金属,一般不宜磨削而采用金刚石刀具进行精加工等。

(3) 选择机床加工方法时,要考虑生产批量的大小,即要考虑生产率和经济性的问题。

(4) 根据被加工工件的形状选择机床加工方法。如轴类零件可用车削或磨削方法加工,平面可用铣削或刨削方法加工等。

(5) 选择机床加工方法时还要考虑本厂的现有设备情况和技术条件。

2. 零件的加工方法选择

由于加工表面的精度和表面粗糙度不是由一种加工方法、一次加工就能达到的,所以,在选择加工方法时,应首先确定主要表面的最后加工方法,然后再确定其他一系列准备工序的加工方法,即由粗到精地逐步达到要求。在选择好主要表面的加工方法后,再选定次要表面的加工方法。在各表面的加工方法初步选定以后,还应考虑各方面工艺因素的影响。例如,几个同轴度要求很高的外圆或孔,应安排在同一工序一次安装中加工等。

1) 外圆加工方法

外圆是轴、套、盘等类零件的主要表面或辅助表面,这类零件在机器中占有相当大的比例。不同零件上的外圆面,往往具有不同的技术要求,对于一般钢铁零件的外圆面加工的主要方法是车削和磨削。要求精度高、粗糙度值小时,往往采用光整加工,对于某些精度要求不高,仅要求光亮的表面,可以通过抛光获得,但在抛光前要达到较小的粗糙度。对于塑性较大的有色金属(如铜、铝合金等)零件精加工,常采用精细车削。

图 7-17 给出了外圆面加工方案的框图,可作为拟定加工方案的依据和参考。具体方案示例如下。

(1) 粗车。对于外圆精度要求低、表面粗糙度较大的未淬硬工件外圆面,只要粗车即可。

(2) 粗车-半精车。对于中等精度和粗糙度要求的未淬硬工件外圆面,均可采用此方案,随着精度要求的提高,可在半精车后再进行精车。

(3) 粗车-半精车-磨。此方案最适用加工精度稍高、粗糙度较小、需淬硬的钢件外圆面,也广泛应用于未淬硬的钢件和铸铁件。若加工精度更高、粗糙度值更小,需将磨削分为粗磨和精磨。

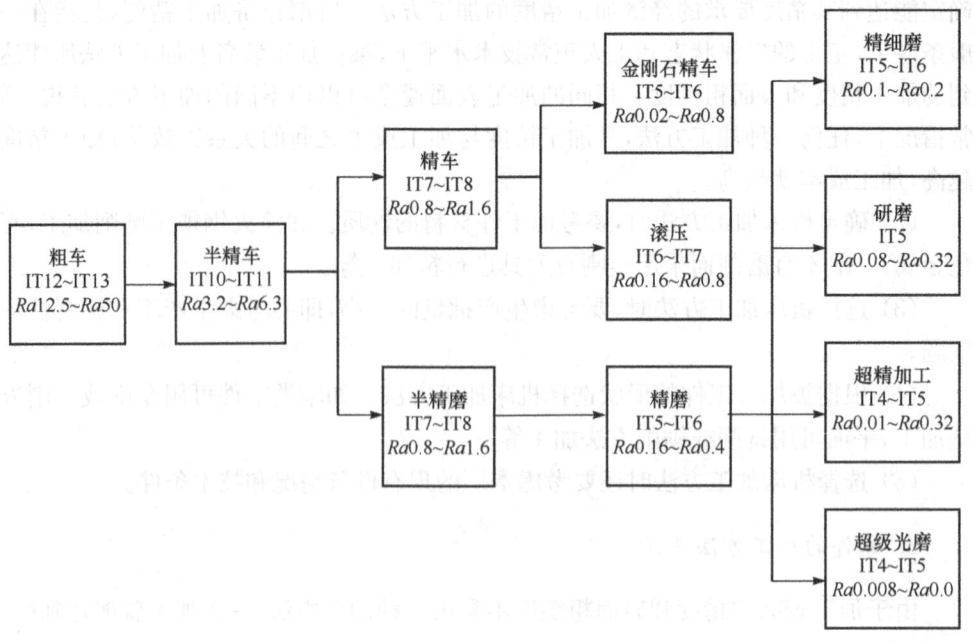

图 7-17　外圆面加工的加工方案

(4) 粗车-半精车-粗磨-精磨-研磨（或超级光磨）。此方案可达到很高的精度和很小的表面粗糙度值，但不宜用于加工塑性大的有色金属零件。

(5) 粗车-精车-精细车。此方案主要适用于精度要求高的有色金属零件的精加工。

2) 孔加工方法

孔是组成零件的基本表面之一，零件上有多种多样的孔、常见的孔有紧固孔、非配合的油孔、回转体零件上的孔、箱体类零件上的孔、深孔和圆锥孔等。由于对各种孔的要求不同，也需要根据具体的生产条件，拟定不同的加工方案。孔加工可以在车床、钻床、镗床、拉床或磨床上进行，大孔和孔系则常在镗床上加工。拟定孔的加工方案时，应考虑孔径的大小和孔的深浅、精度和表面粗糙度等的要求；还要考虑工件的材料、形状、尺寸、重量和批量以及车间的具体生产条件。

若在实体材料上加工孔（多属中、小尺寸的孔），必须先采用钻孔；若是对已经铸出或锻出的孔（多为大、中型孔）进行加工，则可直接采用扩孔或镗孔；至于孔的精加工，铰孔适于加工单件小批量未淬硬的中、小直径的孔；而拉孔适于加工大批量未淬硬的中、小直径及非圆的孔；中等直径以上的孔，可以采用精镗或精磨；已淬硬的孔只能用磨削方法进行精加工。

图 7-18 所示为获得不同经济精度和表面粗糙度孔的加工方案。

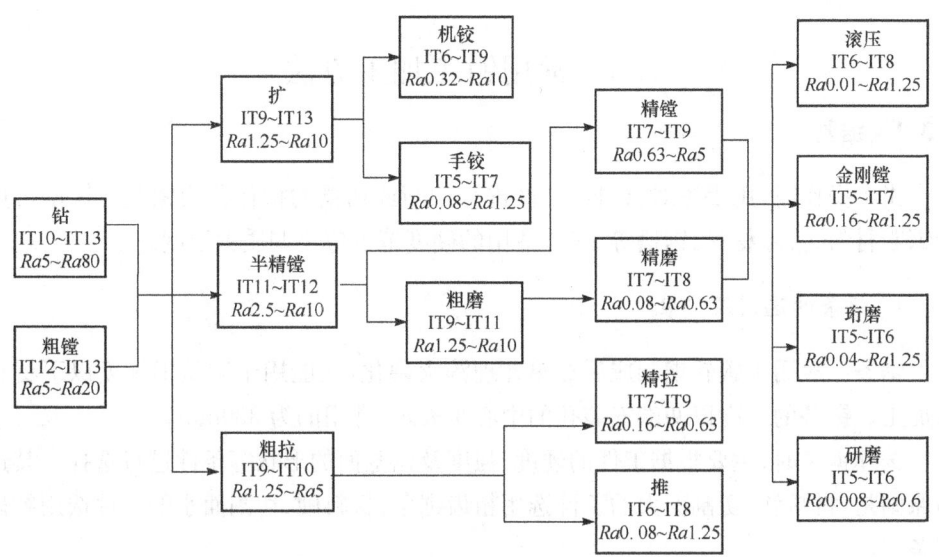

图 7-18 孔的加工方案

3) 平面加工方法

平面可采用车削、铣削、刨削、磨削、研磨、抛光与刮研等。获得不同经济精度和表面粗糙度的方法如图 7-19 所示。

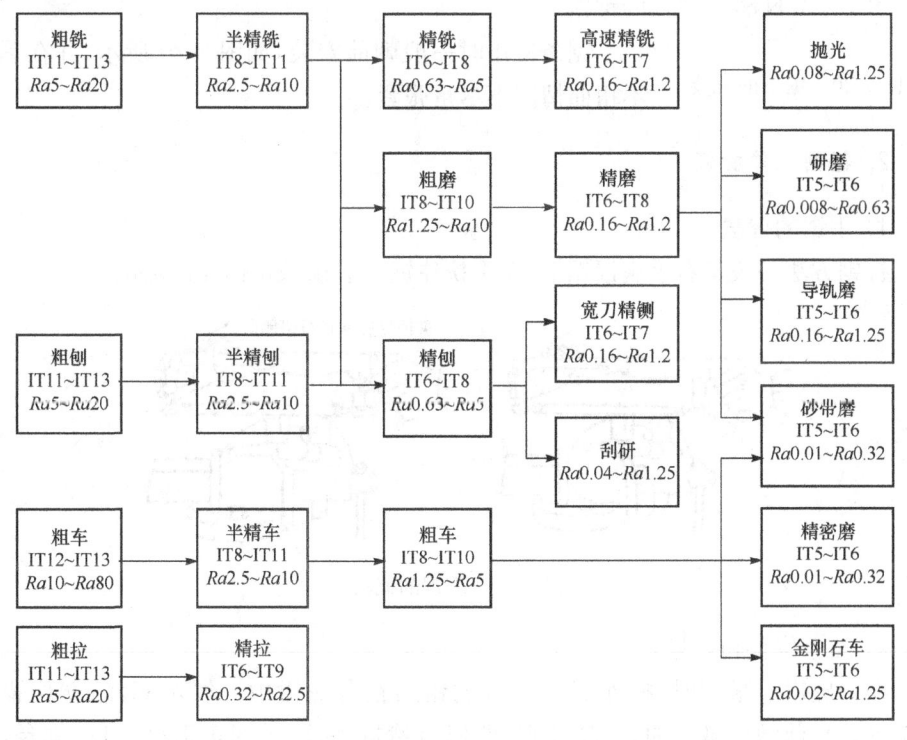

图 7-19 平面的加工方法

7.3 常用钳工加工方法

7.3.1 锯割

钳工操作时,用手锯对材料或工件进行切断或切槽的操作称为锯割。锯割可用于锯断材料、去除材料、锯槽等工作,适用的硬度范围应小调质钢硬度。

1. 锯条的选用及安装

锯条一般用渗碳软钢制成后经热处理淬火硬化,只能用于调质钢硬度以下材料的加工。锯条的长度以两端安装孔的中心距表示,常用的为 300mm。

选择锯条时,主要根据工件的硬度、强度及锯割面的形状等条件进行选择。其选用原则是:材料软、切割面大的工件选用粗齿锯条;材料硬、切割面小的工件选用细齿锯条。

锯条的粗细规格是以锯条的齿距区分的,一般分粗、中、细三种,三种距条齿距分别为 1.6mm、1.2mm、0.8mm,粗齿锯条一般用于软钢、黄铜、铝、铸铁、紫铜等材料的锯割;中齿锯条一般用于中等硬度的钢、厚壁管子等材料的锯割;细齿锯条一般用于工具钢、薄壁管子等材料的锯割。

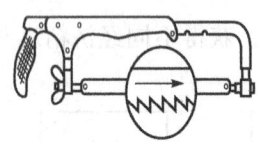

图 7-20　锯条的安装

锯条使用时一般朝前安装,如图 7-20 所示,并在锯弓不扭曲情况下尽量张紧。

2. 锯割操作要领

1) 手锯的握法

握锯方法一般是右手满握锯柄,左手扶住锯弓前端,如图 7-21 所示。

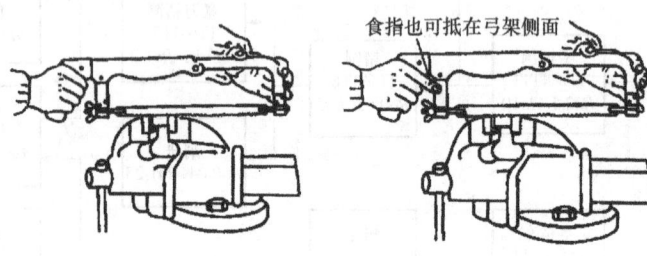

图 7-21　手锯的握法

2) 站立位置和姿势

在台虎钳上锯割时,操作者面对台虎钳站在台虎钳中心线左侧,站立位置见图 7-22(a)。前腿微微弯曲,后腿伸直,两肩自然持平,两手握正锯弓,目视锯条,如图 7-22(b)所示。

3) 起锯

起锯的方法有远起锯和近起锯两种,如图 7-23 所示。起锯时左手拇指靠住锯条,起锯角度约为 15°,起锯时要求最少有 3 个锯齿接触工件。一般多采用远起锯法,这种方法便于观察锯割线,而且锯齿不易卡住。起锯操作要点:行程短,压力小,速度慢,起锯角度正确。

4) 锯割动作要领

锯割动作根据两手臂的运动形式分为直线往复式和小幅度摆动式两种。

(1) 直线往复式。推锯时,身体与手锯同时向前运动;回锯时,身体靠锯割反作用力回移,两手臂控制锯条平直运动,如图 7-24(a)所示。

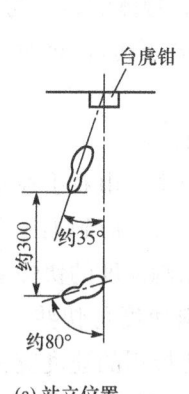

(a) 站立位置　　(b) 操作

图 7-22　站立位置和姿势

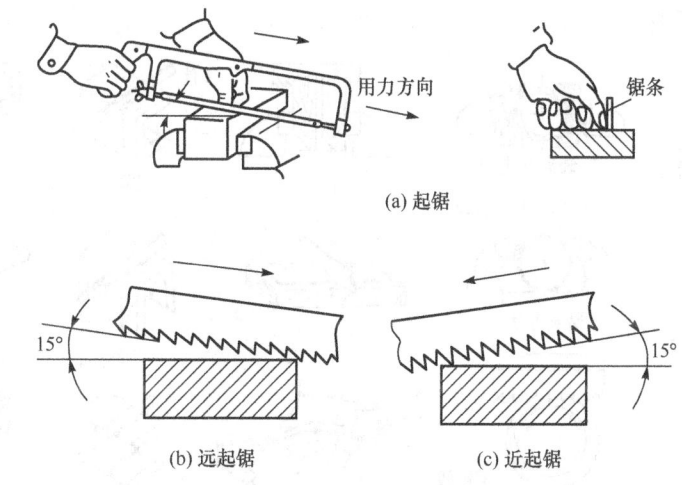

(a) 起锯

(b) 远起锯　　(c) 近起锯

图 7-23　起锯方法

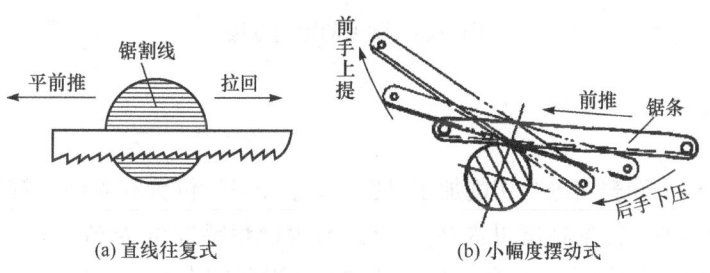

(a) 直线往复式　　(b) 小幅度摆动式

图 7-24　锯割动作要领

(2)小幅度摆动式。身体的运动与直线往复式相同,但两手臂的动作不同。推锯时,前手臂上提,后手臂下压;回锯时,后手臂上提,前手臂向下,使锯弓形成小幅度摆动,如图7-24(b)所示。

5)压力、速度与行程

锯割时,推力和压力主要由右手控制,左手的作用是配合右手扶正锯弓,压力不要过大。推锯时为切削行程,应施加压力;向后回拉时为返回行程,不加压力;工件将要锯断时,压力要小。锯割速度的快慢主要根据锯割材料的软硬确定。锯割硬材料速度应慢些;锯割软材料速度可快些。一般锯割速度控制为20~40次/min为宜。同时,拉回手锯的速度比推锯的速度应相对快一些。锯割时,应充分利用锯条的有效长度。如锯割行程过短,不仅会降低锯割效率,更重要的是会由于局部锯条侧刃磨损,造成锯条卡死折断。一般往复行程应不小于锯条长度的3/5。

3. 不同物品的锯割方法

为了提高锯割效率,防止锯条断齿,锯割应不断探索锯割的方法,常见的锯割方法如图7-25所示。

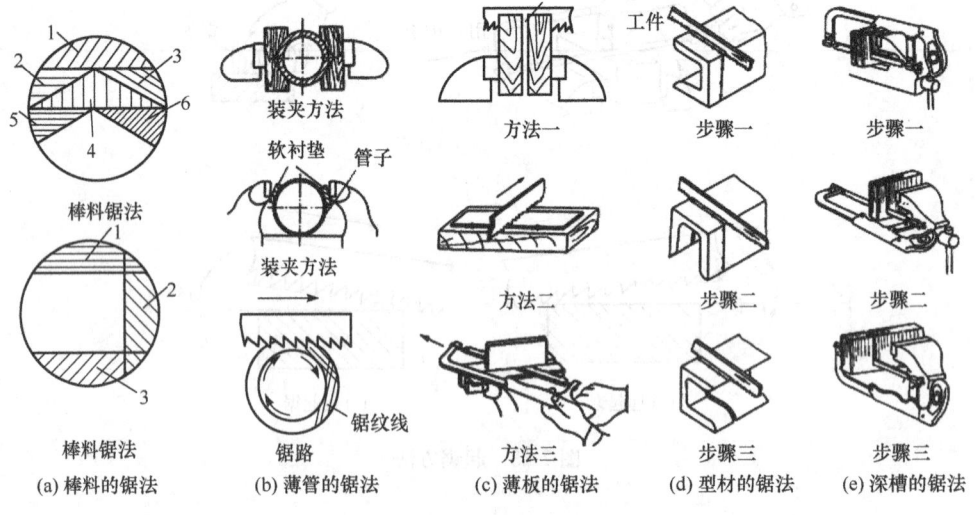

图7-25 常见的锯割方法

7.3.2 锉削

用锉刀对工件表面进行切削加工,使其尺寸、形状、位置和表面粗糙度达到要求的操作称为锉削。锉削精度可高达0.01mm,表面粗糙度可达$Ra0.8$。锉削的应用很广,如锉削平面、曲面、内外角度以及各种复杂形状的表面和锉配等。

1. 锉刀

锉刀一般用碳素工具钢 T12 或 T13 制成,经热处理后切削部分的硬度可达 62～67HRC。适用于锉削调质硬度以下的钢材。为了锉削淬硬钢材,在锉刀表面镀上金刚石颗粒,俗称金刚锉,可对淬硬钢材进行整形修锉。

锉刀面的齿纹有单齿纹和双齿纹两种。在锉刀面上只有一个方向齿纹的锉刀称为单齿纹锉刀,如图 7-26 所示,单齿纹锉刀多用于锉削软金属,如铝、铜等;锉刀面上排有两个方向齿纹的锉刀称为双齿纹锉刀,如图 7-27 所示,双齿纹锉刀由面齿纹和底齿纹组成,锉削时,切屑可碎断,故锉削省力,同时,由于每个齿的锉痕交错而不重叠,锉削面较光滑。

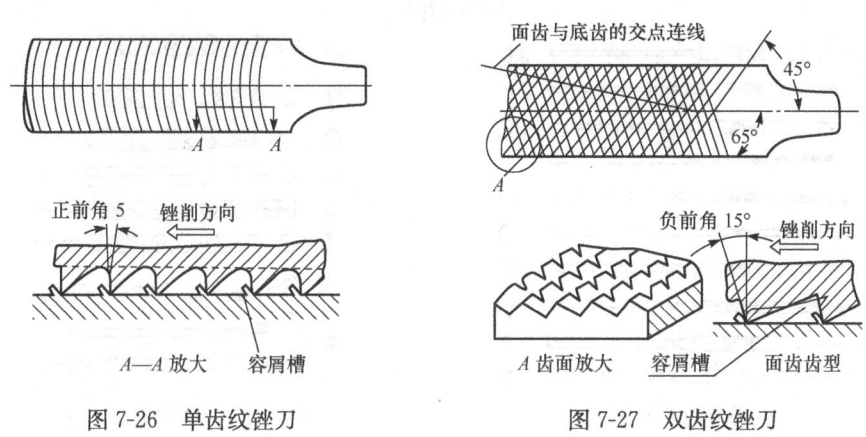

图 7-26 单齿纹锉刀　　　　图 7-27 双齿纹锉刀

锉刀的种类和规格较多,如图 7-28 所示,根据锉刀的用途,一般将锉刀分为三类,即普通锉、整形锉和特种锉;按锉刀断面形状可分为扁锉、方锉、三角锉、圆锉、半圆锉;按齿的粗细可分为粗齿、中齿、细齿、双细齿、油光。锉刀选用时主要考虑三个因素:一是根据工件加工部位的几何形状选择锉刀断面形状;二是根据加工面积和加工余量选用锉刀的长度尺寸,一般加工面积较大、余量较多工件,选用较长的锉刀;三是根据工件的加工精度、加工余量、表面粗糙度的要求和材料的软硬选定锉齿的粗细。

2. 锉削要领

锉削时,一般将工件夹持在台虎钳上,夹持时,一般将工件夹持在钳口中间部位,工件伸出钳口部分不宜过高或过低,伸出过高工件易振动,过低易伤手,夹持精加工表面时,必须使用钳口垫铁(铁板、紫铜板或铝板制成),以防夹伤工件表面,工件夹持应牢固,但不能使其变形。常见的工件夹持方法如图 7-29 所示。

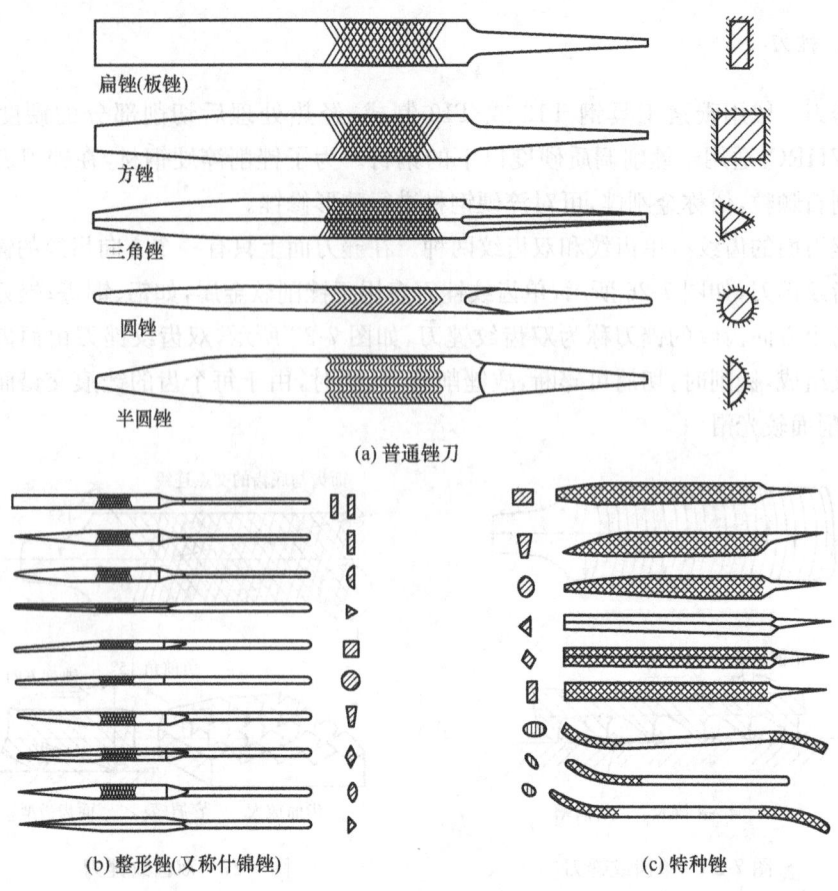

图 7-28 常用锉刀

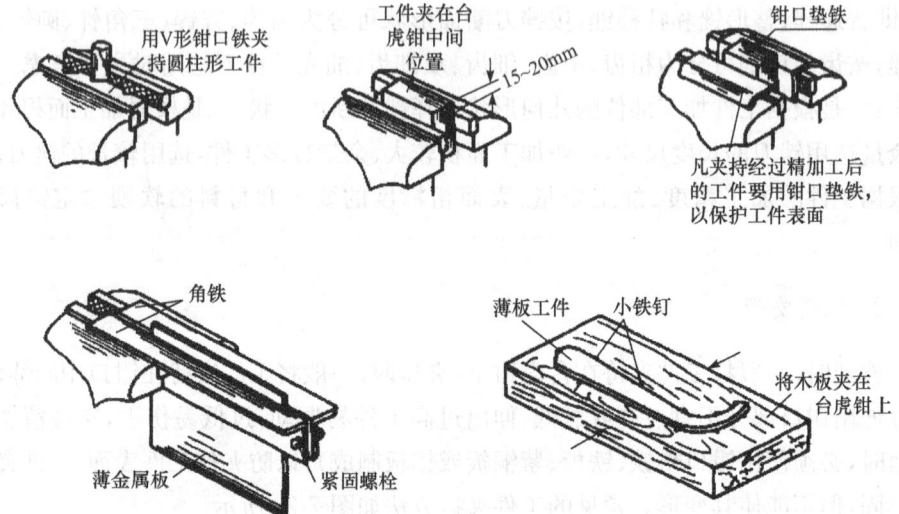

图 7-29 常见的工件夹持方法

锉削时，一般右手握住锉刀柄，左手握住(或压住)锉刀。锉刀的握法如图 7-30(a) 所示；在台虎钳上锉削时，操作者面对台虎钳，站立在台虎钳中心线的左侧，两脚的站立位置如图 7-30(b) 所示。站立时两肩自然持平，目视锉削面。右小臂同锉刀呈一直线，并与锉削面平行；左臂弯曲，左小臂与锉削面基本保持平行，锉削站立姿势如图 7-30(c) 所示。

锉削时一般包括推锉和回锉两个连续动作，推锉时实现金属切削工作，回锉时不切削，应做到慢推锉快回锉。锉削动作要领是以身体重心带动锉刀，如图 7-30(d) 所示：两脚站稳，身体稍向前倾，重心放在左脚上，身体靠左膝屈伸作前后往复运动，两臂协调配合。动作如下：操作者面对台虎钳站立，将锉刀放在工件面上①；按站立位置的要求做好预备姿势②；重心快速前移，同时手臂缓慢前伸进行推锉③-④-⑤；当推锉行程快结束时，身体重心快速后移，手臂继续前伸，完成最后推锉行程后，手臂顺势收回完成回锉动作。

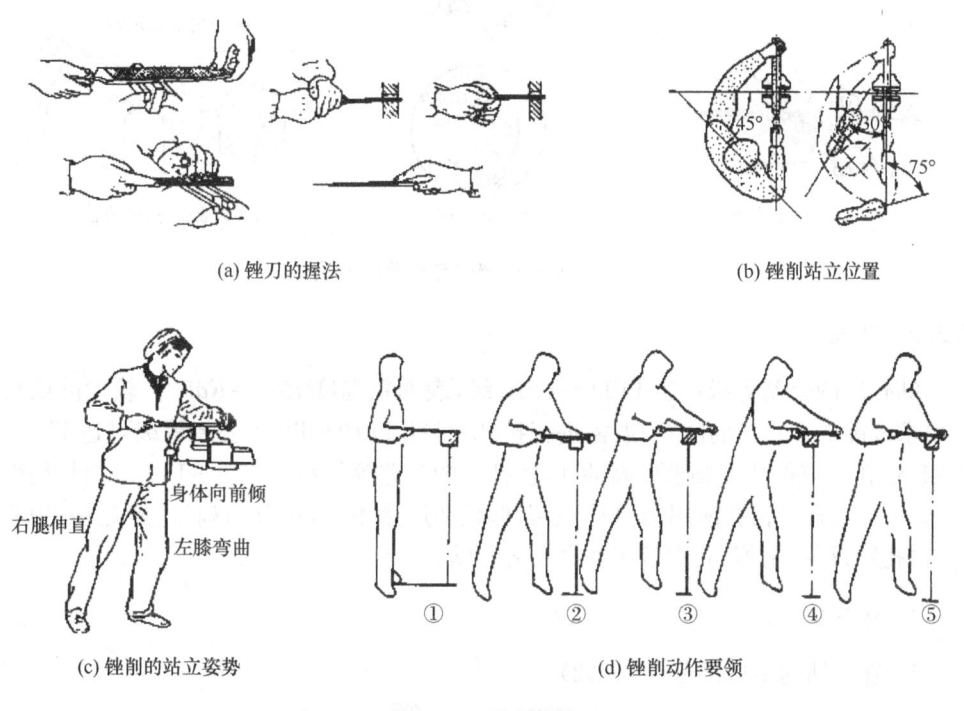

图 7-30 锉削操作

在锉削平面时，要锉出平整的平面，必须在推锉过程中保证锉刀平稳而不上下摆动，始终保持平直运动。锉削过程中两手的用力应随锉刀位置的改变进行相应的调整：随锉刀的推进，后手压力逐渐增加，前手压力逐渐减小；回锉时，两手不加压力，以减少锉齿的磨损。一般锉削速度过快会降低锉刀使用寿命，过慢则效率不高，锉削频率一般控制在 40 次/min 左右较为适宜。

锉削时，可根据加工表面的不同，灵活选用不同的锉削方法，图 7-31 所示为不同表面的锉削与检验方法。

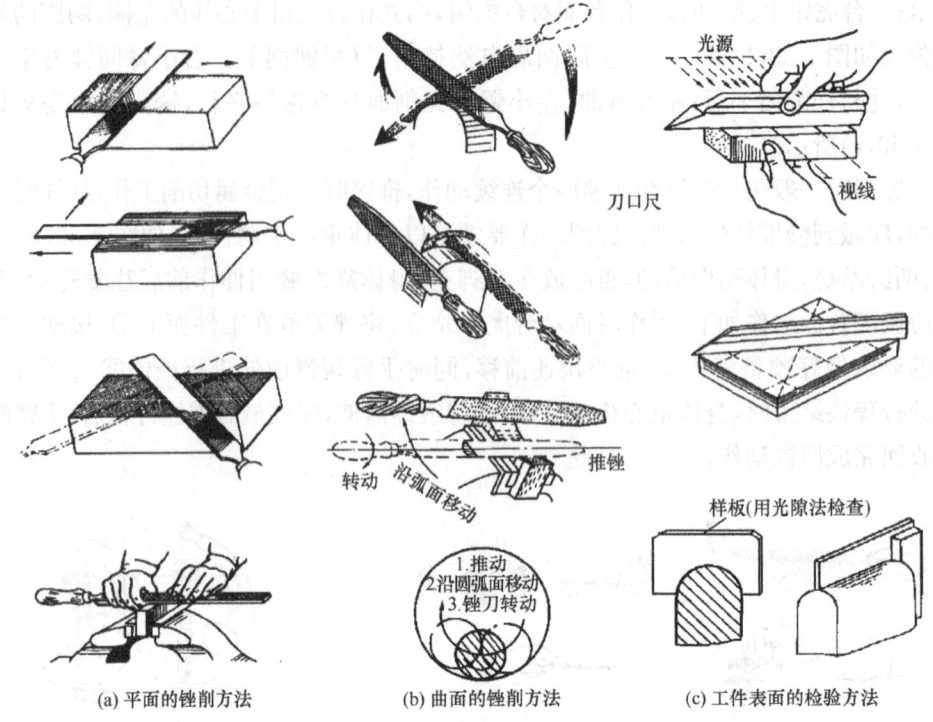

(a) 平面的锉削方法　　(b) 曲面的锉削方法　　(c) 工件表面的检验方法

图 7-31　常见的锉削与检验的方法

7.3.3　钻孔

钻孔后的公差等级可达 IT11～IT10 级,表面粗糙度 $Ra5$～$Ra80$。较大的或精度要求较高的孔;在钻孔后一般需进行扩孔,扩孔 IT10～IT13 公差等级可达 IT9～IT11;铰孔可获得精度要求更高的孔,铰孔后的公差等级可达 IT6～IT9 表面粗糙度 $Ra0.08$～$Ra10$。钻孔所用的刀具,根据形状和用途不同,可分为扁钻、麻花钻、中心钻、锪孔钻、深孔钻等,其中常用的也为麻花钻。

1. 麻花钻

1) 麻花钻的组成部分(图 7-32)

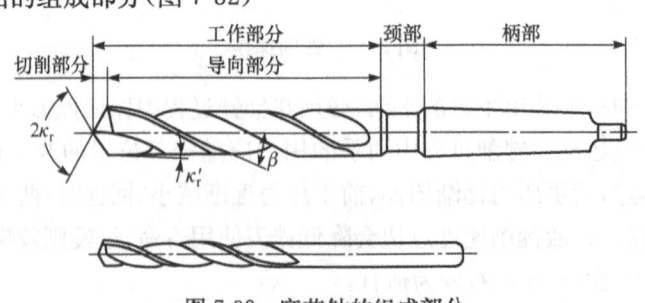

图 7-32　麻花钻的组成部分

(1) 柄部：钻头的尾部，起夹持与定心作用。麻花钻的柄部有直柄和锥柄两种，直柄钻头的直径一般为 0.3~13mm，锥柄钻头直径一般在 6mm 以上。

(2) 工作部分：由螺旋槽与棱边组成，起切削、导向作用和排屑等作用。棱边还起修光孔壁作用。

2) 麻花钻的切削部分几何要素

麻花钻的切削部分如同正反两把车刀，它的几何角度的概念与车刀相似。切削部分的各部分名称如图 7-33 所示。

(1) 锋角 $2\kappa_r$（又称顶角）：钻头两主切削刃之间的夹角，一般标准麻花钻的锋角为 $118°\pm 2°$。锋角可取在 $100°\sim 140°$，锋角大，主切削刃短，定心差，钻出的孔容易扩大；锋角小，主切削刃长，前角大，钻孔时省力些，但钻头主切削刃易磨损。一般工件材料软时取小值，反之取大值。

(2) 前角 γ_o：麻花的前角是指螺旋面与基面的夹角。在同一锋角下，主切削刃上各点的前角也是变化的，自中心到边缘逐渐增大，其变化范围为 $-30°\sim +30°$。

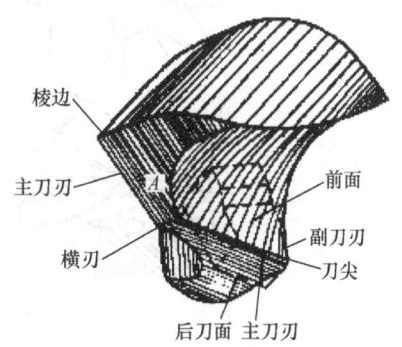

图 7-33 麻花钻切削部分

(3) 后角 α_o：麻花的后角是指后刀面与切削平面之间的夹角。主切削刃上各点的后角也是变化的，自中心到边缘逐渐增大。材料越硬，后角应越小。

(4) 横刃斜角 ψ：横刃与主切削刃的夹角，它大小由后角决定，当后角大时，横刃斜角就小，横刃变长。一般标准麻花钻的横刃斜角为 $55°$。横刃斜角的大小对钻削有较大影响：横刃斜角越大，横刃越长，钻削时的轴向抗力越大，越不易下钻。

(5) 棱边和倒锥：棱边是指钻头的导向部的刃带，两棱边为了减少钻头钻削时与孔壁的摩擦，外径常制有倒锥，即外径从切削部分向尾部逐渐减小。整个工作部分有倒锥，钻头头部大，靠近尾部小。钻头心部有正锥，越靠近尾部越大。标准麻花钻的锥度是每 100mm 长度减小 0.03~0.12mm。

3) 麻花钻的刃磨

钻孔时，孔的质量与钻削效率取决于麻花钻的刃磨质量。麻花钻的刃磨，只需刃磨两个后刀面，但要同时保证后角、锋角、横刃倾角、两主切削刃的对称度，刃磨质量直接关系到钻孔质量，所以钻头的刃磨比较困难。麻花钻的刃磨方法如图 7-34 所示。

(1) 钻头的刃磨要求：①锋角为 $118°$，横刃倾角为 $55°$；②钻头的两条主切削刃关于钻头轴线要对称。若不对称会导致钻出的孔扩大和歪斜，并且钻头易磨损。

(2) 磨花钻刃磨的注意点：①刃磨前应先检查砂轮，如果砂轮表面不平整或跳动较大，必须对砂轮进行修整；②钻头的切削刃摆平，在砂轮上，磨削点高于砂轮水平面

5～10mm；③钻头轴线与砂轮圆柱面素线的夹角为锋角的一半；④刃磨时，钻头柄部不能高于头部，以防磨出负后角，造成钻头钻不进工件；⑤刃磨时，一手握住前端的一个部位作支承，另一手把钻柄向下摆动并绕轴线作微量转动；⑥刃磨时，应经常浸水冷却，以防钻头被退火，缩短钻头的使用寿命。

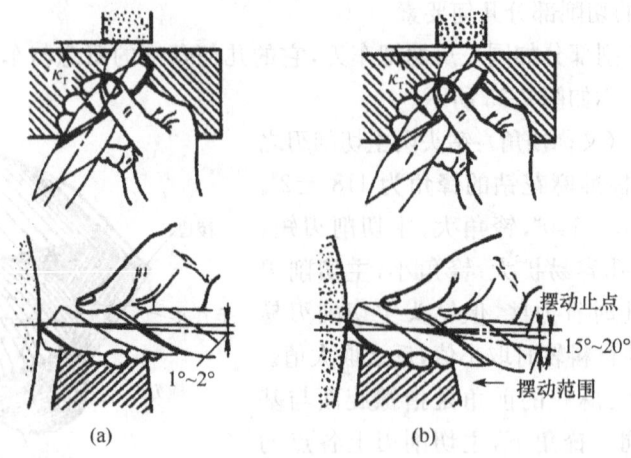

图 7-34　麻花钻的刃磨方法

生产中，常根据使用情况对磨花钻进行修磨，如为更好地进行薄板钻削，可将钻头磨成如图 7-35 所示形状。

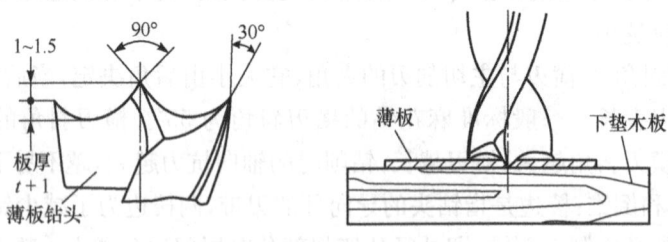

图 7-35　薄板钻削

2. 台钻

台式钻床简称台钻，是安放在台案上的小型钻床。一般钻孔直径不大于 12mm，其结构如图 7-36 所示。

在台钻上部，用一根 V 形带将动力由电机传到主轴上，电机轴与台钻主轴上分别装有塔式三角带轮，当 V 形带移至不同位置时，可调节台钻主轴转速。钻孔时由于孔内形成封闭环境，导致散热困难，所以一般选择较低的转速。转头转速大小，还应根据钻头的大小及工件材料的硬度选择，钻头越大、工件材料越硬，转速应选得越低。钻直径小于 4mm 的孔时，应选用较高的转速。用高速钢钻头钻钢料时，切削速度 v 一般为 25m/min，钻脆硬材料（如铸铁）时应稍低些。

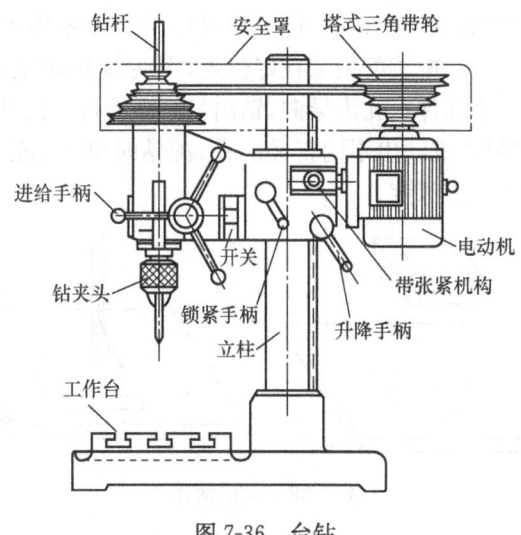

图 7-36 台钻

钻头安装在钻夹头或用钻套安装在钻床主轴锥孔内。直柄钻头直接用钻夹头夹持，锥柄钻头用钻套来套装，其结构和使用方法如图 7-37 所示。

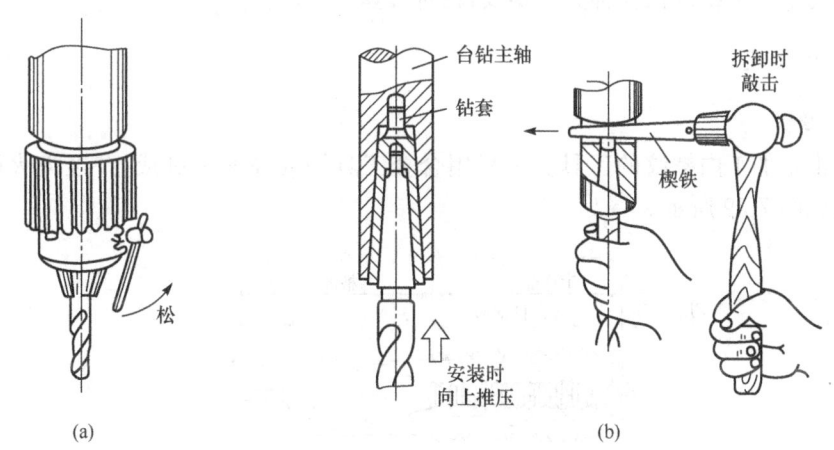

图 7-37 钻头的装夹

较大的工件可直接放在工作台上钻孔，对于较小的工件，应用平口虎钳等夹具夹牢后放在工作台上钻孔，不可直接手拿，以防止工件甩出伤手。

3. 钻孔方法

钻孔的方法主要有划线钻孔、配钻钻孔两种。

划线钻孔是指按图纸在工件表面划线，划出孔所在位置的十字中心线，打上中心样冲眼，试钻检查并修正后，再将孔钻出的方法。

当两个或多个零件对应孔之间需对齐时，常用配钻钻孔，配钻是单件生产中常用的钻孔方法。如图 7-38 所示，为了保证装配关系，两个工件之间孔的位置需相对应，采用配钻的方法可简化加工。配钻时,可先将其中的一个零件用划线钻孔的方法完成孔的加工,再将两个工件按装配关系找好位置,用夹具夹或用胶黏等方法将两零件固定在一起,以其中一个零件上孔为导向,钻出另一个零件上的孔。为了防止钻孔时两个零件之间的固定脱开或钻出不同直径的孔,配钻时可先用钻头在各个孔处钻一浅坑,再将其一一钻到合适深度。

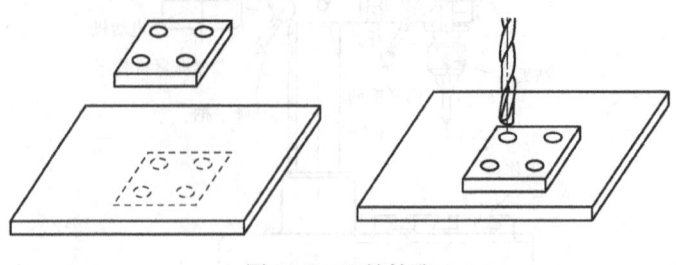

图 7-38 配钻钻孔

7.3.4 攻螺纹与套螺纹

用丝锥在孔的内表面切削出螺纹的操作称为攻螺纹,俗称攻丝。用板牙在圆杆外表面切削出螺纹的操作称为套螺纹,俗称套丝。

1. 攻螺纹

1) 丝锥

丝锥是加工内螺纹的工具。一般用合金工具钢或高速钢制成,并经淬火硬化。其构造如图 7-39 所示。

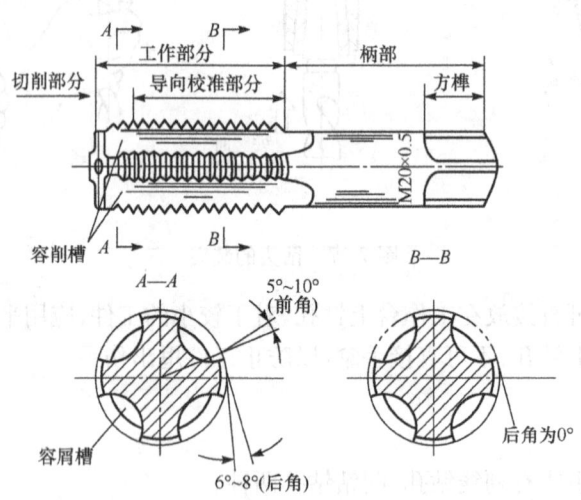

图 7-39 丝锥的构造

丝锥各部分的作用如下。

(1) 切削部分。丝锥的切削部分呈圆锥形,有锋利的切削刃,起主要切削作用。

(2) 导向校准部分。该部分具有完整的牙型,其作用是修光和校准已切出的螺纹,并引导丝锥沿轴向运动。

(3) 容屑槽。容屑槽具有容纳、排除切屑和形成刀刃的作用。

(4) 柄部。柄部有方榫,与丝锥扳手连接,用以传递力矩。

2) 螺纹底孔

在攻丝前,要在工件上钻出螺纹底孔,常见的螺纹底孔直径(以 45 钢为例)见表 7-1。

表 7-1 常见的螺纹底孔

螺纹	M3	M4	M5	M6	M8	M10	M12	M14	M16
底孔直径	2.5	3.2	4.2	5.3	6.7	8.5	10	12	14

螺纹底孔还可按经验法计算:$D_{钻}=D-P$,即钻头直径等于螺纹公称直径 D 减去螺纹螺距 P。图 7-19 及经验计算值均是以 45 钢正火为例的,实际加工中,可根据材料的不同作微量调整:对于硬、韧的材料,可在原来的基础上适当增大 0.1~0.3mm,直径小则增大小些,反之亦然;对于脆性材料,螺纹底孔可在原来的基础上适当减小 0.1~0.3mm。

3) 攻螺纹

螺纹底孔钻好后,对孔进行倒角,倒好角后方可攻螺纹。攻螺纹一般有起扣、检测、攻丝三个阶段,如图 7-40 所示。起扣时,用右手握住扳手中部并下压,同时左手缓慢转动扳手,如图 7-40(a)所示;当头锥攻入 1~2 圈后,应从前后、左右两个方向目测,或用小角尺检查丝锥与工件的垂直度,如图 7-40(b)所示。

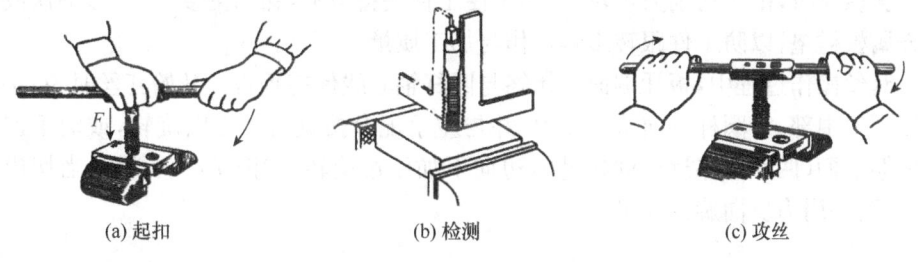

(a) 起扣　　　　(b) 检测　　　　(c) 攻丝

图 7-40 攻螺纹

为了更方便起扣的垂直度,可利用标准螺母或专用工具导向,如图 7-41 所示。

起扣后,经检测丝锥与工件垂直后,两手不再施加向下压力,用平衡均匀的旋转力扳动铰手见图 7-40(c)。每攻入 1/2~1 圈后,应倒转 1/4~1/2 圈,以切断切屑。转动时,双手用力一定要平衡,遇到费力难攻时,要经常倒转,不可将丝锥

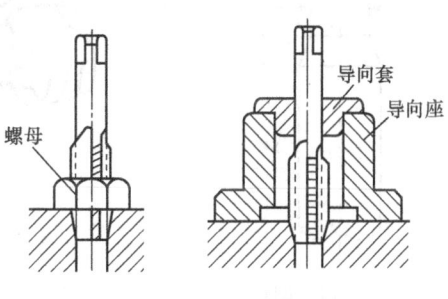

图 7-41 攻丝导向方法

强行转动,以防丝锥断裂。

攻螺纹时,一般需用油润滑,在钢件上攻螺纹时用柴油较适宜;在铝合金或紫铜件上攻螺纹时,要求冷却效果更好,用煤油润滑为宜;在铸铁件上攻螺纹时可不使用冷却油。

2. 套螺纹

套螺纹是指用板牙在圆杆外表面套螺纹的加工方法。板牙一般用合金工具钢或高速钢制成,并经淬火硬化。板牙和板牙扳手结构如图 7-42 所示。

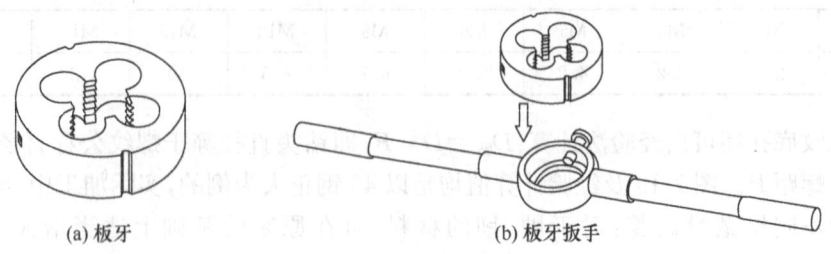

图 7-42 套螺纹工具

套螺纹时,圆杆直径在理论上应等于螺纹公称直径,但在套螺纹过程中,由于材料受到挤压产生变形,使牙顶增高,易损坏板牙。因此,圆杆直径应小于套螺纹公称直径,一般取 $d_{杆}=d-0.13p$,即圆杆直径等于螺纹公称直径减去 0.13 倍的螺距,如套 M10 的螺纹,圆杆尺寸取 $\phi 9.6 \sim \phi 9.8$ 即可。为了使板牙顺利套入工件和正确导向,套螺纹前应对圆杆端部进行倒角。其倒角要求如图 7-43 所示。

套螺纹时,由于切削力矩较大,为了使工件夹持可靠,钳口处要用 V 形垫铁或厚软金属板衬垫,以防工件跟转影响操作与加工质量。

套丝操作过程中,板牙端面应始终与圆杆轴心线保持垂直。开始套丝时,右手握住板牙架中部,沿圆杆轴向施加压力,并与左手配合按顺时针方向旋转,或两手握住板牙架手柄(两手应靠近中间握持),边向下加压边旋转,如图 7-44 所示。当切出螺纹后,两手用力反向旋出即可。

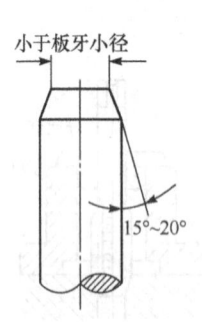

图 7-43 圆杆倒角要求

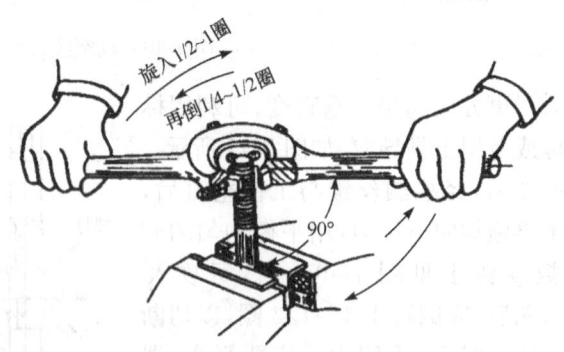

图 7-44 套螺纹

7.4 常用热处理方法

钢的热处理是节省钢材、提高材料使用性能和产品质量、延长工件使用寿命的重要工艺方法,因此在机械制造和工程上应用广泛。几乎重要的机械零件、构件、工具,如轴、齿轮、模具、量具、锉刀、锯条等,都需进行热处理。

根据加热与冷却方法的不同,热处理可按图 7-45 分类。

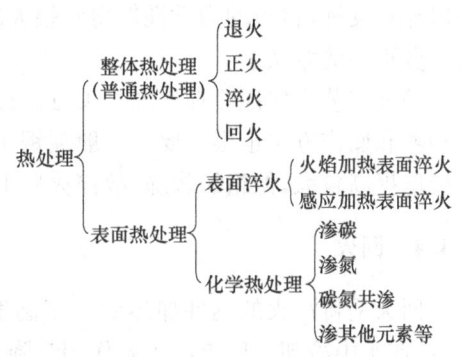

图 7-45 热处理分类

7.4.1 退火

退火是将钢件加热到一定温度,经保温后缓慢冷却(随炉冷却)到室温的热处理工艺,如图 7-46 所示。退火能使工件降低硬度,适合切削加工;提高塑性,适应冷锻压加工;细化晶粒,均匀材料组织;消除残余应力,改善钢件质量。

根据退火目的的不同,常用的退火有完全退火、球化退火、去应力退火等。铸件、锻件和焊件往往存在较多的残余应力以及材料上的不良组织结构,复杂工件淬火容易开裂,高硬度的工具钢难以切削加工等问题,都可以通过退火处理解决。有的退火则作为机械加工工艺过程的中间工序,有的则作为最终工序。

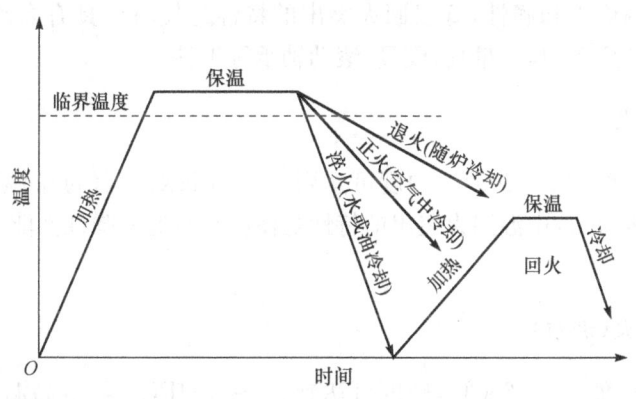

图 7-46 钢的热处理

7.4.2 正火

正火是将钢件加热到一定温度,经保温后出炉在空气中冷却的热处理工艺,如图 7-46 所示。正火与退火同属于软化、细化的热处理目的。但正火是在空气中冷却,组织的细化和硬化明显,且生产周期短、工效高,所以正火往往取代低碳钢的退火,应用较广。正火还用于消除某些组织结构缺陷,减少淬火开裂,为淬火做好材料细化组织的准备。

7.4.3 淬火

淬火是将钢件加热到一定温度,经保温后快速冷却的热处理工艺。一般是采用水冷或油冷,如图 7-46 所示。淬火的主要目的是较大地提高钢件的硬度,改善其耐磨性,是材料强化和硬化的重要处理工艺,应用广泛。经过淬火处理后,材料的潜力得以充分发挥,材料的力学性能得到很大的提高,因此对提高产品质量和使用寿命有着十分重要的意义。

淬火工艺中保证冷却速度是关键。过慢则淬不硬,过快又容易开裂。正确选择冷却液和操作方法也很重要。一般碳钢用水做冷却剂、合金钢用油做冷却剂。淬火后硬度提高较大,但组织较脆,故淬火后工件不能直接使用,应立即进行回火处理。

7.4.4 回火

回火是将淬火的钢件加热到一定温度,经保温后冷却的热处理工艺,可以在空气、油或水中冷却。回火的主要作用是降低淬火组织脆性和内应力,调整和稳定淬火后的硬度,使钢件保持较高的综合力学性能或突出某些特性。钢回火后的性能主要取决于回火的加热温度,而不是冷却速度。据此回火分为以下几类。

1. 低温回火

回火加热温度 150~250℃,硬度可达到大于或等于 55HRC。经过低温回火能降低淬火钢的内应力和脆性,低温回火突出的特性是使材料具有高硬度、高耐磨性能。低温回火常用于刀具、量具、模具、滚动轴承等工件。

2. 中温回火

回火加热温度 350~500℃,硬度可达到 35~50HRC。经过中温回火能进一步降低淬火钢的内应力,中温回火突出的特性是使材料具有高弹性性能,广泛应用于各种弹簧类工件。

3. 高温回火(调质)

回火加热温度 500~650℃,硬度可达到 20~35HRC。经过高温回火能消除淬火钢的大部分内应力,调质突出的特性是使材料具有较高的强度和韧性,即具有高综合力学性能。对于重要的机械零件和构件,如轴、齿轮、连杆等均可采用调质处理。

7.4.5 表面热处理

表面热处理是材料强化表层的热处理方法,以适应许多机械零件的表面硬、心部韧的要求,如齿轮、凸轮、机床导轨等。常用的表面热处理方法分为表面淬火和化学热处理两种。

1. 表面淬火

表面淬火是快速加热使钢件表层达到淬火温度,而不等热量传至中心,立即快速冷却,使表层淬硬。根据加热方法的不同,常用的表面淬火方法分为高频感应加热或火加热表面淬火。

(1) 高频感应加热:用频率为 200～300kHz 的高频电流,对工件表面进行感应加热。生产效率很高,热处理的质量好,适用于形状简单工件的大批量生产。

(2) 火焰加热表面淬火:用氧-乙炔火焰对工件表面进行加热,此方法简便,但热处理质量差,只适用于单件或小批量生产及需要局部表面淬火的零件。

2. 化学热处理

化学热处理是将工件放置于需渗入的活性介质中,经加热和保温,使介质中活性元素渗入工件表面,从而改变表面的成分和组织,以提高需要的力学性能的热处理方法。化学热处理有渗碳、渗氮(氮化)、碳氮共渗、渗其他元素(如渗铬、渗硼、渗硅)等。渗碳适用于低碳钢和低碳合金钢,如 20、20Cr、20CrMnTi 钢。渗碳后表面强硬性高,但心部仍保留较好的韧性,适用于有冲击载荷作用下的受摩擦的工件。渗氮不适用于碳钢,适用于如 38CrMoAl 等能形成氮化物的合金钢。碳氮共渗可综合渗碳、渗氮两者优点。

7.4.6 表面喷丸强化

喷丸表面强化的主要原理是利用大量高速的微细弹丸强烈冲击金属零件表面,使之产生塑性形变的表面强化层,形变硬化层深度可达 0.5～1.5mm,并留有残余压应力,从而使表面性能得到改善和提高。尤其能提高疲劳强度和抗应力腐蚀性能。

7.5 装配与调试

按规定的技术要求,将若干零件组合成部件或将若干零件和部件组合成机具或设备的过程,称为装配。机电产品一般是由许多零部件组成的,装配工作是机电产品制造或检修过程中的最后一道工序。装配工作的好坏对整个产品的质量起着决定性的作用。零部件连接不正确、配合不符合技术要求,零部件之间、机构之间的相互位置不正确,有的影响机器或设备的工作性能,有的甚至使机器或设备无法工作。

7.5.1 装配的工艺过程

1. 装配前的准备工作

(1) 研究和熟悉产品装配图及其技术要求,了解产品的结构、零件的作用以及相互的连接关系,确定装配的方法和顺序。

(2) 准备所需要的工具和量具。

(3) 对装配零件进行清理和清洗,去掉零件上的毛刺、锈蚀、切屑、油污及其他脏物。

(4) 对有些零部件还需要进行刮削、修配、平衡以及密封零件的水压试验等工作。

2. 部件装配和总装配

装配工作比较复杂的产品,其装配工作常分为部件装配、总装配和调整工作。

(1) 部件装配:一般来说,凡是将两个或两个以上的零件组合在一起,或将零件与几个组合件结合在一起,成为一个装配单元的装配工作,都可以称为部件装配。

(2) 总装配:将零件和部件组合成一台完整产品的过程叫总装配。

(3) 调整工作:调整工作就是调节零件或机构的相互位置、配合间隙、结合松紧等,目的是使机构或机器工作协调。如轴承间隙、镶条位置、齿轮轴向位置等的调整工作。

3. 检验和试车工作

(1) 检验工作:工件装配过程中,要经常根据设计要求检验精度,包括工作精度检验、几何精度检验等。

(2) 试车工作:试车包括机构或机具运转的灵活性、工作温升、密封性、转速和功率等方面的检查。

7.5.2 装配时零件的清理和清洗

在装配过程中,零件的清理和清洗工作对提高装配质量、延长产品使用寿命有着重要意义。特别对于轴承、精密配合件、液压元件、密封件以及有特殊要求的零件等更为重要。如装配主轴部件时,清洁工作不严格,将会造成轴承温升过高,并过早丧失其精度,对于相对滑动的导轨摩擦副,也会因摩擦面之间有砂粒和切屑等而加速磨损,甚至会出现导轨副"咬合"等严重事故。为此,在装配过程中必须认真做好零件的清理和清洗工作。

1. 零件的清理与检验

在装配前,零件上残存的型砂、铁锈、切屑、研磨剂、油漆灰砂等都必须清除干净。有些零件清理后还需涂漆。对于孔、槽、沟及其他容易存留污物及灰砂的地方,应仔细清除。在装配过程中,必须清除在装配时进行孔加工(如钻孔、铰孔、攻螺纹)后产生的金属切屑和毛刺。清除型砂、飞边和铁渣可用錾子、钢丝刷等进行。对于重要的配合表面,在清理时,应注意保持其精度。

2. 零件的清洗

在单件和小批量生产中,零件的清洗是在洗涤槽内用棉纱或泡沫塑料进行的;而在大批量生产中,则用洗涤液清洗零件。常用清洗液有汽油、煤油、柴油和化学清洗液等。

(1) 工业汽油:主要用于清洗油脂、污垢和一般黏附的机械杂质,适用于清洗较精密的零部件。航空汽油用于清洗质量要求高的零件。

(2) 煤油、柴油:煤油和柴油的用途与汽油相似,但清洗能力不如汽油,清洗后干燥较慢,但比汽油安全。

(3) 化学清洗液:又称乳化剂清洗液,对油脂、水溶性污垢具有良好的清洗能力。如 105 清洗剂、6501 清洗剂可用于喷洗钢件上以机油为主的油垢和机械杂质。这类清洗液配制简单,稳定耐用,无毒,不易燃,使用安全,以水代油以节约能源。

3. 零件清洗事项

(1) 对于一般橡胶制品,严禁用汽油清洗,以防发胀变形,而应使用酒精或清洗液进行清洗。

(2) 清洗零件时,应根据零件的结构与精度,选用棉纱或泡沫塑料擦拭。例如,滚动轴承不能使用棉纱清洗,防止棉纱头进入轴承内,影响轴承装配质量。

(3) 清洗后的零件,应等零件上的油滴干后再进行装配。同时,清洗后的零件不应放置时间过长,防止脏物和灰尘再次污染零件。

7.5.3 常用装配方法

1. 螺纹连接的装配

1) 螺纹连接的装卸工具

螺纹连接装卸时用的手工工具主要有扳手和螺丝刀(图 7-47)。

(1) 活扳手(活络扳手):在螺母对边尺寸不规范或数量不多时,使用活扳手较为方便。为了防止在装拆螺母或螺钉时损坏扳手,一般不宜将扳手开到最大开度,而只用其最大开度的 3/4(图 7-47(a))。

(2) 固定开口扳手(呆扳手):呆扳手(图 7-47(b))有单头、双头及单只、成套之分。双头呆扳手的开口尺寸有 5.5×7、8×10、9×11、12×14、14×17、17×19、19×22、22×24、24×27、30×32 等 12 种。

(3) 固定整体扳手:常用的固定整体扳手有梅花扳手、四方扳手和六方扳手等(图 7-47(c))。整体式扳手的工作部位是封闭的,其受力情况优于开口扳手。由于梅花扳手的内孔有 12 个角只需转过 30°就可调换方向再扳,故能在扳动范围狭窄的地方工作;又因梅花扳手头部下弯,所以装拆位于稍凹处的六角螺母或螺钉非常方便。

(4) 套筒扳手:套筒扳手由套筒、手柄、连接杆和万向接头等组成(图 7-47(d))。它除具有梅花扳手的优点,还特别适用于各种特殊位置(如位置狭小、凹下、转角等处)装拆螺母或螺钉。

(5) 勾头扳手:勾头扳手的形式较多(图 7-47(e)),主要用来装卸圆螺母。

(6) 内六角扳手:内六角扳手(图 7-47(f))用于装拆内六角螺钉,不同规格尺寸

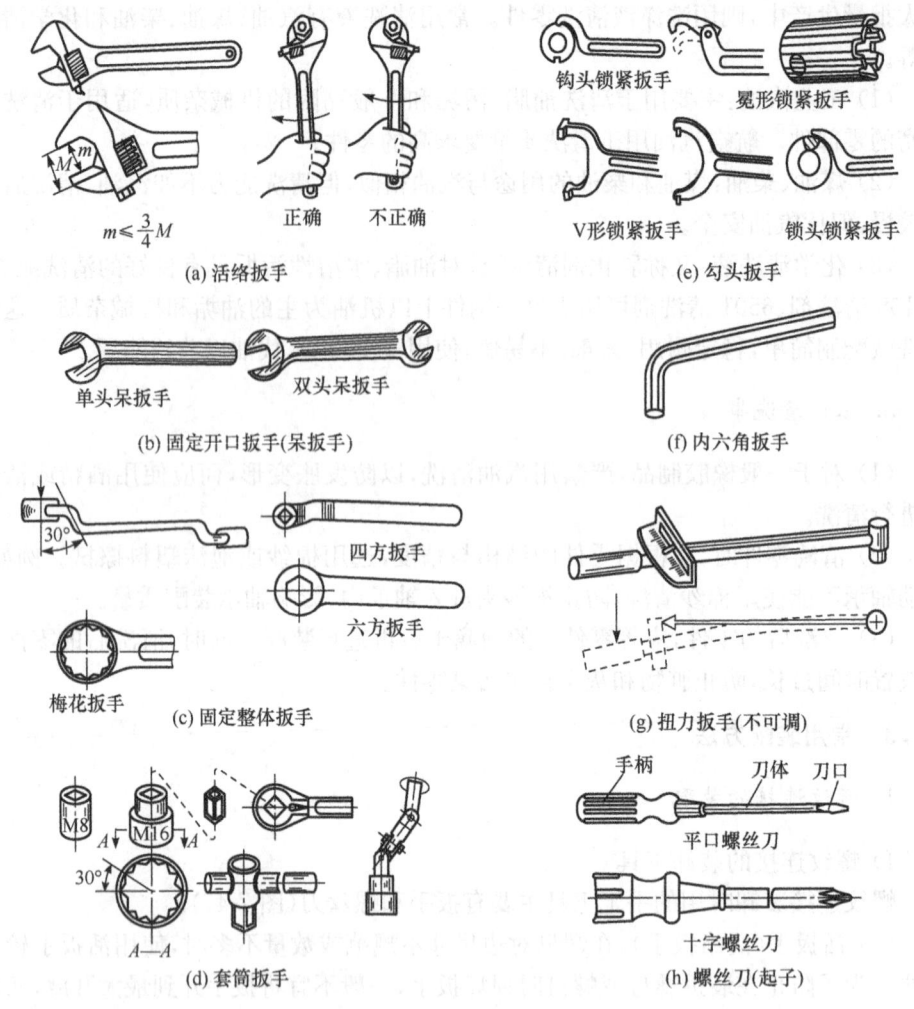

图 7-47 常用扳手和螺丝刀

内六角扳手设置,可适用于 M3～M24 的内六角螺钉。

(7) 扭力扳手:扭力扳手也称为测力扳手(图 7-47(g))。它是用来控制施加于螺纹连接的拧紧力矩,并使之符合规定值的一种旋紧工具。

(8) 螺丝刀(起子):螺丝刀(图 7-47(h))是用来旋紧或松开头部带沟槽的小螺钉的工具。其工作部分是用碳素工具钢制成的,并经淬火硬化。标准螺丝刀由手柄、刀体和刀口组成,刀口分一字形、十字形和梅花形等类型。其规格是以刀体部分的长度表示的,如 100mm(4″)、150mm(6″)、200mm(8″)、300mm(12″)及 400mm(16″)等。

2) 螺纹连接装配工艺

(1) 检查结合面,要求接触面平整无明显凸起,螺钉头部、螺母底面应与连接件接触良好,螺纹拧紧后,螺杆不允许产生弯曲变形。

(2) 保证有一定的拧紧力矩,对重要的螺纹连接还需用测力扳手来拧紧,并保证准确的扭转力;连接件在工作中有振动或冲击时,为了防止螺钉或螺母松动,必须有可靠的防松装置。

(3) 被连接件应均匀受压,互相紧密贴合,连接牢固。为了保证均匀受压,成组螺钉应按一定的顺序拧紧,生产中总结出了"越远越好"、"中间开花"的拧紧顺序原则。如图7-48所示,对于环形分布的螺钉,采用必须对称地进行,并且换位拧紧时的相对位置"越远越好",这样可防止工件结合面一边开缝;对于多排密集分布的螺钉,采用从中间到外边的拧紧顺序,逐渐向两边对称扩展,即"中间开花",以防止中间贴合不紧密。同时应注意的是,每个螺钉不是一次性拧紧的,而是先将每个螺钉按顺序都先拧"靠到",再依图中顺序次对每个螺钉加力,再进行第三遍……直到拧紧所有螺钉。

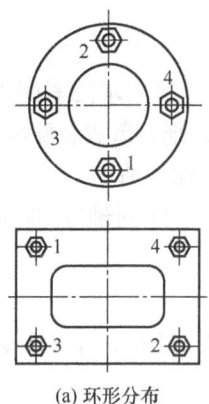

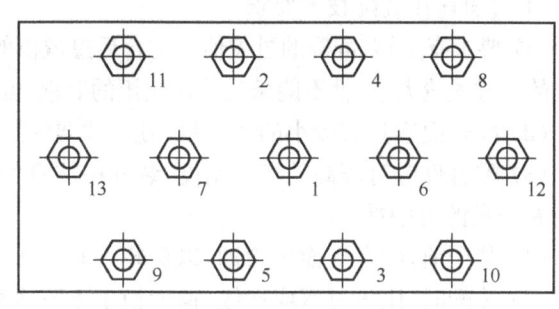

(a) 环形分布　　　　　　　　　　(b) 多排密集分布

图 7-48　螺钉拧紧顺序

2. 销连接的装配

销连接在机械中的主要作用是定位、连接或锁定零件,有时还可作为安全装置中的过载剪断元件,销是一种标准件,形状和尺寸已标准化。销的种类较多,其中用得最多的是圆柱销和圆锥销。

1) 圆柱销的装配

圆柱销一般依靠过盈固定在孔中,用以定位和连接。因为对销孔尺寸、形状、表面粗糙度要求较高,所以销孔在装配前需进行铰孔加工,使孔壁表面的表面粗糙度$Ra<1.6\mu m$,以保证连接质量。一般销孔不是在零件加工中打好的,而是装配中对已调好相对位置的多个零件进行配制的,一般要通过钻、扩、铰三个工序,如$\phi 10$的销孔,先用$\phi 6\sim\phi 8$的钻头钻孔,再用$\phi 9.8$钻头扩孔,最后用$\phi 10$铰刀铰孔。在装配时,应在销的表面涂机油,用铜棒轻轻打入。圆柱销不宜多次装拆,否则会降低定位精度和连接的紧固。

2) 圆锥销的装配

圆锥销装配时,被连接的两个零件上的销孔也应一起钻、铰。钻孔时按圆锥销小头直径选用钻头(圆锥销以小头直径和长度表示规格),用 1∶50 锥度的铰刀铰孔。铰孔时,用试装法控制孔径。以圆锥销自由地插入全长的 80%～85%为宜。孔铰好后,用手锤轻轻敲入。拆卸圆锥销时,可从小头向外敲出;机件上不通孔的情况下,可采有螺纹的圆锥销,可用螺母或拔销器拔出。

  3. 过盈连接的装配

  过盈连接是依靠包容件(孔)和被包容件(轴)配合后的过盈值达到紧固连接的。装配后,轴的直径被压缩,孔的直径被胀大。由于材料的弹性变形,在包容件和被包容件配合面间产生压力。工作时,依靠此压力产生摩擦力来传递扭矩、轴向力。但过盈连接配合表面的加工精度要求较高,装配较困难。过盈配合面多为圆柱面,也有圆锥面或其他形式。

  1) 过盈连接装配技术要求

  (1) 要求有足够、准确的过盈值。配合后过盈值的大小,是按连接要求的紧固程度确定的。过盈量太小,就不能满足传递扭矩的要求,但过盈量太大,则会造成装配困难。

  (2) 配合面应具有较小的表面粗糙度,并要特别注意配合表面的清洁。

  (3) 配合件应有较高的形位精度,装配中注意保持轴与孔中心线同轴度,保证装配后有较高的对中性。

  (4) 装配前,配合表面应涂油,以免装入时擦伤表面。

  (5) 装配时,压入过程应连续,速度稳定不宜太快,通常为 2～4mm/s,并准确控制压入行程。

  2) 圆柱面过盈连接装配

  装配圆柱面过盈连接是依靠轴、孔尺寸差来获得过盈。按配合后产生过盈量大小不同,而采用不同的装配方法。

  (1) 压入法。当过盈量及配合尺寸较小时,一般采用在常温下压入配合法装配。常用压入方法和设备如图 7-49 所示。

  (2) 热胀配合法。热胀配合法也称热套,它是利用金属材料热胀冷缩的物理特性,在轴孔有一定过盈条件下,将孔加热,使之胀大,然后将常温下的轴装入胀大的孔中,待孔冷却后,轴孔就形成过盈连接。热胀配合的加热方法,应根据过盈量及套件尺寸大小选择。过盈量较小的连接件可放在沸水槽(80～100℃)、蒸汽加热槽(120℃)和热油槽(90～320℃)中加热。过盈量较大的中、小型连接件可放在电阻炉或红外线辐射加热箱中加热。过盈量大的中型和大型连接件可用感应加热器或用氧-乙炔火焰加热。

  (3) 冷缩配合法。冷缩配合法是将轴进行低温冷却,使之缩小,然后与常温孔装配,得到过盈连接。如过盈量小的小型连接件和薄壁衬套等可采用干冰冷缩(可冷至-78℃),操作简单。对于过盈较大的连接件,如发动机连杆衬套等可采用液氮冷缩(可冷至-195℃)。

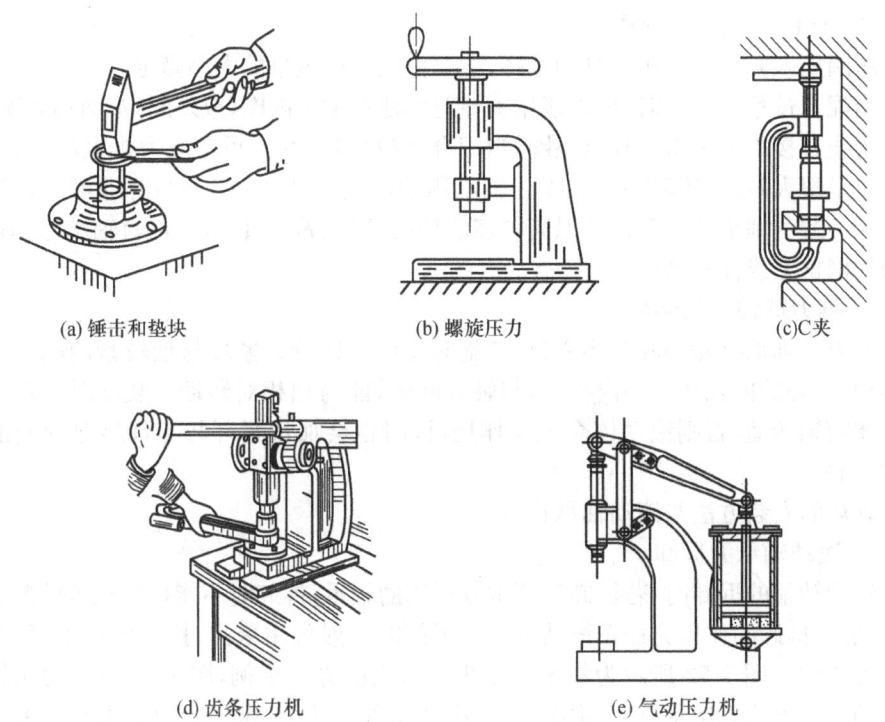

(a) 锤击和垫块　　(b) 螺旋压力　　(c) C夹

(d) 齿条压力机　　(e) 气动压力机

图 7-49　压入方法和设备示例

4. 滚动轴承的装配

1) 圆柱孔轴承的装配

(1) 座圈的安装顺序。轴承安装时,不能让轴承的滚动体受较大的冲击,否则会导致滚动体损伤而影响轴承的精度,因而安装时采用紧配合先装的原则,并使压装力作用在紧配合上。如内圈与轴颈配合较紧,外圈与壳体孔配合较松时,应先将轴承装在轴上。压装时,以铜或软钢做的套筒垫在轴承的内圈上,如图 7-50 所示。圆锥滚子轴承座圈的安装:由于外圈可以自由脱开,装配时内圈和滚动体一起装在轴上,外圈装在壳体孔内,然后再调整它们之间的游隙。

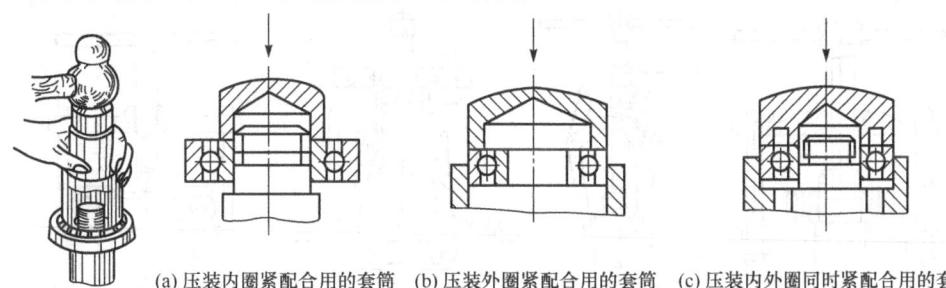

(a) 压装内圈紧配合用的套筒　(b) 压装外圈紧配合用的套筒　(c) 压装内外圈同时紧配合用的套筒

图 7-50　圆柱孔轴承压装用的套筒

(2) 座圈压入方法选择。

座圈压入方法及所用工具的选择,主要由配合过盈量的大小确定。

当配合过盈量较小时,可直接用铜棒对称地在轴承内圈(或外圈)端面均匀敲入。严格禁止直接用手锤敲打轴承座圈;当配合过盈量较大时,可用压力机械压入;当配合过盈量很大时,可用温差法装配。轴承用油加热到80％～100％时即可与常温轴装配。为避免轴承接触到比油温高得多的箱底,形成局部过热,加热时轴承应搁在油箱内的网格上或挂在油中。

2) 推力球轴承的装配

推力球轴承有松环和紧环之分,装配时要注意区分。紧环与轴较紧的配合并随轴转动,松环的内孔比紧环内孔大,与轴有间隙,能与轴相对转动。装配时一定要使紧环能随轴转动,否则滚动体会丧失作用,同时也会加快紧环与零件接触面间磨损(图7-51)。

紧环的安装方法与滚动轴承相似。

3) 滚动轴承的拆卸

滚动轴承的拆卸时,若拆卸后要重复利用的轴承,拆卸时不能损坏轴承的配合表面,不能将拆卸的作用力加在滚动体上。拆卸时一般可用敲击、拉力器拉出、压力机压出等方法。图7-52所示为将轴承敲出或压出的方法示例,图7-53所示为用拉力器将轴承拉出的方法示例,其中图7-53(d)所示的方法中,由于受力处不在紧配合的套圈上,轴承滚动体容易受损。

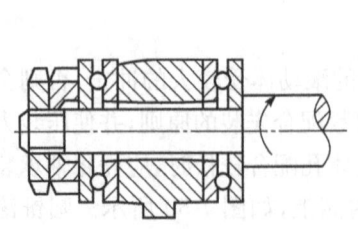

图7-51 松环和紧环的安装示例

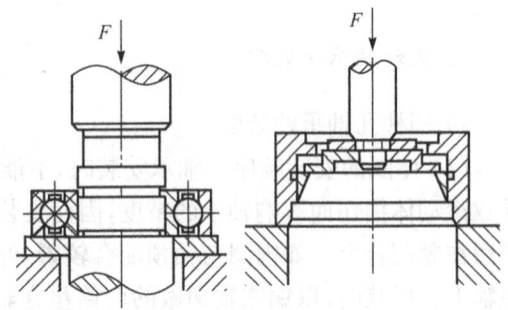

图7-52 将滚动轴承敲出或压出

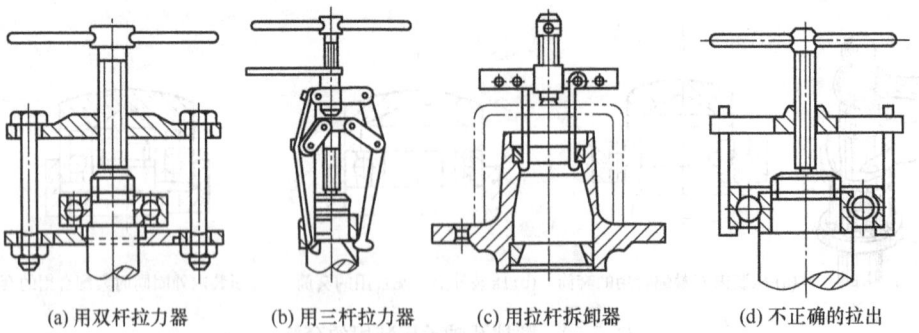

(a) 用双杆拉力器　　(b) 用三杆拉力器　　(c) 用拉杆拆卸器　　(d) 不正确的拉出

图7-53 用拉力器拉出滚动轴承

7.6 典型机构制作

机械设计竞赛作品制作时,一个零件往往有多种加工方法,制作时可根据具体情况合理选择加工方法,在达到设计要求的基础上,做到合理、经济、快速。如图 7-54 所示为叠加式平行四边形机构,这一机构能起放大位移的作用,它常被用于伸缩机构中,如高空采果机器人等。下面以叠加式平行四边形机构为例,介绍机构的制作与加工方法。

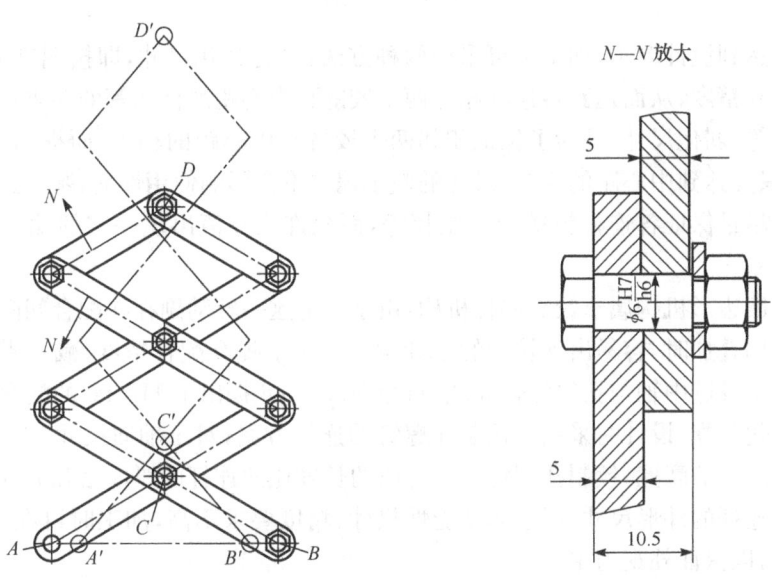

图 7-54 叠加式平行四边形机构

1. 机构分析

1) 机构的作用

平行四边形机构属于铰链四杆机构,根据曲柄存在条件,它属于双曲柄机构。构成四杆机构的四条边构成平行四边形,这种机构的特点之一是相对杆始终保持平行,且两连杆的角位移、角速度和角加速度也始终相等。

平行四边形机构的另一特点是多个平行四边形机构可叠加使用,如图 7-54 所示,对于叠加式平行四边形机构,当 A、B 点相向运动,C 点运动到 C' 时,D 点运动到 D',如图 7-54 所示的机构中,$DD'=5CC'$,可见叠加式平行四边形机构能起放大位移作用,同时叠加平行四边形机构具有较好的伸缩性。由于这一特点,叠加式平行四边形机构可常于升降平台、伸缩大门、玩具拳头等需要伸缩的装置中。

2) 尺寸要求分析

当叠加平行四边形机构作为升降平台等使用时,一般要求所构成的各个平行四边形为棱形,即各连杆相邻两个铰链之间的中心距严格相等,这样能保证图7-54中的平行四边形机构中 D 点的运动轨迹为直线,设计时,往往对铰链孔中心距提出严格要求,如图7-55所示。

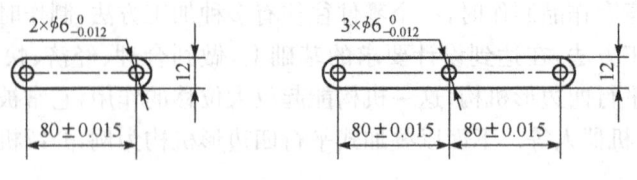

图7-55 连杆

为了达到设计要求,加工中可采用两种方法:一是强化尺寸,即按图纸的要求严格保证尺寸精度,从而达到各连杆相邻两个铰链孔中心距严格相等的要求;二是强化中心距相等,弱化尺寸,是为了保证相邻两个铰链孔中心距的相等,而提出了尺寸精度要求,只要达到中心距的相等,尺寸的微小偏差不会影响使用性能,基于这一原因,加工中可尽量保证各连杆铰链中心距相等,而允许尺寸值出现一定的偏差,弱化尺寸值。

平行四边形机构属于铰链四杆机构,由于铰链这一转动副存在配合间隙,特别是当多个机构叠加时,容易出现较大的累计偏差。为了提高配合精度,减小累计误差,应尽量减小铰链中轴与孔的配合间隙,对径向尺寸 $\phi 6$ 提出了 H7/h6 的配合要求;同时为了简化装配,设计时采用了铰制孔螺钉的连接方案;对于轴向尺寸,为了减小两连杆表面之间的摩擦,铰制孔螺钉的配合段的长度比两连杆的厚度之和大 0.5mm。

对于连杆的外形尺寸,属于非功能性尺寸,精度要求不高,加工时可在一定的尺寸范围内,以保证外观为主。

2. 加工方法

1) 连杆的加工

连杆铰链孔的中心距精度直接关系到叠加平行四边形机构的性能,连杆加工时,数控铣削、线切割加工、钳工等三种方法均能达到设计要求,其中用数控铣、线切割的加工能达到较高的尺寸精度,是通过保证尺寸精度来达到铰链间中心距相等的目的的;用钳工的方法则是直接保证中心距相等,而淡化尺寸精度的要求。对比两种加工方法,用数控铣或线切割来加工具有精度高的特点,但经济性与加工的快捷性却是钳工加工方法更好。

用钳工加工连杆主要是采用孔的配制法,具体加工方法如下。

(1) 加工外形:在板材上划线后,通过锯、锉或在铣床上铣削的方法完成外形加工。

(2) 选取其中的一根短连杆,用划线—冲样冲眼—钻孔的方法钻出 $\phi 5$ 孔,并保证尺寸 80±0.015。对于其他连杆,短连杆在其中一个孔位钻出 $\phi 5$ 孔,长连杆上在中间孔位钻出 $\phi 5$ 孔。

(3) 配钻：以钻好两个孔的短连杆为母板，配钻加工所有连杆上的孔，如图 7-56 所示。配钻时，两连杆已加工孔之间用铰制孔螺钉连接，配钻出 φ5 孔，如图 7-56(a)、(b)所示。对于长连杆，配钻好一个孔后，将短连杆旋转 180°，如图 7-56(c)所示，再配钻出长连杆的另一个孔，如图 7-56(d)所示。

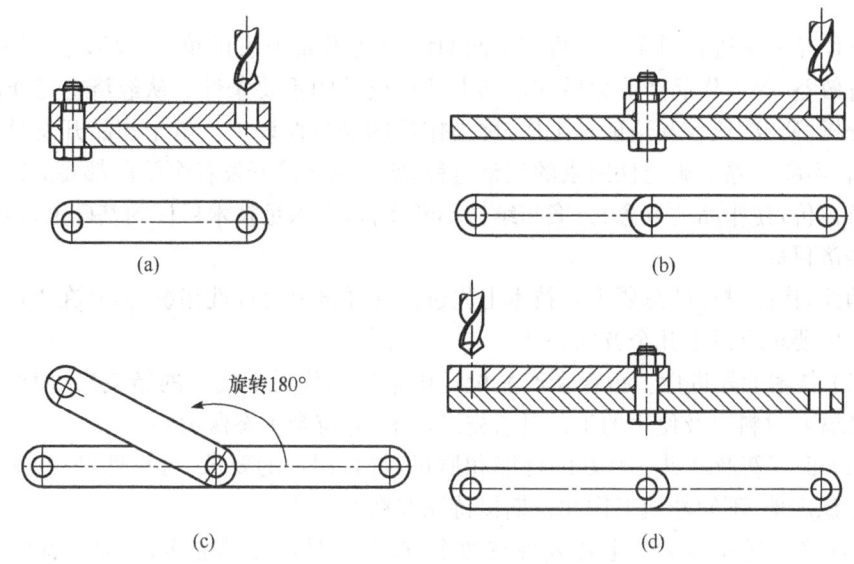

图 7-56　连杆孔的配钻

(4) 扩孔与铰孔：所有连杆上的铰链孔均配钻好以后，用 φ5.8 钻头将所有的孔扩孔，并将各孔上下两表面倒角，再用 φ6H6 铰刀铰孔至尺寸。

2) 铰制孔螺钉的加工

铰制孔螺钉一般采用外购件，但这一设计案例中，很难找到配合长度与设计要求相适合的外购件，因此需对外购件进行进一步加工。加工时，可根据图 7-54 所示的要求，先选购配合长度略长于 10.5 的 M6 铰制孔螺钉，在车床上车削至 10.5 尺寸，最后用板牙在车出的圆柱面上套出螺纹。

3. 装配与调试

装配时，先检查各个零件，清除零件表面的毛刺，用煤油清洗并晾干，再按顺序逐个装配。每两个连杆装配好后，检查两个连杆间的运动情况，做到间隙小、活动灵活、无刮擦。整个机构装配好以后，进一步检查机构的运动情况，并根据实际情况进行相应调整，直至达到设计要求。

第 8 章 作品的经济性评价

对作品方案进行科学的分析和全面的评价,是作品开发的重要一环,也是提高作品经济效益,保证作品产业化后在市场上获得成功的重要条件。从经济上对作品进行的分析、研究、比较和论证等工作,称为作品的经济性评价。由于作品开发是个不断创新、不断消除不确定性因素的完整过程,所以在作品开发各个阶段都要进行相应的经济评价,使作品的概念、方案与结构不断完善,在满足技术目标的基础上,达到预期的经济目标。

因此,作品设计的总要求是技术上先进性和经济上合理性相统一,并在生产上可行。具体要求有以下几个方面。

(1) 技术的先进性。指在新产品设计中采用当代科学技术的新成果,使产品的性能、结构、材料以及使用的工艺具有先进水平,并符合生态保护要求。

(2) 保证新产品具有良好的性能和质量,符合用户的要求,可靠性好,在使用过程中能稳定地、不间断地工作和长期保持原有精度。

(3) 产品适应性大。主要表现在两个方面:一是产品功能多;二是产品结构简单,零件标准化、通用化程度高、工艺性好,容易加工制造、装配、使用和维修等。

(4) 尽可能提高产品的标准化水平,提高结构的继承性,减少专用零部件。

(5) 经济性好。指产品的使用效率高,或寿命周期费用低,用户使用时具有效率高、物资与能源消耗低、使用寿命长、维修费用少等优点。实现寿命周期费用最低的途径:一是降低制造成本;二是降低使用费用。

8.1 作品可靠性的经济分析

作品能否稳定地、无故障地长期工作,与作品的设计、制造、使用、维护有关,但是最根本、最具有决定性的环节是设计。因此,一方面,为保证作品具有较高的可靠性,必须进行可靠性设计,以满足用户对作品功能的要求。另一方面,作品的可靠性越高,成本也会越高,经济利润也就越低,价格也随之上升。但价格有一定限度,过高则影响销量;成本也有一定的限度,过高则没有利润,甚至亏本。因此,确定作品的可靠性时必须进行经济性分析。图 8-1 和图 8-2 给出了根据利润和成本确定可靠度的方法。

图 8-1 表示利润与可靠度的关系。在图中,横轴表示产品的可靠度(RS),纵轴表示价格(S)和成本(C),$S(x)$是价格对可靠度的函数曲线,$C(x)$是成本对可靠度的函数曲线,价格和成本之差就是利润(Pu)。从图中可以看出,与利润最大值对应的 M 点,应是作品可靠度设计的目标值。

有时为了降低某个系统的关键子系统或某个产品的主要零部件的故障率,在设计研制开发和运转中往往要付出很多费用。例如,美国通用公司为保证大型发电机组的性能可靠,做到安全运行,规定了汽轮机的制造质量。如果事故停机率每下降1%,那么机组价格要提高20%。故要求按停机的损失与降低故障率以及获得的效益之比来确定性能参数。这可运用性能和成本的临界点来合理地确定。如图8-2所示,图中横坐标表示产品的可靠度(RS),纵坐标表示费用(C),A 直线表示随可靠度变化的研究、开发、制造费用,B 曲线表示随可靠度变化的运转费用,$C=A+B$ 曲线为随可靠度变化的作品计划总费用。图中可以看出,与 C 曲线的最低点 C_0 对应的 M 值,应为可靠度的合理值。

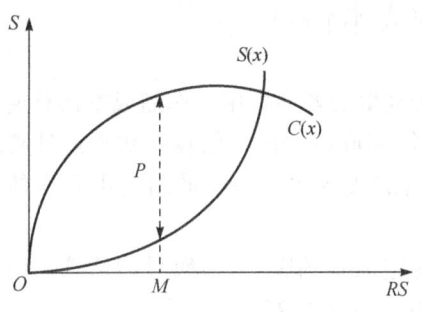
图 8-1 可靠度与利润的关系

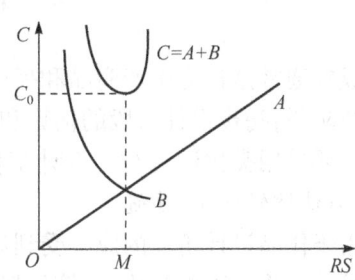
图 8-2 可靠度与成本的临界点

对可靠性进行评价时,仅用各个不同的可靠性尺度如可靠度、故障率、平均寿命、维修度等是不够的,应该进行综合评价。可靠性的综合评价多采用 RACER 评价机制的方法。RACER 指可靠性(reliability)、可用性(availability)、适应性(compatibility)、经济性(economy)、再现性(reproducibility)五个方面。可靠性是指在一定的工作条件下,对于事先规定的经济寿命,在规定的允许界限正常工作的概率。可用性是指为满足需要所需的量和计划上确实可得到的量之比。适应性是指在同一系统中,与其他零件或装置同时使用时,对于有效工作的适用性。经济性是指经济寿命的单位成本。再现性是指制造的均匀程度。

评价时对 RACER 设立了五个等级,如表 8-1 所示。可靠性评价示例如表 8-2 所示。

表 8-1 RACER 评价机制

等级	评分(X)	加权值(W)	综合评价中所占比例[$X \cdot W$(%)]
极好	5	4	20
很好	4	4	16
良好	3	4	12
不太好	2	4	8
不好	1	4	4

表 8-2 可靠性评价示例

等级	评分(X)	加权值(W)	综合评价中所占比例[XW(%)]
经济寿命 97%以上	5	4	20
97%~90%	4	4	16
89%~80%	3	4	12
79%~50%	2	4	8
49%~30%	1	4	4
不足 30%	0	4	0

8.2 作品的成本估算

成本通常是指为生产商品和提供服务所发生的各项费用。作品成本估算通常分为两个阶段：初步设计阶段的估算和设计工作完成后的成本估算。初步设计阶段的估算主要采用类比法进行。设计工作完成后的成本估算一般采用费用要素估算成本，此方法比较简单、明确。

由于作品设计阶段的成本受到许多未确定因素的影响，一般只能估算。但随着作品设计工作的不断深化，估算的精确度也随之不断提高。

8.2.1 初步设计阶段的粗略估算

计算公式为

$$C = C_1 H \tag{8-1}$$

式中，C 为新产品的估算成本，元；C_1 为类似产品的单位重量或尺寸规格的成本，元；H 为新产品的设计质量，kg 或尺寸规格，mm。

如果作品没有类似产品可以进行参照，可以按照以下公式进行最粗略的估算：作品的重量×作品所用材质的价格×(1.5~3)，人工费越高，系数也就越大。

8.2.2 设计工作完成后的成本估算

新作品在设计工作完成后，就需要生产出来。此时，作品的全部成本主要包括：①作品的设计费、新工艺规程制定费以及与作品研发活动直接相关的技术图书资料费、资料翻译费；②从事作品研发活动直接消耗的材料、燃料和动力费用；③直接从事作品研发活动人员的费用；④专门用于作品研发活动的仪器、设备的折旧费或租赁费；⑤专门用于作品研发活动的软件、专利权、非专利技术等无形资产的摊销费用；⑥专门用于中间试验和产品试制的模具、工艺装备开发及制造费等。概括起来，原材料费用、人工费用以及其他费用三部分组成了作品的全部生产成本，即

总成本＝制造成本＋管理费用
　　　＝直接生产成本＋生产性费用＋管理费用
　　　＝直接材料费＋直接人工费＋生产性费用＋管理费用

其中，直接材料费是指制造作品所包含的一切零件和原材料的费用。直接人工费是指为设计、制造作品所需的全部人员的费用之和。作品中典型的直接工时包括设计、机加工、装配、检验、电子和机械测试以及调试方面花费的工时。直接材料费与直接人工费之和称为直接生产成本。

生产性费用指所有租金、供热、电气设备、供水、包装、运输以及间接人工等全部费用之和。其中，间接人工费包括不能直接归入直接人工费的所有人工费用，是所有与作品设计、制造没有直接联系的人工作业的费用。例如，作品制造中的管理费用、采购外购件等人员的费用支出都属于间接人工费。直接生产成本与生产性费用之和称为制造费用。

管理费用包括设计、采购、管理人员和折旧费用。

成本估算可以按下列步骤进行。

1) 画出零件分解图并标记自制或外购零件

作品往往是具有装配关系的产品，因此在估算其全部生产成本之前，首先应将作品中的每个零部件进行分解，直至作品中的每个零件，最后形成零件分解图。下面给出了成品斧子的零件分解图。

$$成品斧子(P) \begin{cases} 木锲(M) \\ 斧头(P)——钢料(M) \\ 斧柄(P)——木料(M) \end{cases}$$

零件分解图画好后，成本估算的第一步就是判断：哪些零件是自制的，哪些零件需要外购，并做好标记。自制的用 P 表示，外购的用 M 表示。在通常情况下，选择费用最小的那个方案。

标完零件的自制或外购之后，下一步就是估算材料费和工时了。

2) 估算外购件费用

成本估算利用零件分解图，可以列出全部的外购零件及其数量。在对外购零件单价进行估算时，可以通过以下三种方法：①凭着过去的经验"猜估"外购零件的单价；②通过书面或电话索取生产制造厂的报价单；③查阅大批生产制造厂的产品目录。

3) 估算自制件成本

估算制造某一零件所需成本远比估算外购件费用要复杂得多。首先根据零件分解图给出该自制零件的数量、规格，然后估算出该零件单件所需的直接材料费、加工工艺路线，根据制定的加工工艺路线对各工序工时费用进行估算并将其转换为直接人工费，然后将两者相加，得出单个自制零件的估算成本。最后，再将单个自制零件估算成本乘以所需数量即得到所需该自制零件的成本。将所有自制零件的估算成本相加就估算出了作品中所有自制零件的成本。

如果自制件需要委外加工，只要估算直接材料费和委外加工费，然后将两者相加就可得到该零件的估算成本。其中，委外加工费的估算可按照询价的方式获得。

$$自制零件成本＝A 自制零件成本＋B 自制零件成本＋\cdots$$

A自制零件成本＝A自制零件直接材料费＋A自制零件直接人工费

A自制零件直接材料费＝材料单价×所需材料长度、数量或重量

A自制零件直接人工费＝工序1的工时费×工序1加工时间＋
工序2的工时费×工序2加工时间＋…

影响各类原材料的价格和各种加工工时费用的因素有很多，不同地区、不同企业、不同时期的价格会有较大的差异。表8-3给出了某企业常用机械加工原材料价格一览表，表8-4给出了某机械厂常用机加工费用一览表。

表8-3 某企业常用机械加工原材料价格一览表

序号	名称	规格型号	单价/(元/吨)
1	薄板	Q235-A $\delta=2$	4150
2	薄板	Q235-A $\delta=4$	3850
3	薄板	Q235-A $\delta=5$	3850
4	中板	Q235-A $\delta=6$	3900
5	中板	Q235-A $\delta=8$	3930
6	中板	Q235-A $\delta=10$	4000
7	中板	Q235-A $\delta=12$	3900
8	中板	Q235-A $\delta=14$	3900
9	中板	Q235-A $\delta=16$	3880
10	中板	Q235-A $\delta=18$	3880
11	中板	Q235-A $\delta=20$	3880
12	中板	Q235-A $\delta=25$	3900
13	中板	Q235-A $\delta=28$	3930
14	中板	Q235-A $\delta=30$	3930
15	中板	Q235-A $\delta=36$	4130
16	中板	Q235-A $\delta=40$	4130
17	中板	Q235-A $\delta=45$	4150
18	中板	Q235-A $\delta=50$	4130
19	中板	Q235-A $\delta=55$	4130
20	厚板	Q235-A $\delta=60$	4200
21	合金板	Q345E $\delta=16$	4450
22	合金板	Q345E $\delta=20$	4450
23	合金板	Q345E $\delta=50$	4550
24	合金板	Q345E $\delta=60$	4650
25	合金板	Q345E $\delta=70$	4750

续表

序号	名称	规格型号	单价/(元/吨)
26	碳结元	45♯ φ80	4080
27	碳结元	45♯ φ100	4120
28	合结元	40Cr φ120	4460
29	合结元	40Cr φ200	4460
30	合结元	42CrMo φ95	4200
31	角钢	Q235-A ∠50×5	4120
32	角钢	Q235-A ∠63×6	4020
33	角钢	Q235-A ∠63×8	4020
34	角钢	Q235-A ∠70×7	4020
35	角钢	Q235-A ∠75×8	4020
36	角钢	Q235-A ∠75×10	4020
37	角钢	Q235-A ∠80×6	4020
38	角钢	Q235-A ∠80×8	4020
39	角钢	Q235-A ∠80×10	4020
40	角钢	Q235-A ∠90×8	4020
41	角钢	Q235-A ∠90×10	4020
42	角钢	Q235-A ∠100×6	4080
43	角钢	Q235-A ∠100×10	4180
44	角钢	Q235-A ∠125×12	4180
45	角钢	Q235-A ∠125×10	4180
46	角钢	Q235-A ∠140×10	4180
47	角钢	Q235-A ∠140×12	4180
48	角钢	Q235-A ∠140×14	4180
49	角钢	Q235-A ∠160×10	4180
50	角钢	Q235-A ∠160×16	4180
51	角钢	Q235-A ∠180×18	4250
52	角钢	Q235-A ∠200×20	4300
53	角钢	Q235-A ∠75×50×6	4100
54	角钢	Q235-A ∠100×63×10	4250
55	角钢	Q235-A ∠140×90×10	4220
56	角钢	Q235-A ∠100×80×10	4220
57	角钢	Q235-A ∠125×80×12	4220
58	角钢	Q235-A ∠160×100×12	4300
59	角钢	Q235-A ∠180×110×12	4480

续表

序号	名称	规格型号	单价/(元/吨)
60	角钢	Q235-A ∠200×125×14	4590
61	槽钢	Q235-A [50×37×4.5	4150
62	槽钢	Q235-A [63×40×4.8	4120
63	槽钢	Q235-A [80×43×5	4120
64	槽钢	Q235-A [100×48×5.3	4120
65	槽钢	Q235-A [120×53×5	4120
66	槽钢	Q235-A [140×58×6	4120
67	槽钢	Q235-A [160×63×6.5	4120
68	槽钢	Q235-A [160×65×8.5	4120
69	槽钢	Q235-A [180×68×7	4120
70	槽钢	Q235-A [180×70×9	4120
71	槽钢	Q235-A [200×73×7	4120
72	槽钢	Q235-A [200×75×9	4120
73	槽钢	Q235-A [220×77×7	4120
74	槽钢	Q235-A [250×78×7	4120
75	槽钢	Q235-A [280×82×7.5	4120
76	槽钢	Q235-A [280×86×11.5	4120
77	槽钢	Q235-A [250×80×9	4120
78	槽钢	Q235-A [250×82×11	4220
79	槽钢	Q235-A [320×88×8	4120
80	槽钢	Q235-A [400×100×10.5	4450
81	碳结元	35# φ45	4250
82	碳结元	35# φ110	4430
83	工字钢	Q235-A 140×80×5.5	4300
84	工字钢	Q235-A 160×88×6	4200
85	工字钢	Q235-A 180×94×6.5	4200
86	工字钢	Q235-A 200×100×7	4120
87	工字钢	Q235-A 220×110×7.5	4120
88	工字钢	Q235-A 320×130×9.5	4050
89	工字钢	Q235-A 280×122×8.5	4050
90	工字钢	Q235-A 100×68×4.5	4500
91	工字钢	Q235-A 360×136×10	4120
92	工字钢	Q235-A 360×140×14	4350

续表

序号	名称	规格型号	单价/(元/吨)
93	工字钢	Q235-A 400×142×10.5	4350
94	工字钢	Q235-A 450×150×11.5	5180
95	工字钢	Q235-A 630×176×13	4750
96	普元	Q235-A ϕ65	4190
97	普元	Q235-A ϕ85	4190
98	普元	Q235-A ϕ120	4500
99	普元	Q235-A ϕ150	4500
100	H型钢	Q235-A HN 200×100×5.5×8	3700
101	H型钢	Q235-A HW 200×200×8×12	3700
102	H型钢	Q235-A HN 300×150×8×12	3700
103	H型钢	Q235-A HW 414×405×18×28	4460
104	H型钢	Q235-A HW 428×407×20×35	4460
105	H型钢	Q235-A HW 440×300×11×18	4150
106	H型钢	Q235-A HW 450×200×9×14	4020
107	H型钢	Q235-A HW 482×300×11×15	4020
108	H型钢	Q235-A HW 700×300×13×24	4270
109	方钢	Q235-A 30	4850
110	方钢	Q235-A 40	4850
111	扁钢	Q235-A 25×4	4350
112	扁钢	Q235-A 35×3	4290
114	无缝管	20# 45×5	4950
115	无缝管	20# 48×5	4950
116	无缝管	20# 76×4	5940
117	无缝管	20# 76×5	5940
118	无缝管	16Mn 60×4.5	6000
119	冷拔无缝方管	20# 60×5	7080
120	冷拔无缝方管	20# 80×8	7680
121	方管	235-A 125×12	5100
122	无缝管	20# 95×5	4990
123	无缝管	20# 108×5	4750
124	无缝管	20# 273×16	5100
125	普元	Q235-A ϕ16	3950
126	普元	Q235-A ϕ130	4700
127	普元	Q235-A ϕ140	4750

续表

序号	名称	规格型号	单价/(元/吨)
128	普元	Q235-A φ160	4800
129	普元	Q235-A φ65	4050
130	普元	Q235-A φ85	4050
131	碳结元	45# φ30	3930
132	合结元	40Cr φ80	4250
133	合结元	40Cr φ180	4300
134	合结元	40Cr φ210	4350
135	合结元	42CrMo φ170	5350
136	合结元	35CrMo φ180	5350
137	无缝管	20# φ48×4	4800
138	无缝管	20# φ114×7	5000
139	无缝管	20# φ203×11	5100
140	无缝管	27SiMn φ299×47	6100
141	无缝管	20# φ406×16	5850
142	合金板	Q345B $\delta=16$	4050
143	合金板	Q345B $\delta=20$	4050
144	合金板	Q345B $\delta=25$	4050
145	合金板	Q345B $\delta=32$	4180
146	合金板	Q345B $\delta=50$	4250
147	合金板	Q345B $\delta=60$	4250
148	轻轨	15kg/m	4350
149	普板	Q235-A $\delta=5$	3820
150	普板	Q235-A $\delta=6$	3820
151	普板	Q235-A $\delta=8$	3970
152	普板	Q235-A $\delta=10$	3970
153	普板	Q235-A $\delta=12$	3850
154	普板	Q235-A $\delta=14$	3850
155	普板	Q235-A $\delta=16$	3850
156	普板	Q235-A $\delta=20$	3850
157	槽钢	Q235-A [63×40×4.8	4150
158	槽钢	Q235-A [80×43×5	4150
159	槽钢	Q235-A [100×48×5.3	4100
160	槽钢	Q235-A [120×53×5	4100

续表

序号	名称	规格型号	单价/(元/吨)
161	槽钢	Q235-A [140×58×6	4100
162	槽钢	Q235-A [140×60×8	4100
163	槽钢	Q235-A [280×86×11.5	4100
164	角钢	Q235-A ∠100×10	4050
165	角钢	Q235-A ∠90×56×8	4350
166	无缝管	20# 168×6	4950
167	无缝管	20# 133×10	4650
168	无缝管	20# 219×10	4800
169	无缝管	20# 60×10	4900
170	无缝管	20# 127×24	6000
171	合结元	20Cr2Ni4A ϕ140	14150
172	合结元	20Cr2Ni4A ϕ220	14150
173	焊管	Q235-A ϕ60×4.75	4450
174	焊管	Q235-A ϕ70×3.75	4460

表 8-4 某机械厂常用机加工费用一览表

序号	设备名称	型号	加工范围	加工费用/(元/时)
1	车床	C616	ϕ320×750~1000	11
2	车床	C6140	ϕ400×1000~2000	13
3	车床	J1-MAZAK	ϕ460×1000~2000	15
4	车床	C6150	ϕ460×1000~2000	15
5	车床	C630	ϕ630×1000~2000	21
6	车床	C650	ϕ800×1500~5000	30
7	立式车床	C5116A	ϕ1600	28
8	摇臂钻床	Z3050	ϕ50~ϕ63	16
9	摇臂钻床	Z3080	ϕ80	20
10	立式钻床	Z5140A	ϕ32~ϕ40	12
11	卧式镗床	T68	1000×1000	26
12	卧式镗床	T611	1000×1000	30
13	立式镗床	T4163	630×1100	56
14	卧式镗床	T6111A	1200×1200	36
15	万能外圆磨床	M1420	ϕ125~ϕ220×350~1000	15
16	万能外圆磨床	M1432A	M9025×500~1000	19
17	万能外圆磨床	M1432B	ϕ315~ϕ320×1500~3000	26

续表

序号	设备名称	型号	加工范围	加工费用/(元/时)
18	万能外圆磨床	M1331A	φ315～φ320×1500～3000	26
19	万能外圆磨床	M1450	φ500×1500～2000	28
20	万能外圆磨床	MG1432	φ320×1000～2000	32
21	内圆磨床	MG1432	φ12～φ100×130	13
22	平面磨床	M7120	200×630～650	16
23	平面磨床	M7130	300×1000	21
24	平面磨床	M7150	500×2000	40
25	导轨磨床	M50100	1000×6000	28
26	花键磨床	M8612A	φ120×1800	28
27	螺纹磨床	Y7520W	φ200×500	20
28	齿轮磨床	Y4632A	φ320×6M	30
29	万能工具磨床	M5MC	φ200×500	13
30	万能工具磨床	MW6020	φ200×500	13
31	万能工具磨床	M9025	φ200×650	16
32	万能工具磨床	M6025H	φ250×650	16
33	万能工具磨床	M6425	φ250×650	16
34	拉刀磨床	M6110D	φ100×1500～1700	16
35	滚齿机	YM3150E	φ500×8M	22
36	杆齿轨	YM5150B	φ500×8M	18
37	立式铣床	X5030A	φ300×1120	16
38	立式铣床	X52K	φ320×1250	18
39	立式铣床	XA5032	φ320×1250	18
40	卧式铣床	X63W	φ400×1600	24
41	滑枕铣床	XS5646/1	φ425×2000	28
42	牛头刨床	B665	650×800	14
43	牛头刨床	B650	650×800	11
44	液压牛头刨床	BY60100	900～1000	16
45	液压牛头刨床	B690	900～1000	16
46	龙门刨床	B2016A	900～1000	28
47	龙门刨床	B2020A	2000～6000	50
48	杆床	B5032	200～320	12
49	拉床	L6140	40T	15
50	划线钳工		φ200×650	15
51	装配钳工		φ200×650	30

续表

序号	设备名称	型号	加工范围	加工费用/(元/时)
52	模具钳工		φ200×650	30
53	加工中心		φ200×650	80
54	线切割		φ200×650	9
55	焊刀		φ200×650	7

4) 估算生产性费用和管理费用

通常企业在对其产品成本进行估算或核算时,其生产性费用按产品原材料的 8%~12%进行估算,管理费用按制造成本的 25%进行估算。全国大学生机械创新设计大赛的参赛作品,其设计和制造大多是在老师的指导下通过自行加工或委托加工(部分或全部)来完成的,这与企业的新产品开发不同。因此,作品成本中的生产性费用和管理费用较企业要低很多,占作品总成本的比例也较低,建议其生产性费用+管理费用按直接生产成本的 10%~15%进行估算。

如果作品成本涉及使用某项专利所产生的摊销费用、需要开发新的模具所产生的开模费用等情况,则需要额外对这些费用进行估算。

8.3 工艺方案设计的经济性分析

工艺过程是按照作品设计图纸,加工者使用加工工具直接改变加工对象的物理性能或化学性能,使之成为具有一定使用价值的产品的过程。为保证优质、高产、低耗、安全地制造产品,必须制定工艺方案。完成同一作品的工艺过程,可以有很多工艺方案。因此,对工艺方案进行全面的经济性分析,以选择采用在保证作品质量的前提下,用应尽可能少的劳动消耗完成工艺过程的方案。因此,工艺方案设计出后,对其进行完工程能力的评价后,还要衡量该方案的经济性。衡量工艺方案设计好坏的经济标准如下。

(1) 最少的加工时间。最少的加工时间反映在生产率指标上。作品单位加工时间越少,其工艺方案的设计相对较好。

(2) 最低的工艺制造成本。最低的工艺制造成本指以最低的成本制造出一个产品。如果单件作品的价格一定时,则最低成本意味着能获得最大的经济收入。

(3) 最大的利润。在资金一定的情况下,利润越大,则资金的回收时间也越短,或投资收益率越高。

8.3.1 工艺方案经济性分析的方法

工艺方案的经济性分析,可通过工艺成本[①]节约额、投资费用节约额和追加投资

[①] 工艺成本是指实际工艺过程或个别工序的费用总额。

回收期等指标进行方案对比,常用的方法有以下几种。

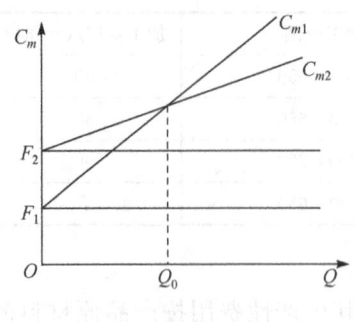

图 8-3 两个的对比工艺方案和产量的关系

(1) 工艺方案成本比较法。成本比较法是通过对几个不同方案的工艺成本的对比分析确定最优方案。

设现有 1、2 两个工艺方案,其固定费用分别表示为 F_1、F_2,可变费用分别为 C_{v1}、C_{v2},总工艺成本分别为 C_{m1}、C_{m2},如图 8-3 所示。

当两个方案的成本相等时,即生产量为 Q 时,存在以下关系。

因为
$$C_{m1} = C_{v1}Q_0 + F_1$$
$$C_{m2} = C_{v2}Q_0 + F_2$$

当
$$C_{m1} = C_{m2}$$

则有
$$C_{v1}Q_0 + F_1 = C_{v2}Q_0 + F_2$$

所以
$$Q_0 = \frac{F_2 - F_1}{C_{v1} - C_{v2}} \tag{8-2}$$

由图 8-3 可知,当实际产量 $Q > Q_0$ 时,应采用方案 2;当实际产量 $Q < Q_0$ 时,则应采用方案 1。Q_0 称为对比工艺方案的临界点。它也是分析方案经济性的一个临界点。

对三个以上的多方案进行选优时,同样可用上述方法确定方案的取舍。

(2) 追加投资回收期法。追加投资回收期法,是在工艺方案需增加新的投资时,通过计算追加投资回收期来确定最优工艺方案。其计算公式为

$$T_a = \frac{K_1 - K_2}{C_{m2} - C_{m1}} = \frac{\Delta K}{\Delta C} \tag{8-3}$$

式中,T_a 为追加投资回收期,年;K_1、K_2 为分别为方案 1、2 的投资费用;ΔK 为方案 1 比方案 2 多投资数额;ΔC_m 为方案 1 比方案 2 年工艺成本的降低额。

T_a 说明方案 1 比方案 2 多投的资要经过多少年,才能用方案 1 比方案 2 的年工艺成本降低额收回来。当然,T_a 应小于标准投资回收期,且越小越好。

采用追加投资回收期法时,两个不同工艺方案的生产效率不同时,可按下述办法进行比较。

设 K_1、K_2 分别为方案 1、2 的投资额,q_1、q_2 分别为方案 1、2 的小时生产率,C_{h1}、C_{h2} 分别为方案 1、2 的小时工艺成本,将 K_1/q_1 和 K_2/q_2、C_{h1}/q_1、C_{h2}/q_2 进行比较。

若 $K_2/q_2 < K_1/q_1$,且 $C_{h2}/q_2 < C_{h1}/q_1$,则方案 2 优于方案 1。

若 $K_2/q_2 > K_1/q_1$,且 $C_{h2}/q_2 < C_{h1}/q_1$,则需进行方案的追加投资回收期的计算:

$$T_a = \frac{K_1 - K_2}{\left(\dfrac{C_{h1}}{q_1} - \dfrac{C_{h2}}{q_2}\right)Q} \tag{8-4}$$

要求 T_a 小于标准投资回收期,且越小越好。

8.3.2 工艺方案分项经济效益的分析

采用先进的加工方法及工艺装备,选择合理的工艺路线及生产组织形式,都将有助于提高劳动生产率、降低消耗、节约成本等。因此,对工艺方案的经济性评价,除了采用成本比较法和追加投资回收期比较法,还可通过分项计算经济效益来分析工艺方案的经济性。现以夹具的采用为例说明。

(1) 由于采用某种夹具而降低加工单位零部件的劳动量:

$$\Delta t = \frac{\sum_{i=1}^{m} t_{1i} - \sum_{i=1}^{m} t_{2i}}{M_s} \tag{8-5}$$

式中,Δt 为加工单位零部件节约的劳动时间,h;t_{1i}、t_{2i} 为分别为采用夹具前、后的零部件加工时间,h;M_s 为制造单个作品的工艺方案中夹具的种数。

(2) 由于采用某种夹具而节约的人工费用:

$$\Delta L = \frac{\sum_{i=1}^{m} t_{1i} L_{1i} - \sum_{i=1}^{m} t_{2i} L_{2i}}{M_s} \tag{8-6}$$

式中,ΔL 为人工费用节约额;L_{1i}、L_{2i} 分别为第 i 道工序在采用夹具前、后的小时人工费率,元/时。

(3) 采用机械夹紧的工具和工艺装备之后,比手动夹紧劳动生产率的提高:

$$V_n = \left(1 - \frac{t_B + t_m}{t_p + t_m}\right) \times 100\% \tag{8-7}$$

式中,V_n 为劳动生产率增长率;t_m 为零件加工的时间,min;t_b 为机械夹紧零件的时间,min;t_p 为手动夹紧零件的时间,min。

但是,采用机械夹具是要付出费用的,故除计算因采用机械夹具而提高的劳动生产率,还要将采用机械夹具所付出费用与其所带来的节约额进行对比,要求年度节约费用应大于所支付的费用。其计算公式为

$$(C_i + L_n)\left(\frac{T_{L1} - T_{L2}}{60}\right)Q \geqslant C_n \tag{8-8}$$

式中,C_i 为完成某道工序的台时成本;L_n 为小时人工费用,元/时;T_{L1}、T_{L2} 为分别为无夹具加工和采用机械夹具加工的单件工时;Q 为年度计划产量;C_n 为采用机械夹具的年度费用。

在评价经济效益时,除考虑节约额的大小,还应考虑采用机械夹具使产品质量提高、废品率减少等因素。

上述是着重从工艺成本分析、评价和选择工艺方案的。实际生产中,选择工艺方案时还必须进行:产品的加工精度和质量指标的比较、不同方案效率的比较、材料利用率和废品率的比较等。

8.4 作品技术经济分析基本方法概述

技术经济分析的基本方法,是指对技术方案进行经济效益分析、计算、评价和选优,保证其技术上先进、经济上合理的方法。技术经济分析方法很多,按照不同的分类标准可以有不同的划分。

1. 按照所起作用不同分类

(1) 预测方法。预测就是对客观事物的未来发展变化预先进行估计和推断。由于技术经济分析多是对技术方案进行事前分析,分析中所需数据大多数是利用预测方法获得的,所以预测方法在技术经济分析方法中占有重要的地位,是技术经济分析方法体系中不可缺少的组成部分。

(2) 效益-费用分析法。效益-费用分析法又称投资效果分析法,是评价技术方案经济效益的最基本方法。它主要用定量的方法,通过求净现值、投资回收期、内部收益率、年费用等指标,反映技术方案投入和产出的综合经济效益,以此判断方案的优劣和取舍的方法。

(3) 系统分析法。系统分析法是把要分析的对象看成一个整体,看成一个由许多因素组合在一起的不可分割的系统。这种方法利用系统的思想,全面考虑各种问题,通过建立数学模型求解,从而实现对技术方案整体优化,确定最佳方案。

(4) 价值工程。价值工程也可称为价值分析法,是独具特色的一种技术经济分析方法。该方法主要以单位产品或作业为分析对象,通过对产品功能与成本之比的价值评定,指出提高产品功能、降低产品成本的途径,从而提高产品价值的一种方法。

(5) 综合分析法。综合分析法主要是对那些不直接定量评价的技术方案评价项目,利用评价的方法进行综合评价,确定最佳方案的方法。它是技术经济分析不可缺少的方法。

2. 按照是否考虑资金的时间价值分类

(1) 静态分析法。静态分析法是指不考虑投资、费用和收益等资金的时间价值的投资效果分析法。

(2) 动态分析法。动态分析法是指对项目的经济效益进行评价时,考虑资金的时间价值的一种分析方法。

静态分析法计算比较简单,一般适用于建设期短、回收期快、技术更新迅速的项目的经济效果评价。动态分析与静态分析正好相反,动态分析法更能反映客观实际。

3. 按照技术方案自变量是否为确定值分类

(1) 确定性分析。确定性分析,即假定技术方案的自变量不发生变动、有确定值时,对技术方案的评价方法。

(2) 不确定性分析。不确定性分析,即考虑技术方案的各个自变量随着外部环境可能不断发生变化,必须分析这种变化对方案计算结果的影响的一种分析方法。

4. 按照评价指标是否可以定量分类

(1) 定量分析。定量分析,即技术方案的各种评价指标,如收益、费用以及两者的关系都能定量化,以定量指标评价方案优劣的方法。

(2) 定性分析。定性分析,即技术方案的各种评价指标不能完全定量化,如宏观经济效益、长期经济效益等,需要用定性指标来评定方案优劣的方法。

下面主要详细介绍最为常用的几种技术经济评价方法:效益-费用分析法、评分法、不确定性分析、价值工程等。

8.5 效益-费用分析法

效益-费用分析法也称投资效果分析法。在具体应用中有各种不同的方法,如投资回收期法、净现值法、内部收益率法、年费用法等。这些方法不仅形式不同,且在技术经济分析中的作用也不同,下面分别说明几种常用的方法。

8.5.1 投资回收期

投资回收期也称返本期,指以项目的净收益回收其全部投资所需要的时间,是反映投资回收能力的重要指标。投资回收期分为静态投资回收期和动态投资回收期。

1. 静态投资回收期(P_t)

静态投资回收期是反映投资方案清偿能力的重要指标。静态投资回收期是指在不考虑资金时间价值的条件下,以项目方案的净收益回收其总投资(包括建设投资和流动资金)所需要的时间。其一般计算公式为

$$\sum_{i=1}^{P_t}(C_I-C_O)_t=0 \qquad (8-9)$$

式中,P_t 为静态投资回收期;C_I 为现金流入量;C_O 为现金流出量;$(C_I-C_O)_t$ 为第 t 年净现金流量。

静态投资回收期可借助现金流量表,根据净现金流量来计算,其具体计算又分以

下两种情况。

（1）当项目建成投产后各年的净收益（即净现金流量）均相同时，则静态投资回收期的计算公式如下：

$$P_t = \frac{I}{A} \tag{8-10}$$

式中，I 为全部投资；A 为每年的净收益额，即 $A = C_I - C_O$。

（2）当项目建成投产后各年的净收益不相同时，则静态投资回收期可根据累计净现金流量求得，也就是在现金流量表中累计净现金流量由负值转向正值之间的年份。其计算公式为

$$P_t = (累计净现金流量出现正值的年份 - 1) + \frac{上一年累计净现金流量的绝对值}{出现正值年份的净现金流量} \tag{8-11}$$

2. 动态投资回收期（P_t'）

动态投资回收期是把投资项目各年的净现金流量按基准收益率折成现值之后，再来推算投资回收期，这就是它与静态投资回收期的根本区别。动态投资回收期就是净现金流量累计现值等于零时的年份。其计算表达式为

$$\sum_{i=1}^{P_t'} (C_I - C_O)_t (1 + i_c)^{-t} = 0 \tag{8-12}$$

式中，P_t' 为动态投资回收期；i_c 为基准收益率。

在实际应用中可根据项目的现金流量表中的净现金流量现值，用下列近似公式计算：

$$P_t' = (累计净现金流量出现正值的年份 - 1) + \frac{上一年累计净现金流量的绝对值}{出现正值年份的净现金流量} \tag{8-13}$$

【例题 8-1】 某项目财务现金流量见表 8-5，已知基准投资收益率 $i_c = 8\%$。试计算该项目的动、静态投资回收期。

表 8-5　某项目财务现金流量表　　　　　　　　（单位：万元）

计算期	1	2	3	4	5	6	7	8
净现金流量	−600	−900	300	500	500	500	500	500
净现金流量现值	−555.54	−771.57	238.14	367.5	340.3	315.1	291.75	270.15
累计净现金流量	−600	−1500	−1200	−700	−200	300	800	1300
累计净现金流量现值	−555.54	−1327.11	−1088.97	−721.47	−381.17	−66.07	225.68	495.83

解：根据式(8-11)，可以得到

$$P_t = (6-1) + \frac{200}{500} = 5.4(年)$$

$$P_t' = (7-1) + \frac{66.07}{291.75} = 6.23(年)$$

3. 评价准则

(1) 当 $P_t(P_t') \leqslant P_c$（基准投资回收期）时，说明方案能在要求的时间内收回投资，是可行的，且越小越好。

(2) 当 $P_t(P_t') > P_c$ 时，则方案不可行，应予拒绝。

4. 投资回收期法的优缺点和适用范围

投资回收期法的最大优点是简便易行，能在一定程度上反映资金的周转速度，因此特别适合有风险、强调方案清偿能力方案评价。显然，资本周转速度越快，回收期越短，风险越小，盈利越多。这对于那些技术上更新迅速的项目，或资金相当短缺的项目，或未来的情况很难预测而投资者又特别关心资金补偿的项目，进行投资回收期指标的分析是特别有用的。但不足的是不能反映投资回收之后的情况，基准投资回收期的确定又缺乏一定的科学性。所以，投资回收期法一般只适用于方案的初选和概略评价。在实际应用中常常和净现值法、内部收益率法等结合应用。

8.5.2 净现值法(NPV)

净现值是反映投资方案在计算期内获利能力的动态评价指标，是指用计算期间内各年净现金流量的现值代数之和。简记为 NPV(Net Present Value)，其计算公式为

$$\text{NPV} = \sum_{i=1}^{n}(C_I - C_O)_t(1 + i_c)^{-t} \tag{8-14}$$

式中，n 为方案计算期。

1. 评价准则

(1) 当 NPV>0 时，说明该方案在满足基准收益率要求的盈利之外，还能得到超额收益，故该方案可行。

(2) 当 NPV=0 时，说明该方案基本能满足基准收益率要求的盈利水平，方案勉强可行或有待改进。

(3) 当 NPV<0 时，说明该方案不能满足基准收益率要求的盈利水平，故该方案不可行。

【例题 8-2】 某项目财务现金流量见表 8-1，已知基准投资收益率 $i_c = 8\%$，试计

算该项目的净现值。

解：从表 8-1 中可以看出，该项目的净现值 NPV＝495.83（万元）＞0，说明该项目可行。

2. 基准收益率的确定

基准收益率也称基准折现率，是企业或行业或投资者以动态的观点所确定的、可接受的投资项目方案最低标准的收益水平。它表明投资决策者对项目资金时间价值的估价，是投资资金应当获得的最低盈利率水平，是评价和判断投资方案在经济上是否可行的依据，是一个重要的经济参数。根据从不同角度编制的现金流量表，计算所需的基准收益率应有所不同。

基准收益率的确定一般以行业的平均收益率为基础，同时综合考虑资金成本、投资风险、通货膨胀及资金限制等影响因素。

3. 净现值法的优缺点和适用范围

净现值法的最大优点是考虑了方案在整个计算期内的现金流量，而且还计入了现金流量的时间价值。因此它能全面地反映技术方案的经济效益。净现值本身的大小直接表明了方案在计算期内可提供的以现值表示的净收益数额，在方案决策中，这是十分重要的依据之一。

净现值的局限性是只能反映方案的收益额，不能反映方案的收益率。因此在方案比较选择中对那些收益大、投资也大的方案有利。此外，计算净现值要求预测整个计算期的现金流量，这在资料、信息不很完备时很难做到。所以，净现值法适用于对方案的详细评价。

8.5.3 内部收益率法（IRR）

内部收益率又称内部报酬率，它是除净现金以外的另一个最重要的动态经济评价指标，是指方案在计算期内各年净现金流量现值累计等于零时的折现率。也就是说，在这个折现率时，项目的现金流入的现值和等于其现金流出的现值和。内部收益率的经济含义是投资方案占用的尚未回收资金的获利能力，它取决于项目内部。简记为 IRR（Internal Rate of Return），其计算公式为

$$\sum_{i=1}^{n}(C_I-C_O)_t(1+\text{IRR})^{-t}=0 \tag{8-15}$$

1. 评价准则

（1）当 IRR$\geqslant i_c$ 时，表明方案的收益率已达到或超过基准收益率水平，故该方案可行。

（2）当 IRR$< i_c$ 时，表明方案的收益率未达到基准收益率水平，故该方案不

可行。

2. 求解方法

内部收益率是一个未知的折现率,由式(8-15)可知,求方程式中的折现率需解高次方程,不易求解。在实际工作中,通常采用"线性内插法"求 IRR 的近似解。

首先,试用 i_1 计算,若得 $NPV_1>0$,再试用 $i_2(i_2>i_1)$;若 $NPV_2<0$,则 $NPV=0$ 时的 IRR 一定在 i_1 至 i_2 之间,如图 8-4 所示。此时,可用线性内插法求出 IRR 的近似值,其公式为

$$\mathrm{IRR}=i_1+\frac{\mathrm{NPV}_1}{\mathrm{NPV}_1+|\mathrm{NPV}_2|}(i_2-i_1)$$

(8-16)

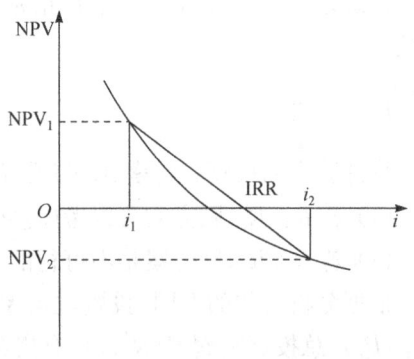

图 8-4　IRR 的线性内插法求解图

式中,NPV_1 为较低折现率 i_1 时的净现值(正);NPV_2 为较高折现率 i_2 时的净现值(负);i_1 为较低折现率,使净现值为正值,但其接近于零;i_2 为较高折现率,使净现值为负值,但其接近于零。

为了保证 IRR 的精度,i_1 与 i_2 之间的差距一般以不超过 2% 为宜,最大不要超过 5%。采用线性内插法计算 IRR 只适用于具有常规现金流量的投资方案。而对于具有非常规现金流量的方案,由于其内部收益率的存在可能不是唯一的,所以线性内插法就不太适用。

【例题 8-3】 已知某项目财务现金流量表,当折现率 $i_1=11\%$ 时,净现值 $NPV_1=1756.98$ 万元;当折现率 $i_2=12\%$ 时,净现值 $NPV_2=-1057.31$ 万元。试用线性内插法求出 IRR 的近似值。

解:$\mathrm{IRR}=i_1+\dfrac{\mathrm{NPV}_1}{\mathrm{NPV}_1+|\mathrm{NPV}_2|}(i_2-i_1)$

$=11\%+\dfrac{1756.98}{1756.98+|-1057.31|}(12\%-11\%)=11.62\%$

3. 内部收益率法的优缺点和适用范围

内部收益率法的最大优点是它能反映出方案的最大盈利能力,当投资来源于贷款时,也反映了利息的最大偿还能力,是最常用的指标之一。但该方法计算比较麻烦,且如果仅用 IRR 进行投资决策时,可能使那些收益总额很大、并对国民经济全局有重大影响的方案漏选。所以,应将内部收益率法和净现值法结合使用。

8.5.4 投资收益率法(R)

投资收益率又称投资效果系数,是衡量投资方案获利水平的评价指标,是指投资方案投产后一个正常生产年份的年净收益总额与方案投资总额的比率,通常以百分比表示。它表明投资方案在正常生产年份中,单位投资每年所创造的年净收益额。

1. 评价准则

将计算出的投资收益率(R)与所确定的基准投资收益率(R_c)进行比较。
(1) 若$R \geqslant R_c$,则方案可以考虑接受。
(2) 若$R < R_c$,则方案是不可行的。

根据分析目的的不同,投资收益率又具体分为总投资收益率(R_z)、自有资金收益率(R_e)、总投资利润率(R'_z)、自有资金利润率(R'_e)。

2. 总投资收益率(R_z)

$$R_z = \frac{F+Y+D}{I} \times 100\% \tag{8-17}$$

式中,R_z为总投资收益率;F为正常年销售利润(销售利润=销售收入-经营成本-折旧费-与销售相关的税金-利息);Y为正常年贷款利息;I为总投资(包括建设投资和流动资金);D为折旧费。

3. 自有资金收益率(R_e)

$$R_e = \frac{F+D}{Q} \times 100\% \tag{8-18}$$

式中,Q为自有资金。

4. 总投资利润率(R'_z)

$$R'_z = \frac{F+Y}{I} \times 100\% \tag{8-19}$$

5. 自有资金利润率(R'_e)

$$R'_e = \frac{F}{Q} \times 100\% \tag{8-20}$$

总投资收益率(R_z)和总投资利润率(R'_z)是用来衡量整个投资方案的获利能力的,总投资收益率(或总投资利润率)越高,从项目所获得的收益或利润就越多。对于建设工程方案,若总投资利润率高于同期银行利率,适度举债是有利的;反之,过度的负债比率将损害企业和投资者的利益。由此可以看出,总投资利润率这一指标不仅可以用来衡量工程建设方案的获利能力,还可以作为建设工程筹资决策参考的依据。

【例题 8-4】 某项目总投资为 800 万元,建成后正常年份每年经营收入为 450 万元,与销售相关的税金为 15 万元,经营成本为 280 万元,折旧费为 50 万元,利息为 15 万元,求该项目的总投资收益率和总投资利润率。若 $R_c=12\%$,问该项目是否可以接受?

解:正常年销售利润＝销售收入－经营成本－折旧费
　　　　　　　　　－与销售相关的税金－利息
　　　　　　＝450－280－50－15－15
　　　　　　＝90(万元)

总投资收益率为

$$R_z = \frac{F+Y+D}{I} \times 100\% = \frac{90+15+50}{800} \times 100\% = 19.38\% > 12\%$$

总投资利润率为

$$R'_z = \frac{F+Y}{I} \times 100\% = \frac{90+15}{800} \times 100\% = 13.13\% > 12\%$$

因此,该项目可以接受。

6. 投资收益率法的优缺点和适用范围

投资收益率指标的经济意义明确、直观,计算简便,在一定程度上反映了投资效果的优劣,可适用于各种投资规模。但不足的是,没有考虑投资收益的时间因素,忽视了资金具有时间价值的重要性,而且指标计算的主观随意性太强。换句话说,就是正常生产年份的选择比较困难,对年份的确定带有一定的不确定性和人为因素。因此,以投资收益率指标作为主要的决策依据不太可靠。

8.6 评 分 法

评分法是根据评价者对产品开发方案的直观判断,按照规定标准,分别优劣计分,以进行方案评价选优。其具体的程序如下。

(1) 针对评分对象,选定评价项目。一般是根据评价对象的情况,把各项主要技术经济指标或影响这些指标的主要因素作为评价项目。通常有质量目标、技术创新、竞争能力、生产能力、经济效益等。

(2) 制订评分标准进行评分。就是对每个评分项目定出评价等级。每个等级用分值表示。若采用五分制,则五分表示最好,零分表示最差。采用其他分制,也是依分值高低顺序表示等级高低。至于采用哪种评分标准,以是否清楚反映各级之间的差异程度为原则来决定。如果评价是具体技术经济指标数据,可直接用一定的比例数表示各评价项目的重要程度。

（3）将各评价项目的评价结果归纳综合，得出对方案的总评价。

具体的评分方法有：①加法评价法，就是将各评价所得的分数相加求总分，从而得出方案间的优劣，见表 8-6。②连乘评分法，就是将各评价所得的分数连乘求总分。这样使得总分的差距拉大，比较容易区分方案的优劣。③加乘混合评分法，这个方法是把各评分项目分为若干小项目，并设定评价标准，然后组织专家对项目进行评分。各项目的分值是所属小项目评分值之和。最后，将各项的评分值连乘即方案的总分。该方法兼有加法和连乘评分法的优点，适用于对重要程度差异很大的作品方案进行评价，见表 8-7。

表 8-6　加法评分法

评价项目	评 价 等 级		评分分数
产品功能	绝对必要的功能		23
	与其他企业相比而必要的功能		18
	过去本企业解决很好的功能		13
	成本允许条件下期待的功能		9
	即使有些局限也算比较好的功能		5
市场规模	大		13
	中		9
	小		5
竞争对象	完全不存在强大的竞争对手		16
	存在着强大竞争对手，但能进行对抗		12
	强大竞争对手数量较多，不能独占市场		7
	只能占领小部分市场		3
作品的生命期	投入期		13
	成长期		10
	成熟期		7
	衰退期		3
生产能力	现有人员、设备、技术	具有充分可靠的生产能力	16
		采取若干措施后才可能生产	11
		采用相当措施后才可能生产	6
盈利能力	预计利润率	30%以上	19
		25%以上	15
		20%以上	10
		15%以上	5
合计	最高 100，最低 27		100～27

表 8-7 加乘混合法评分法

评价项目		评价等级	评分分数		合计评分分数
技术的优越性	质量标准	与竞争产品相比,各方面都优越	5	A	A+B
		与竞争产品相比,超过的地方多	4		
		与竞争产品相比,大致差不多	3		
		某些地方还不如竞争产品	2		
	技术专利	具有垄断产权	5	B	
		能够提出与竞争产品相对抗的申请	4		
		提出申请的条件虽多,但不够有力	3		
		有与其他企业相抵触的情况	2		
销售的可能性	需求预测	在进入成长期之前市场规模就很大	5	C	C+D
		在成长初期中等市场规模	4		
		在进入成长期时竞争产品较多	3		
		在成长末期需求量就已减少	2		
	销售计划	销售点多,能充分达到原定计划	5	D	
		需增加人员才能达到计划	4		
		需增加销售点才能达到某种程度	3		
		竞争产品多,不降价销售有困难	2		
生产的可能性	生产计划	不需采取特殊措施就能按计划生产	5	E	E+F
		要增加人员才能达到计划	4		
		虽有生产能力,但资金、材料、人员方面仍有困难	3		
		在增加生产能力后,达到计划仍有困难	2		
	设备投资	用现有设备基本可行	5	F	
		必须增加若干专用设备	4		
		必须增加专用机床和组合机床生产线	3		
		必须大量增加设备	2		
利益计划	生产费用	按计划的费用就能达到预期收益	5	G	G+H
		要达到预期收益须采用措施	4		
		追加生产费用达 5%~10%	3		
		追加生产费用达 10% 以上	2		
	研制费用的回收	在计划期内全部回收且有盈余	5	H	
		在计划期内部分回收	4		
		在计划期内回收有困难	3		
		在计划期内回收很困难	2		
加乘评分总数=(A+B)×(C+D)×(E+F)×(G+H)					

8.7 不确定性分析

不确定性分析是项目经济评价中的一个重要内容。前面所述方案的评价方法都是建立在对方案的现金流量等数据的估算和预测基础上的,认为它们都是已知的、确定的。由于外部环境的变化以及预测方法的局限性,方案经济评价中所采用的基础数据与实际值有一定的偏差,有一定程度的不确定性,从而使方案具有风险和不确定性。因此,为了有效地减少不确定性因素对项目经济效果的影响,提高项目的风险防范能力,进而提高项目投资决策的科学性和可靠性,除了对方案进行确定性分析,还很有必要对项目进行不确定性分析。

8.7.1 不确定性分析概述

不确定性的直接后果是使方案经济效果的实际值与评价值相偏离,从而使得按评价值做出的经济决策带有风险。为了分析不确定因素对经济评价指标的影响,应根据拟建项目的具体情况,分析各种外部条件发生变化或者测算数据误差对方案经济效果的影响程度,以估计项目可能承担不确定性的风险及其承受能力,确定项目在经济上的可靠性。

这里所说的不确定性分析包含了不确定性分析与风险分析两项内容。严格来讲,两者是有差异的。其区别就在于不确定性分析是不知道未来可能发生的结果,或不知道各种结果发生的可能性,由此产生的问题称为不确定性问题;风险分析是知道未来可能发生的各种结果的概率,由此产生的问题称为风险问题。人们习惯将以上两种分析方法统称为不确定性分析。

常用的不确定分析方法有盈亏平衡分析法和敏感性分析法。在具体应用时,要在综合考虑方案的类型、特点,决策者的要求,相应的人力、财力,以及方案对国民经济的影响程度等条件下选择。一般来讲,盈亏平衡分析法只适用于财务评价,而敏感性分析法则可用于财务评价和国民经济评价。

8.7.2 盈亏平衡分析法

各种不确定性因素(如投资、成本、收入等)的变化会影响投资方案的经济效果,当这些因素的变化达到某一临界值时,就会影响方案的取舍。盈亏平衡分析的目的就是找出这些临界值,判断投资方案对不确定因素变化的承受能力,为决策提供依据。

盈亏平衡分析是在一定市场、生产能力及经营管理条件下(即假设在此条件下生产量等于销售量),通过对产品产量、成本、利润相互关系的分析,判断企业对市场需求变化适应能力的一种不确定性分析方法,故亦称量本利分析。

假设产量等于销售量,且方案的销售收入与总成本均是产量的线性函数,则盈亏平衡分析法的基本公式如下：

$$B = PQ - C_V Q - C_F - T \times Q \quad (8\text{-}21)$$

式中，B 为利润；P 为单位产品售价；Q 为产（销）量；T 为单位产品销售税金及附加；C_V 为单位产品变动成本；C_F 为固定总成本。

将式（8-21）的关系反映在直角坐标系中，即成为基本的量本利图，如图 8-5 所示。

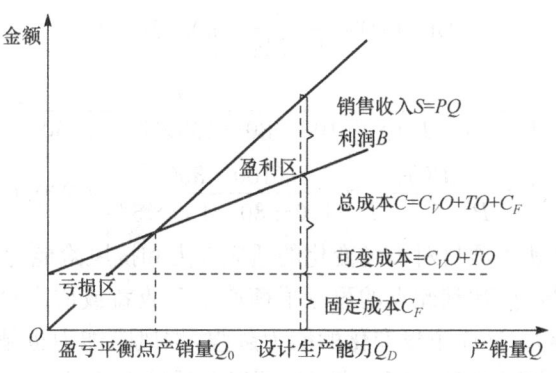

图 8-5 线性盈亏平衡分析图

从图 8-5 可知，销售收入线与总成本线的交点是盈亏平衡点（Break-Even Point，BEP），也叫保本点，表明企业在此产销量下总收入与总成本相等，既没有利润，也不发生亏损。在此基础上，增加产销量，销售收入超过总成本，收入线与成本线之间的距离为利润值，形成盈利区；反之，形成亏损区。

盈亏平衡点可以用产（销）量、销售单价、生产能力利用率[①]、销售收入等表示，具体表示方法分别为式(8-22)～式(8-25)。

$$\text{BEP}(Q) = \frac{C_F}{P - C_V - T} \quad (8\text{-}22)$$

$$\text{BEP}(P) = \frac{C_F}{Q} + C_V + T \quad (8\text{-}23)$$

$$\text{BEP}(\%) = \frac{C_F}{(P - C_V - T)Q} \quad (8\text{-}24)$$

$$\text{BEP}(S) = \frac{PC_F}{P - C_V - T} \quad (8\text{-}25)$$

【例题 8-5】 方案设计生产能力为年产 50 万件产品，根据资料分析，估计单位产品价格为 100 元，单位产品可变成本为 80 元，固定成本为 300 万元，试用产量、生产能力利用率、销售额、单位产品价格分别表示项目的盈亏平衡点。已知该产品销售税金及附加的合并税率为价格的 5%，试计算该项目的产量、价格、生产能力利用率、销

---

① 用生产能力利用率表示的盈亏平衡点是指盈亏平衡点销量占企业正常销量的比重。

售额的盈亏平衡点。

解：由式(8-22)～式(8-25)计算可得

$$\text{BEP}(Q) = \frac{C_F}{P - C_V - T} = \frac{300}{100 - 80 - 100 \times 5\%} = 20(万件)$$

由 $\text{BEP}(P) = \frac{C_F}{Q} + C_V + T = \frac{300}{50} + 80 + \text{BEP}(P) \times 5\%$ 可得

$$\text{BEP}(P) = \frac{86}{1 - 5\%} = 90.53(元)$$

$$\text{BEP}(\%) = \frac{C_F}{(P - C_V - T)Q} = \frac{300}{(100 - 80 - 100 \times 5\%) \times 50} \times 100\% = 40\%$$

$$\text{BEP}(S) = \frac{PC_F}{P - C_V - T} = \frac{100 \times 300}{100 - 80 - 100 \times 5\%} = 2000(万元)$$

盈亏平衡点反映了项目对市场变化的适应能力和抗风险能力。从图 8-5 中可以看出，盈亏平衡点越低，达到此点的盈亏平衡产量和收益或成本也就越少，项目投产后盈利的可能性越大，适应市场变化的能力越强，抗风险能力也越强。根据经验，若 $\text{BEP}(\%) \leq 70\%$，则项目相当安全，或者说可以承受较大的风险。

8.7.3 敏感性分析

敏感因素是指能引起分析指标产生相应较大变化的因素。技术经济评价中的敏感性分析是指在确定性分析的基础上，通过进一步分析、预测方案主要不确定因素的变化对评价指标（如 IRR、NPV 等）的影响，从中找出敏感因素，分析评价指标对该因素的敏感程度，并分析该因素达到临界值时方案的承受能力。

敏感性分析有单因素敏感性分析和多因素敏感性分析两种。通常只要求进行单因素敏感性分析。敏感性分析结果用敏感性分析表和敏感性分析图表示。

单因素敏感性分析是对单一不确定因素变化的影响进行分析，即假设各不确定性因素之间相互独立，每次只考察一个因素，其他因素保持不变，以分析这个可变因素对经济评价指标的影响程度和敏感程度。单因素敏感性分析是敏感性分析的基本方法。

【例题 8-6】 某投资方案设计年生产能力为 10 万台，计划项目投产时总投资为 1200 万元，其中建设投资为 1150 万元，流动资金为 50 万元，预计产品价格为 39 元/台，销售税金及附加为销售收入的 10%，年经营成本为 140 万元，方案寿命期为 10 年，到期时预计固定资产余值为 30 万元，基准折现率为 10%。试用投资额、单位产品价格、经营成本等影响因素对该投资方案作敏感性分析。

解：选择净现值为敏感性分析的对象。根据净现值的计算公式，可计算出方案在初始条件下的净现值。

$$\text{NPV}_0 = -1200 + [39 \times 10 \times (1 - 10\%) - 140] \times \frac{(1 + 10\%)^{10} - 1}{10\% \times (1 + 10\%)^{10}}$$

$$+80\times(1+10\%)-10=121.21(万元)>0$$

因此,方案是可行的。

以下对方案进行敏感性分析。取定三个因素:投资额、产品价格和经营成本,然后令其逐一在初始值的基础上按±10%、±20%的变化幅度变动,分别计算相对应的财务净现值的变化情况,得出结果如表8-4及图8-6所示。

表8-8 单因素变化对NPV大小的影响

变化幅度 项目	−20%	−10%	0	10%	20%
投资额	361.21	241.21	121.21	1.21	−118.79
产品价格	−308.91	−93.85	121.21	336.28	551.34
经营成本	293.26	207.24	121.21	35.19	−50.83

由表8-8和图8-6可以看出,在各个变量因素变化率相同的情况下,产品价格的变动对净现值的影响程度最大。当其他因素均不发生变化时,产品价格每下降1%,净现值下降17.75%,且还可以看出,当产品价格下降幅度超过5.64%时,净现值将由正变负,即项目由可行变为不可行。

对净现值影响较大的因素是投资额,当其他因素均不发生变化时,投资额每增加1%,净现值将下降9.9%,当投资额增加的幅度超过10.1%时,净现值由正变负,项目变为不可行。对净现值影响最小的因素是经营成本,在其他因素均不发生变化的情况下,经营成本每上升1%,净现值下降7.10%,当经营成本上升幅度超过14.09%时,财务净现值由正变负,项目变为不可行。

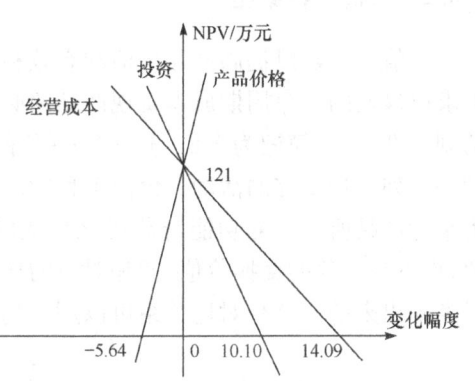

图8-6 单因素敏感性分析图

由此可见,按净现值对各个因素的敏感程度排序,依次是产品价格、投资额、经营成本,最敏感的因素是产品价格。因此,从方案决策的角度来讲,应该对产品价格进行更准确的测算,因为从项目风险的角度来讲,如果未来产品价格发生变化的可能性较大,则意味着这一投资项目的风险性亦较大。

8.8 价值工程

价值工程(Value Engineering,VE)又称价值分析(Value Analysis,VA),是研究技术经济效益的一门科学,也是一门现代管理技术。它从产品的功能出发,在设计过程中,重新审核设计图纸,对产品进行设计改进,把与用户需求的功能无关的零部件消除掉，更改具有过剩功能的材质和零部件，设计出价值更高的产品。由于它冲破了原来设计图纸的界限，故能大幅度地降低成本。价值工程是一门管理技术，但它又不同于一般的工业工程和全面质量管理技术。价值工程是采用系统的工作方法分析产品的功能与成本、效益与费用之间关系，广泛应用于产品设计和产品开发中，是提高项目经济效果的关键环节。

8.8.1 价值工程的产生与发展

价值工程，是1947年由美国通用电气公司一位采购部门的设计工程师拉里·迈尔斯（Lawrence D. Miles）首先提出并研究的。时值第二次世界大战期间，采购短缺的军用生产材料很困难。迈尔斯在采购公司急需的大量石棉板时，石棉板价格正在成倍增长。迈尔斯提出问题："为什么要用石棉板呢？它的功能是什么呢？"原来购买石棉板是为了给产品喷刷涂料时，把它铺在地上，避免沾污地板和引起火灾。后来，他找到了一种便宜的又不易燃烧的纸代替了石棉板，这样，他从研究代用材料开始，通过不断地实践逐步总结出一套在保证产品产品质量的前提下比较系统地降低成本的科学方法。这种方法当时称为价值分析。

8.8.2 价值工程概述

价值工程是以提高产品价值和有效利用资源为目的，通过对产品进行功能分析，力求以最低的寿命周期成本实现产品的必要功能，从而提高产品价值的一项有组织的创造性活动，简记为VE。这里"工程"的含义是指实现提高价值的目标所进行的一系列分析研究的活动。价值工程中所述的"价值"也是一个相对的概念，是指作为某种产品所具有的功能与获得该功能的全部费用的比值。它不是对象的使用价值，也不是对象的交换价值，而是对象的比较价值，是作为评价事物有效程度的一种尺度提出来的。这种对比关系可以用下列数学公式表示：

$$V = \frac{F}{C} \tag{8-26}$$

式中，V 表示价值；F 表示研究对象的功能，广义上是指产品的功用和用途；C 表示成本，即寿命周期成本。

由此可见，价值工程涉及价值、功能和寿命周期成本三个基本要素。它具有以下特点。

（1）价值工程的目标是以最低的寿命周期成本，使产品具备它所必须具备的功能。

价值工程一般以经济寿命来确定产品寿命周期。产品寿命周期成本是指产品从被研发、设计、制造、使用直到报废的经济寿命期间所发生的各项成本费用之和，如图8-7所示。

（2）价值工程的核心是对产品进行功能分析。价值工程中的功能是指对象能够满足某种要求的一种属性。具体来说，功能就是效用，如手表有计时的功能、电冰箱

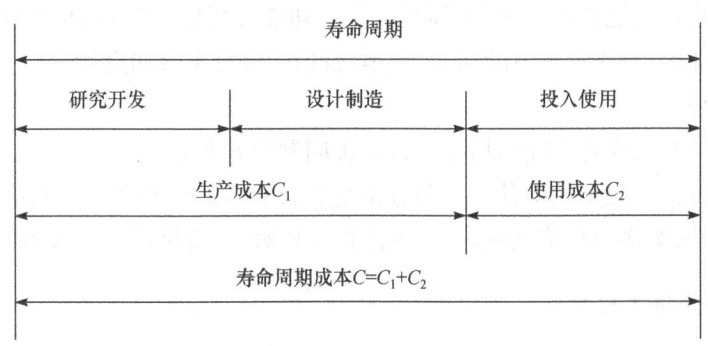

图 8-7 寿命周期与寿命周期成本的关系图

具有冷藏的功能。顾客购买产品,购买的是这种产品的功能,而不是其具体结构。因此,运用价值工程分析产品,是在分析功能的基础之上再研究结构、材质等问题。

(3) 价值工程将产品价值、功能和成本作为一个整体同时考虑。也就是说,价值工程中对价值、功能、成本的考虑,不是片面和孤立的,而是在确保产品功能的基础上综合考虑生产成本和使用成本,兼顾企业和顾客的利益,创造出总体价值最高的产品。

(4) 价值工程强调不断改革和创新。开拓新构思和新途径,获得新方案,创造新功能载体,从而简化产品结构,节约原材料,提高产品的技术经济效益。

(5) 价值工程要求将功能定量化,即将功能转化为能够与成本直接相比的量化值。

(6) 价值工程是以集体的智慧开展的有计划、有组织的管理活动。开展价值工程,需要科研、设计、制造、管理、采购、供销、财务等各方面有经验的人员参加,组成一个智力结构合理的集体,发挥集体智慧,博采众长地进行产品设计,以达到提高方案价值的目的。

8.8.3 价值工程的分析过程

价值工程活动的过程是不断提出问题和解决问题的过程,按照一定的程序进行才能收到效果。当然,随着不同行业或产品的特性而有若干差异,但其分析的一般步骤可概括为三个阶段、六个步骤、七个问题,具体如表 8-9 所示。

表 8-9 价值工程的分析步骤

决策过程	实施步骤	VE 的问题
分析问题	对象选择	价值工程的研究对象是什么?
	选定目标	价值工程是干什么的?
	收集整理信息资料	价值工程的成本是多少?
	功能分析	价值工程的价值是多少?
综合研究	方案创新	有无其他方法可以实行同样的功能?
方案评价	方案评价方案实施及成果评价	新方案的成本是什么? 新方案能满足功能要求吗?

价值工程以功能为中心来分析问题,采用功能分析的方法,包括功能定义、功能整理和功能评价,对 VE 对象的功能、成本、价值等进行定性和定量分析,为 VE 对象的改进提供依据。

综合分析是综合各方面的情况制订解决问题的方案。

方案评价是对提出的多种设想和方案进行评价、筛选、择优,以确定和选择最佳方案。最后,方案还要付诸实施,以达到改进 VE 对象,满足用户要求的目的。

1. 选择价值工程对象

开展价值工程首先要确定对象。一般来说,对象的选择有以下几个原则。

(1) 从设计方面看,对产品结构复杂、性能和技术指标差距大、体积大、重量大的产品进行价值工程活动,可使产品结构、性能、技术水平得到优化,从而提高产品价值。

(2) 从生产方面看,对量多面广、关键部件、工艺复杂、原材料消耗高和废品率高的产品或零部件,特别是对量多、产值比重大的产品,只要成本下降,所取得总的经济效果就大。

(3) 从市场销售方面看,选择用户意见多、系统配套差、维修能力低、竞争力差、利润率低的,生命周期较长的,市场上畅销但竞争激烈的新产品、新工艺等进行价值工程活动,以赢得消费者的认同,占领更大的市场份额。

(4) 从成本方面看,选择成本高于同类产品、成本比重大的,如材料费、管理费、人工费等,推行价值工程就是要降低成本,以最低的寿命周期成本可靠地实现必要功能。

价值工程对象选择的方法有很多种,不同方法适宜于不同的价值工程对象,根据企业条件选用适宜的方法,就可以取得较好的效果。常用的方法有因素分析法、ABC 分析法、强制确定法、百分比分析法、最合适区域法、价值指数法等。

2. 价值工程所需信息资料的收集

价值工程所需的信息资料应视具体情况而定。对于产品分析来说,一般应收集以下几方面的信息资料:①用户方面的信息资料;②市场销售方面的信息资料;③技术方面的信息资料;④经济方面的信息资料;⑤本企业的基本资料;⑥环境保护方面的信息资料;⑦外协方面的信息资料;⑧政府和社会有关部门的法律、法规、条例等方面的信息资料。

3. 功能分析

功能分析是价值工程的核心内容。通过对产品的功能进行分析,不仅使生产成本评价有了客观依据,还可以发现哪些功能是不必要的,哪些功能是不足的,从而在改进方案中,去掉不必要的功能,补充不足的功能,使产品有一个合理的、平衡的功能结构,以实现用最低的成本创造必要的功能的目的。

功能分析包括功能定义、功能分类、功能整理和功能评价。

1) 功能定义及分类

功能定义就是用简明准确的语言,描述 VE 对象及其构成要素的各种功能,以区别各产品或零件之间的特性。定义时通常用一个动词和一个名词的形式描述作为定义对象的主语的功能,例如:

主语	动词	+	名词
杯子	盛		水
电线	传导		电波
铅笔	做出		记号
桌子	支撑		重量

根据功能的不同特性,其分类标准也不同。按功能的重要程度可分为基本功能和辅助功能;按功能的性质可分为使用功能和外观功能;按功能的目的和手段可分为上位功能和下位功能;按功能的有效性可以分为必要功能和不必要功能。

2) 功能整理

功能整理是一个著名而有效的功能分析系统技术。此技术是按一定的逻辑关系,将 VE 对象各个组成部分的功能连接起来,形成一个有机整体——功能系统图(Functional Analysis Systems Technique,FAST),以掌握必要功能,发现和消除不必要功能。

一般来说,在产品及其零部件的功能之间,存在着上下位关系和并列关系。上下位关系是指功能系统中存在着目的与手段的关系。起"目的"作用的功能叫上位功能,起"手段"作用的功能叫下位功能,如白炽灯的功能系统关系(图 8-8)。并列关系是为了实现同一目的功能,同时需要两个或更多个手段功能,且它们之间不存在从属关系,彼此独立,构成一个功能区域。

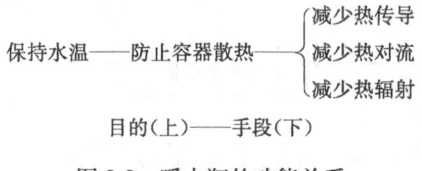

目的(上)——手段(下)

图 8-8 暖水瓶的功能关系

将 VE 对象功能系统中的各个功能,按照上位功能在左、下位功能在右的原则,顺序排列,即可组成功能系统图,其一般形式如图 8-9 所示。

3) 功能评价

功能评价,即评定功能的价值,是指找出实现功能的最低费用作为功能的目标成本(又称功能评价值),以功能目标成本为基准,通过与功能现实成本的比较,求出

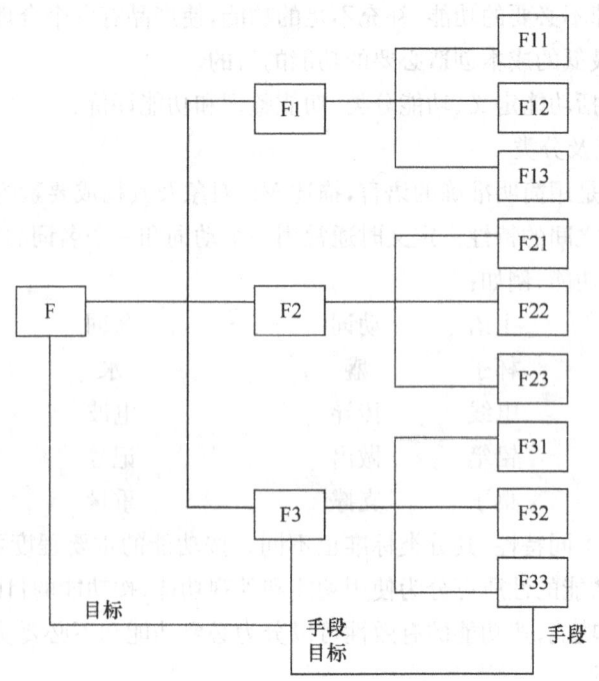

图 8-9 功能系统分析图

两者的比值(功能价值)和两者的差异值(改善期望值),然后选择功能价值低、改善期望值大的功能作为价值工程活动的重点对象。功能评价工作可以更准确地选择价值工程的研究对象,同时,通过制订目标成本,有利于提高价值工程的工作效率,并增加工作人员的信心。功能评价的程序如图 8-10 所示。

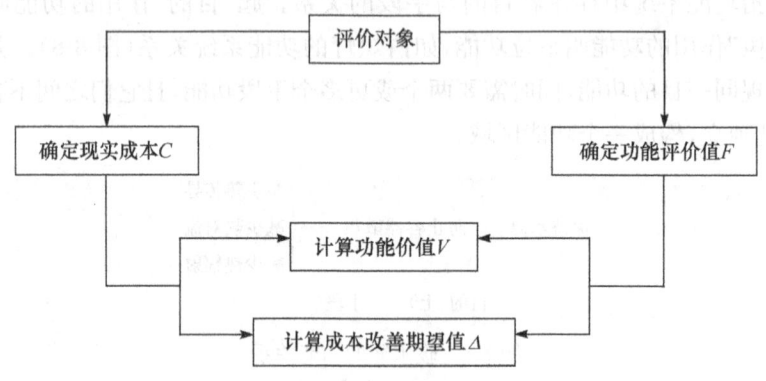

图 8-10 功能评价的程序

图 8-11 所示为常用的台式削铅笔器工作原理示意图。

如将其单纯地定义为"削铅笔"的功能,价值 2 元的普通小刀也好,价值 10 元旋式铅笔刀也好,大体上起同样的作用。图 8-11 所示的削铅笔器由于具有所谓"不断

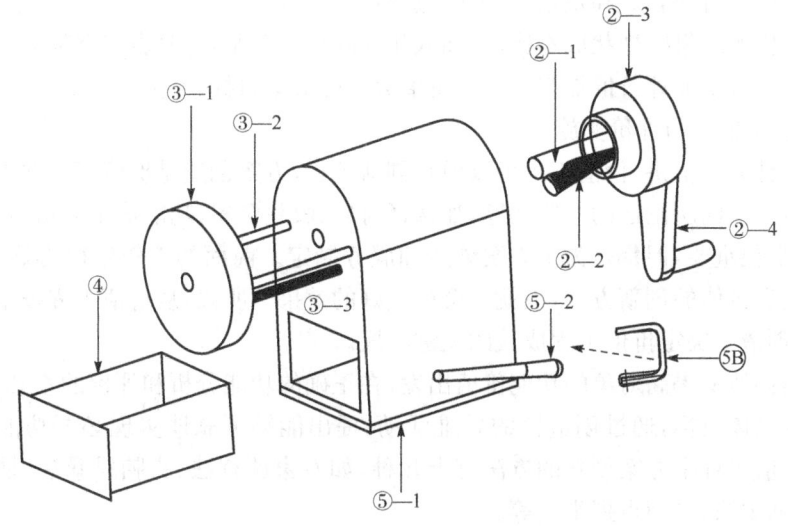

图 8-11 台式削铅笔器工作原理示意图

铅芯"、"削得整洁"、"使用安全"、"铅笔屑不散丢"等功能,故其销售价格达 25 元以上。图 8-12 给出了台式削铅笔器的系统功能图。

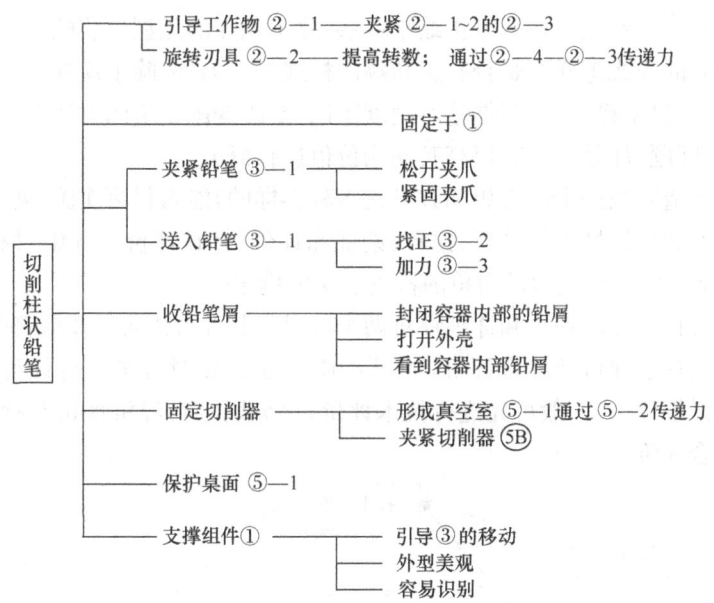

图 8-12 台式削铅笔器的系统功能图

为了把要分析的功能以货币形式进行评价,例如,为使"铅笔屑不散丢",在评价"收拢切屑"的功能时,从使用者的角度可以考虑,用每当削铅笔时,"铺上纸,接完切屑后团起来,将其扔掉"所耗费的时间来评价,也可考虑用涮笔盘、喂鸟水罐那样的同类商品的价格进行类推的方法等评价。无论如何,都是根据分析这种判断,然后这种判断必须在尽可能客观和定量的条件下进行。

将评价的结果同现状成本比较,加入相互间存在差距,这时表明有降低成本的余地,同样,所有功能评价值加起来就是价值分析的成本目标。

4）方案创新与评价实施

从某种意义上讲,价值工程可以说是创新工程,方案创造是价值工程取得成功的关键一步。前面所论述的一些问题,如选择对象、收集资料、功能成本分析、功能评价等,虽然都很重要,但都是为了方案创造和服务制定。前面的工作做得再好,如果不能创造出高价值的创新方案,也就不会产生好的效果。所以,从价值工程技术实践来看,方案创造是决定价值工程成败的关键阶段。

方案创造从提高对象的功能价值出发,在正确的功能分析和评价的基础上,针对应改进的具体目标,通过创造性的思维活动,提出能够可靠地实现必要功能的新方案。在价值工程中方案创新的方法有十几种,如专家调查法、头脑风暴法、抽象提前法、缺点列举法、希望点列举法等。

下面再次以旋式削铅笔器为例进行详细说明。例如,以上述固定削铅笔器的功能看,一般可用常见的紧固部件,也可用某公司的吸盘式紧固部件。此外,用所谓磁铁式和黏结式的方式也都是可行的。对壳体来说,一般可使用压力成形后,在进行打光、喷漆精加工,不过,也可以使用塑料壳或压铸件的方案。此外,还要研究是否切实有必要增大其尺寸？或者是否可再缩小一些,除了现在的压型件装配方式,是否有别的方法？外壳的样式怎样？是否有更新颖的样式等。另外,除了现在的功能,如果考虑"是否可用一只手操作"、"根据笔芯硬度不同,要改变削铅笔的方法"、"能否削用短了的铅笔"等问题,那就还得对提高其使用价值进行研究。

在方案创造阶段提出的设想和方案是多种多样的,能否付诸实施,就必须对各个方案的优缺点和可行性进行分析、比较、论证和评价,并在评价过程中对有希望的方案进一步完善,表 8-10 表示最简单的检查表法的例子。

方案评价包括概略评价和详细评价两个阶段。其评价内容和步骤都包括技术评价、经济评价、社会评价及综合评价,如图 8-13 所示。在对方案进行评价时,无论概略评价还是详细评价,一般可先进行技术评价,再分别进行经济评价和社会评价,最后再进行综合评价。

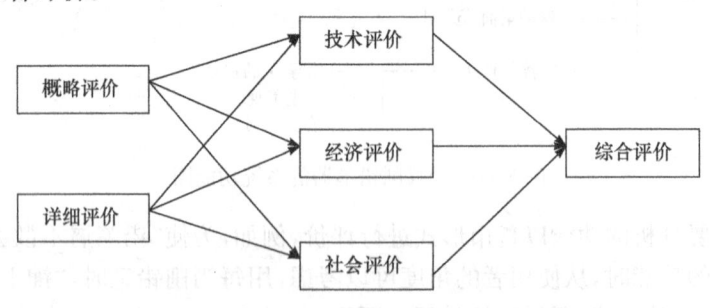

图 8-13　方案评价步骤示意图

在方案实施过程中,应该对该方案的实施情况进行检查,发现问题及时解决。方案实施完成后,要进行总结、评价与验收。

表 8-10 价值分析检查表

项目	检查内容
设计	是否有完成同功能的更经济的方案? 结构或形状是否简单? 零件数量是否能减少? 能否使尺寸更小,重量减轻? 能否采用标准件?
材料	能否改为单价低的材料? 能否改为容易采购的材料? 能否改为加工性能好的材料(可以快速切削的钢)? 能否使用表面处理过的材料(敷以镀层的钢板)?
形状与精度	是否为易于加工的形状? 材料的利用率能否再提高? 公差与精度是否过严? 表面加工精度是否过高?
加工方法	加工方法在功能上是否合适? 是否有多余的工序? 可否用更小的设备加工? 可否同时加工? 能否实现自动化? 加工条件是否适当?
运输与库存	运输工具是否适当? 包装材料是否适当? 库存是否适当? 保管方法是否适当?
采购方法	采购地点是否适当? 订货方法是否适当? 订货单位是否适当? 订货单价是否适当?

参 考 文 献

陈云. 2007. 成本会计学. 上海:立信会计出版社.
段秋平. 1989. 实用技术经济分析. 上海:上海科学技术出版社.
马尔斯特罗姆 E M. 1986. 工程师应知:第一分册:制造成本估算. 唐齐千,译. 北京:机械工业出版社.
芮声扬. 1983. 工业企业产品成本计算. 北京:中国财政经济出版社.
王克强. 2004. 工程经济学. 上海:上海财经大学出版社.
张剑. 2005. 产品开发与技术经济分析. 北京:冶金工业出版社.

第 9 章　技术文件的编制

与产品相关的技术文件资料的积累贯穿于整个设计过程,应注意保存和分阶段地整理,在产品设计结束后编制正式的技术文件。机械产品的技术文件主要包括设计说明书、技术图纸、产品说明书以及与产品相关的专利文件等。

9.1　产品设计说明书编写

产品设计说明书是重要的设计文件之一,它提供产品方案设计的论证依据、结构设计的理论根据和设计计算的过程及计算数据、标准件的选用情况等相关信息,供设计审核者查阅必要时也可提供给产品使用者,便于正确使用与保养。

产品设计说明书的内容一般包括项目名称、目录、设计依据与要求(设计任务)、正文(含项目调研、方案设计、详细设计、产品的运行效果与分析、技术经济分析等)、参考文献和附录等。正文是产品设计说明书主要内容,现对其写作要求给予说明。

9.1.1　项目调研

项目调研途径主要有现场实地考察、技术咨询和资料收集。对收集到的资料进行深入的归纳与整理,系统论述与项目相关技术的现状与发展趋势,并对其进行合理性、先进性和经济性等方面的分析和论证,并对项目进行初步分析和探讨。

9.1.2　方案设计

内容主要包括功能原理设计和方案论证。机械产品设计具有多解性,因此对所提出的几种原理方案进行分析和论证。主要内容包括功能原理方案设计和总体方案设计。

1) 功能原理方案设计

对功能原理方案的工作过程、技术上和经济上的可行性进行论述。对几种方案的性能、寿命与成本进行分析比较,需要时可有相应的设计计算和仿真。

2) 总体方案设计

确定合理的生产工艺,充分考虑场地、能源、物流等要求,合理布局,降低总体成本,以提高产品竞争力。总体方案设计主要内容包括如下几点。

(1) 总体布局设计。主要考虑产品的形状、传动系统布局、各主要部件的数量与位置、执行机构的工作顺序等。

(2) 人机系统设计。主要考虑人的生理特点和生活习惯对设计的影响。

(3) 设计对象与环境。既要考虑设计对象对环境的影响,也要考虑环境对设计对象的影响。

(4) 总体方案的评价。以实现规定功能为目标,对设计对象的性能、质量、寿命、可靠性、安全性、可操作性、整机协调性等方面进行评价。

9.1.3 详细设计

详细设计的主要依据有产品用途及使用范围、工况条件、原始数据(如生产能力、工艺速度、原料、成品参数等)、功能原理方案、总体设计方案、能源和环境的基本参数(如电压、压力、流量、温度等)、设计任务书的其他要求。详细设计主要内容如下。

(1) 运动学计算。依据方案布局图,充分考虑零配件、零部件、组件设计、工艺的要求及现有的技术,确定主要单体设备的原动机参数(功率、转速或压力等)、运动构件的运动参数(转速、线速度、行程、摆角等)以及其他主要功能参数。

(2) 动力学计算。依据设计方案图及运动学的计算结果,计算主要零件(轴、齿轮等)载荷的大小及特性。

(3) 零件的工作能力设计。依据动力学的计算结果以及强度、刚度、振动稳定性、寿命等准则,计算确定零件的基本结构尺寸。主体钢结构需计算强度、挠度。

(4) 主要零件设计与校核。对重要的轴、齿轮、轴承等进行强度、刚度、寿命、安全系数等校核计算,根据校核结果修正零件的结构尺寸、材料、加工及热处理要求及轴承等的型号,以满足工作需要。

(5) 装配图及部件装配图的设计。依据方案及计算结果,对所有零件的外形及尺寸进行结构化设计。全面考虑结构工艺性,使全部零件构形合理。

(6) 其他零件设计。依据部件装配图及总装配图,对零件的细部结构、材料、加工及热处理等进行设计。

(7) 连接、紧固件的设计。依据被连接、紧固件的载荷大小、特性及结构空间,确定连接、紧固方式及连接、紧固件规格等。

(8) 密封与润滑。根据工作环境、载荷性质选择密封方案和润滑方案,并合理设计密封结构(如选用标准密封件,则确定其规格和型号),选择合适的润滑油或润滑脂。

(9) 控制系统设计。电气控制线路设计包括电器元件的选择。液压(气动)控制系统设计包括液压(气动)元件的选择。

(10) 标准件明细表和外购件明细表。列出产品中使用的标准件清单和外购件清单,说明标准件和外购件的名称、型号与规格、使用数量、标准代号、材料、技术要求等。标准件明细表的参考格式见表 9-1,外购件明细表的参考格式见表 9-2。

表 9-1　标准件明细表

设备名称

序号	标准件名称	型号与规格	数量	标准代号	备注

表 9-2　外购件明细表

设备名称

序号	外购件名称	型号与规格	数量	材料	技术要求	备注

9.1.4　产品的运行效果与分析

机械创新设计竞赛一般要求做出实物样机,所以对样机的运行效果要进行检测与分析。根据设计任务书的功能指标要求对产品进行逐项检测,其检测方案和数据要有详细的记录,经过整理,形成产品运行效果报告。对于不能满足设计要求的指标(对于机械创新设计,也可以是不满意的指标),进行分析研究、提出改进设计方案。

9.1.5　技术经济评价

(1) 技术性评价。产品技术性指标达到规定要求的程度,与现有产品比较,说明设计的优点和不足,并进行综合性评价。论述该设计的创新之处。

(2) 经济效益评价。产品设计费用、制造加工费用、使用费用与取得的经济效益的比较。

(3) 社会效益评价。包括推动技术进步、发展社会上生产力、环境保护、安全防灾等方面的评价。

9.2　图纸的绘制要求

图纸是重要的技术文件,是产品零件制造加工与检验、产品装配、使用与维修的主要技术依据,绘制正确的图纸非常重要。图纸表达的信息应该全面而准确,以下介绍装配图和零件图的绘制要求。

1. 装配图

1) 视图要求

(1) 采用标准比例,按1∶1绘制。局部放大图必须另行注明比例。

(2) 视图选择正确,能充分表达整体结构及装配关系。

(3) 布局合理,视图尽量按中国国家标准中的投影布置。

(4) 用向视图、局部视图、剖视图表达细部结构(避免用虚线)。

2) 标注

(1) 性能尺寸:如中心距,行程、回转半径、转角等。

(2) 安装尺寸:设备中心位置尺寸,产品输送线位置尺寸,地脚螺栓位置、规格及数量,与其他设备的接口尺寸等。

(3) 外形尺寸:总长、总宽、总高等。

(4) 本图装配件的配合尺寸及配合代号,如 $\phi 50\ H7/m6$。

3) 技术要求

(1) 性能参数:最大速度、最大承载能力、极限行程等(一般列表标出)。

(2) 零件清洗、涂漆、防锈等。

(3) 装配精度、间隙等要求。

(4) 装配顺序及调整环节。

(5) 配作、装配焊的要求。

(6) 润滑及密封要求:标明各部位润滑剂牌号、用量、补充或更换周期,箱体接合面的密封方式(如加垫、加胶等)。

(7) 连接件装配要求:制动器的间隙、联轴器的同轴度及偏转角、轴承的游隙及间隙等要求。

(8) 紧固件的装配要求:螺栓(钉)的预紧、防松,销、键连接的配合要求。

(9) 出厂前试车要求:试运转的时间(或动作次数)、能源及公辅介质参数、温升、噪声、震动、运转的灵活性等。

(10) 安装调试:现场焊接的工艺要求,调试的一般步骤及要求。

(11) 包装运输:包装、起吊、运输等要求。

4) 标题栏、明细表

(1) 标题栏按要求填写,设计、校对、审核等责任人在图纸上手写签名。

(2) 明细表:零、部件及标准件标注。

2. 零件图

1) 视图要求

(1) 采用标准比例,一般按1∶1绘制图纸。局部放大的视图必须另行注明比例。

(2) 正确选择视图,用尽量少的视图表达结构、尺寸,图面清晰。

(3) 用局部视图、剖视图表达细部结构(避免用虚线)。

2) 尺寸、公差及粗糙度

(1) 分析加工、装配工艺,选定的尺寸标注基准尽量与加工、装配基准统一。

(2) 尺寸标注齐全,不漏、不重、不封闭。

(3) 依据功能选择经济合理的尺寸、形位公差及配合等级,并标注齐全。

(4) 尺寸公差同时标注代号及上下偏差值。

(5) 依据功能及配合要求,选择经济合理的粗糙度等级,并标注齐全。

3) 技术要求

(1) 铸件毛坯要求。

(2) 焊接工艺要求。

(3) 零件表面机械性能要求:热处理方法,硬度,淬火深度等(特殊情况需注明中间热处理要求)。

(4) 未注圆角、倒角的要求(结构圆角及倒角必须在图上标出)。

(5) 表面处理:涂漆、氧化等。

(6) 材料及热处理要求。

(7) 其他要求。

3. 其他注意事项

使用标准时,应尽量采用最新的国家标准,且不得在同一套图纸中,新、老标准混用。所有图纸中标题栏规格统一,大小一致。

9.3 产品使用说明书编制

产品使用说明书是一种概括介绍产品的用途、性能、特征、使用方法及保养方法、注意事项的说明性文书。产品使用说明书在商业活动中使用相当广泛,是产品用户了解产品的性能、特点,掌握产品使用方法和操作维护知识、保障使用安全的基本依据,是企业用户服务体系的组成部分。一份好的产品使用说明书不仅体现出企业对产品质量的信心、对用户负责的态度,而且也是一个企业形象最好的展示。

1. 产品使用说明书目的与作用

由于产品用户对于产品技术信息的缺乏导致用户利益受损,而设计者通常不可能与用户直接交流,因此提供产品说明书是保障消费者权益的重要举措。编制产品使用说明书的目的与作用如下。

(1) 引导用户科学消费。产品说明书是指导消费者的行动指南,对用户了解产品的特性、正确选择产品、掌握产品的正确操作程序和维护保养方法。

(2) 传播知识。产品使用说明书伴随产品走向用户时,它所包含的新知识、新技术也为用户所了解。

(3) 企业宣传。产品使用说明书在介绍产品的同时,也宣传了企业,因此兼有广告宣传的作用。

2. 产品说明书的写作

产品说明书是对产品进行介绍和说明,指导用户正确使用和保养产品的技术文件。使用说明书的主要内容通常包括产品的性质、结构、使用方法及保养、维修、生产单位等方面的信息和知识。

由于各种产品的功能、用法不同,写作方法有较大差别,但都是为了用户能够掌握正确操作方法和对产品进行有效的保养和维护。因此,产品说明书的写作语言必须力求通俗、准确;结构必须井然有序。原则上说明书的安排结构主要有根据人们认识事物的先后顺序安排结构和根据事物的内在联系安排结构两种。

产品说明书的种类不同,以上内容可有详略不同。机电产品的使用说明书的一般结构如下。

(1) 序。对产品的功能以及产品的主要特性进行简明扼要地概括说明。

(2) 技术指标与性能信息。对产品的规格、外观尺寸、使用条件(如对电源的要求等)、主要技术参数(如功率、转速等)以及产品性能进行介绍。

(3) 操作规范。主要内容有操作系统说明、控制系统说明、操作步骤解说等。

(4) 保养与润滑。产品保养要求与内容。润滑油的选择、更换润滑油的时机与方法等。

(5) 维修。常见故障与排除方法。

(6) 其他注意事项。

(7) 产品说明书的结尾要注明生产、销售企业名称、地址、联系电话等,以使消费者与厂家、商家取得联系。

3. 产品说明书的写作要求

机电产品种类繁多,各具特色,用户对产品的需求各异。不同的用户心理,不同的商家目的,不同的产品特点,都可以构成产品说明书的不同内容和写作方法。但从产品说明书的社会功能看,都是为了说明产品,为用户提供方便,对用户负责。因此,写作时应该做到以下几点。

(1) 实事求是,客观真实。

(2) 根据对象,突出产品特点。

(3) 语言通俗、准确、简洁。

(4) 杜绝虚假,防止夸大。

9.4 专利申请

申请专利是在市场经济条件下保护发明创造知识产权的一项法律制度。凡具备专利条件的发明创新都应及早申请专利,以获得国家的法律保护。申请专利必须按照规定向国家知识产权局提交必要的申请文件。

在我国,专利包括发明专利、实用新型专利和外观设计专利三类。

发明专利的技术含量最高,发明人所花费的创造性劳动最多。新产品及其制造方法、使用方法都可申请发明专利。只要有一些技术改进就可以申请实用新型专利,要注意的是,只有设计产品构造、形状或其结合时,才可申请实用新型专利。只要涉及产品的形状、图案或者其结合以及色彩与形状、图案的结合富有美感,并使用与工业上应用的新设计,就可以申请外观设计专利。

申请专利的条件如下。

(1) 新颖性。以前没有公开过的,也没有相同的技术方案刊登在出版物上或者已被他人申请专利。

(2) 创造性。付出了创造性劳动,发明有实质性特点,优于同类传统技术。

(3) 实用性。比原有技术效果好,且可以用工业方法生产,具有实用性。

申请发明专利或者实用新型专利,应当提交请求书、说明书、权利要求书、说明书摘要和必要的附图等文件。申请外观设计专利,应提交请求书、该外观设计的图片或照片、简要说明等文件。专利申请文件可以申请人自己撰写,也可以委托他人撰写。

1. 申请专利的重要性

(1) 通过法定程序确定发明创造的权利归属关系,从而有效保护发明创造成果,独占市场,以此换取最大的利益。

(2) 为了在市场竞争中争取主动,确保自身生产与销售的安全性,防止对手拿专利状告侵权(遭受高额经济赔偿、迫使自己停止生产与销售)。

(3) 国家对专利申请有一定的扶持政策(如政府颁布的专利奖励政策以及高新技术企业政策等),会给予部分政策、经济方面的帮助。

(4) 专利权受到国家专利法保护,未经专利权人同意许可,任何单位或个人都不能使用(状告他人侵犯专利权,索取赔偿)。

(5) 自己的发明创造及时申请专利,使自己的发明创造得到国家法律保护,防止他人模仿本企业开发的新技术、新产品(构成技术壁垒,别人要想研发类似技术或产品就必须经专利权人同意)。

(6) 自己的发明创造如果不及时申请专利,别人把你的劳动成果提出专利申请,反过来向法院或专利管理机构告你侵犯专利权。

(7) 可以促进产品的更新换代,亦提高产品的技术含量及产品的质量、降低成本,使企业的产品在市场竞争中立于不败之地。

(8) 一个企业若拥有多个专利是企业强大实力的体现,是一种无形资产和无形宣传(拥有自主知识产权的企业既是消费者趋之若鹜的强力企业,同时也是政府各项政策扶持的主要目标群体),21世纪是知识经济的时代,世界未来的竞争,就是知识产权的竞争。

(9) 专利技术可以作为商品出售(转让),比单纯的技术转让更有法律和经济效益,从而实现其经济价值。

专利除具有以上功能外,拥有一定数量的专利还可以作为企业上市和其他评审中的一项重要指标,例如,高新技术企业资格评审、科技项目的验收和评审等,专利还具有科研成果市场化的桥梁作用。

2. 办理专利申请应当提交的申请文件

申请发明专利的,申请文件应当包括发明专利请求书、说明书(说明书内容需要指明所要解决的技术问题、解决其技术问题所采用的技术方案及其有益效果。说明书有附图的,应当提交说明书附图)、权利要求书、摘要(必要时应当有摘要附图),各一式两份。

申请实用新型专利的,申请文件应当包括实用新型专利请求书、说明书、说明书附图、权利要求书、摘要及其附图,各一式两份。

申请外观设计专利的,申请文件应当包括外观设计专利请求书、图片或者照片,各一式两份。要求保护色彩的,还应当提交彩色图片或者照片一式两份。提交图片的,两份均应为图片,提交照片的,两份均应为照片,不得将图片或照片混用。如对图片或照片需要说明的,应当提交外观设计简要说明,一式两份。

3. 专利文件的撰写

根据机械创新设计竞赛的特点,本文仅对发明或实用新型申请的主要技术文件的撰写进行说明。

1) 说明书摘要撰写

摘要是发明或实用新型说明书内容的简要概括。编写和公布摘要的主要目的是方便公众对专利文献进行检索,方便专业人员及时了解本行业的技术概况。摘要本身不具有法律效力。

(1) 摘要应当写明发明的名称、所属技术领域、要解决的技术问题、主要技术特征和用途。不得有商业性宣传用语和过多的对发明创造优点的描述。

(2) 摘要中可以包含最能说明发明创造技术特征的数字式或化学式。发明创造有附图的,应当指定并提交一幅最能说明发明创造技术特征的图,作为摘要附图。摘要附图应当画在专门的摘要附图表格上。

(3) 除非经审查员同意,摘要的文字部分一般不得超过 200 字,摘要附图的大小和清晰度,应当保证在该图缩小到 4cm×6cm 时,仍能清楚地分辨出图中的细节。

2) 专利说明书的撰写

说明书是专利申请文件中很重要的一种文件,它起着公开发明的技术内容、支持权利要求的保护范围的作用。

说明书的一般要求如下。

(1) 应清楚、工整地写明发明的内容,使所属技术领域的普通专业人员能够根据此内容实施发明创造。说明书中不能隐瞒任何实质性的技术要求。

(2) 说明书中各部分内容，一般最好以单独段落进行阐述。

(3) 说明书中要保持用词的一致性。要使用该技术领域通用的名词和术语，不要使用行话，但是其以特定意义作为定义使用时，不在此限。

(4) 使用国家计量部门规定的国际通用计量单位。

(5) 说明书中可以有化学式、数学式。说明书附图，应附在说明书之后。

(6) 在说明书的题目和正文中，不允许使用商业性宣传用语，如"最新式的……"、"世界名牌……"，不允许使用不确切的语言，如"相当轻的……"、"……左右"等，不允许使用以地点、人名等命名的名词，不允许有对他人或他人的发明创造进行诽谤或有意贬低的内容。

(7) 涉及外文技术文献或无统一译名的技术名词时，要在译文后注明原文。

3) 说明书的结构和内容

专利法实施细则第18条规定了说明书8个部分的内容及行文的顺序，除了发明名称，一般情况下，各部分应当至少使用一个自然段，但不用加序号和列标题。

(1) 发明或实用新型的名称。

名称应当与请求书中名称一致，简洁、明确地表达发明或实用新型的主题。名称还应尽量反映出发明对象的用途或应用领域。

不能使用与发明创造技术无关的词命名，字数控制在25个以内。名称应写在说明书首页的顶部居中位置，下空一行写说明书正文。

(2) 发明或实用新型所属的技术领域。

所属技术领域是正文的第一自然段落，一般用一句话说明该发明或实用新型所属的技术领域，或所应用的技术领域。值得注意的是，这里所指技术领域是特定的技术领域，如"半导体制造"、"碳氢化合物"，而不是"物理"、"化学"等广义的技术领域。所属技术领域的书写可采用"本发明涉及一种……"的形式。

(3) 现有技术和背景技术。

申请人在这一部分应写明就其所知，对发明或实用新型的理解、检索、审查有参考作用的现有技术，并且引证反映这些背景技术的文件。引证的如果是专利文件，应注明授权国家、公布或公告的日期、专利号及名称；如果是书刊类的现有技术，应写明该书籍或期刊的名称、著者、出版者、出版年月及被引用的章节或页码。这些现有技术中应包括相近和最接近的已有技术方案，即与申请专利的技术方案的用途相同，技术实质和使用效果接近的已有技术方案。这里特别应当突出最相近的技术方案，详细分析它的技术特征，客观指出存在的问题或不足，可能时说明这些问题或不足的原因。在这一部分也可写本技术的历史背景和现状。

(4) 发明的目的。

在这一部分里要针对现有技术的缺陷，说明该发明要解决的技术课题。语言应尽可能简洁，不能用广告式宣传语言，也不能采用言过其实的语言。所提出的目的应是所提出的技术方案实际上能达到的直接结果，而不应是发明人的主观愿望。一般采用"本发明的目的在于避免（克服论述……中的不足（缺点）而提供一种……产品

(方法)"的描述形式。

(5) 发明或实用新型的技术方案。

这一部分应清楚、简明地写出发明或实用新型的技术方案,使所属技术领域的普通技术人员能够理解该技术方案,并能够利用该技术方案解决所提出的技术课题,达到发明或实用新型的目的。写法可采用"本发明的目的是通过如下措施来达到……"语句开始,紧接着用与独立权利要求一致的措辞,将发明的全部必要技术特征写出。

(6) 发明或实用新型与现有技术相比具有的优点、特点或积极效果。

这一部分应清楚而有根据地说明发明与现有技术相比,所具有的优点和积极效果,说明现有技术的缺陷、不足或存在的主要弊端。可以从方法或者产品的性能、成本、效率、使用寿命以及方便安全可靠等方面进行比较。评价时应当客观公正,不能以贬低现有技术来抬高自己的发明。

(7) 对附图的说明。

如果必须用图来帮助说明发明创造技术内容,那么应有附图并对每一幅图作介绍性说明,首先简要说明附图的编号和名称,例如,"图1是本发明的俯视图"、"图2是本发明 $A—A$ 的剖视图",接着可以在此逐一说明附图中的每个标注的符号,或结合附图对发明的技术特征进一步阐述。

(8) 实施实例或者具体的实施方式。

这一部分应详细描述申请人认为实施发明的最好方式,并将其作为一件典型实例,列出与发明要点相关的参数与条件。必要时,可以列举多个典型实例,有附图的应对照附图进行说明,关键要支持权利要求,而且要详细、具体。

4) 撰写说明书注意事项

(1) 全面研究、分析发明,确定发明的技术领域,深入了解发明的实质。

在这个过程中,要准确确定发明的技术领域,应结合 IPC 国际专利分类法进行。如果是方法发明,应深入研究其各个步骤和工序,以及各个工序中使用的工艺参数和条件。

(2) 做好专利申请前的检索,是申请人撰写好申请文件和顺利获得批准的前提条件。申请人对检索的结果要进行分析研究,以确定哪些是属于影响新颖性的材料,哪些是影响创造性的材料,哪些仅是背景材料。对关键的材料要深入研究。

(3) 在检索结果证明发明不丧失新颖性后要确定最相关的文献。特别是对于改进发明,应对发明原型的文献进行深入细致的分析,明确它的优点和不足,根据它的不足可以提出本发明的任务,同时要确定它与本发明共有的必要技术特征。

(4) 如何确定一个合适的保护范围很重要。太宽了,审查员通不过,专利批不了;太窄了,发明人的利益不能得到充分的保护。所以应选择一个尽可能宽的、但又能够通过审查的、合适的保护范围。

(5) 严格按照前述介绍的起草说明书的8个部分的内容和要求撰写。

(6) 检查说明书和权利要求书的关系,检查说明书和附图的关系。

5）专利权利要求撰写

专利法规定：专利权的保护范围以被批准的权利要求内容为准。权利要求书是专门记载权利要求的文件，它由一项或多项权利要求组成。

权利要求书的文字书写、纸张要求与说明书相同，也应当使用专利局的统一表格。权利要求书是一个独立文件，应与说明书分开书写，单独编页。权利要求书中使用的技术名词、术语应与说明书中一致。权利要求书中可以有化学式、数字式，但不能有插图。除绝对必要，不得引用说明书和附图，即不得用"如说明书所述的……"或"如图三所示的……"的方式撰写权利要求。为了表达清楚，权利要求书可以引用设备部件名称和附图标记。权利要求应当说明发明的技术特征，清楚、简要地表达请求保护的范围。

权利要求书的写法如下。

（1）一项权利要求要用一句话表达，中间可以有逗号、顿号、分号，但不能有句号，以强调其意思的不可分割的单一性和独立性。

（2）权利要求起始端不用书写发明名称，可以直接书写第1项独立权利要求，它的从属权利要求从序号2往下顺序排列。

（3）独立权利要求一般应当分两部分撰写：前序部分、特征部分。

前序部分：写明发明要求保护的主题名称和该项发明与最接近的现有技术共有的必要技术特征。

特征部分：写明发明或者实用新型区别于现有技术的技术特征，这是权利要求的核心内容，这部分应紧接前序部分，用"其特征是……"或者"其特征在于……"等类似用语与上文连接。独立权利要求的前序部分和特征部分应当包含发明的全部必要的技术特征，共同构成一个完整的技术解决方案，同时限定发明或实用新型的保护范围。

（4）从属权利要求也应分两部分撰写：引用部分、限定部分。

引用部分：写明被引用的权利要求的编号及发明或实用新型主题名称，例如，"权利要求1所述的间隙式胶合剂喷涂装置……"。

限定部分：写明发明或者实用新型附加的技术特征。它们是对独立权利要求的补充，以及对引用部分的技术特征的进一步的限定。也应当以"其特征是……"或者"其特征在于……"等类似用语连接上文。

从属权利要求的引用部分，只能引用排列在前的权利要求。同时引用两项以上权利要求时，只允许使用"或"连接，这样的权利要求称为多项从属权利要求。一项多项从属权利要求不能作为另一项从属权利要求的引用对象。

（5）权利要求书应当以说明书为依据，其中的权利要求应当受说明书的支持，其提出的保护范围应当与说明书中公开的内容相适应。

6）说明书附图的一般要求

附图是用来补充说明书中的文字部分的，是说明书的组成部分。发明说明书根据内容需要，可以有附图，也可以没有附图。实用新型说明书必须有附图。附图和说明书中对附图的说明要图文相符。文中提到附图,而实际上却没有提交或少交附图的,将可能影响申请日。附图的形式可以是基本视图、斜视图,也可以是示意图或流程图。只要能完整、准确地表达说明书的内容即可。附图不必画成详细的工程加工图或装配图。复杂的图表一般也作为附图处理。

(1)图形线条要均匀清楚、适合复印要求。图形应当大体按各部分尺寸的比例绘制。

(2)几幅图可以画在一张图纸上,也可以一幅图连续画在几张图纸上。不论附图种类如何,都要连续编号,标明"图1"、"图2"等。

(3)为了标明图中的不同组成部分,可以用阿拉伯数字标记。附图中的标记应当和说明书中提到的标记一一对应。申请文件各部分中表示同一组成部分的标记应当一致。

(4)除非经审查员同意,附图中只允许有如"水"、"汽"、"开"、"关"、"A—A剖面"等少量简单文字,不应有其他注释。对附图图面的说明或解释应当放在说明书相应的段落中。

9.5　竞赛答辩用PPT制作

根据机械创新设计竞赛的要求,进入复赛或决赛的项目要进行答辩。答辩一般包括项目的介绍和回答评委的提问两个环节。在答辩过程中一般可以使用PPT和视频等技术手段,所以制作精良的PPT是保证答辩质量的关键内容之一。

1. 答辩用PPT的制作

机械创新设计竞赛答辩用PPT通常应包括以下内容。

(1)项目名称。一般在PPT首页上除项目名称,还应有项目组成员、学校名称、项目执行时间等。但有的竞赛要求隐去学校名称,则相关信息不能出现在PPT中。

(2)研究目的和意义。项目应有明确的研究目的,清楚地表达要解决的问题以及产品创新设计带来的社会效益和经济效益。

(3)原理方案设计。原理方案设计是一个极富创造性的构思过程,原理方案设计合理与否对产品设计的先进性和实用性有着重要影响,所以是重点介绍的内容之一。机械产品的原理方案设计介绍应该是图文并茂,应尽量采用原理示意图、机构简图来表达原理方案,并以图为主,文字为辅。

(4)关键技术设计。由于答辩的时间有限,一般只对设计中的关键技术进行介绍。清楚地说明原理方案的实现采用的方法和手段,以及具体的结构设计等问题,需要时可采用相应仿真技术表达。

(5)设计效果展示与分析。通过作品实物运行的视频来展示设计效果,并对其运行效果进行分析,说明达到的相应技术指标和性能。

(6)设计创新性说明。如功能原理创新、结构设计创新、材料应用方面的创新等。实事求是地对设计的创新点进行总结,不可将已有技术以及一些细节的设计作为创新点。

(7) 价值分析与应用前景。对作品进行成本分析和效益分析,并展望作品的应用前景。

由于机械产品的多样性,项目组应根据作品的具体情况设计答辩用的 PPT 内容,具体原则是介绍内容完整、条理性强、简洁清晰。

2. PPT 制作的注意事项

机械创新设计竞赛答辩具有学术性和技术性的特征,评委都是本行业的专家,而且答辩时间都有严格的限制,所以答辩 PPT 的制作应注意以下几点。

(1) PPT 中对项目选题意义介绍应言简意赅,不用占用过大的篇幅。

(2) 原理方案构思、关键技术分析及关键问题解决是 PPT 的重要内容。

(3) 应选用简洁的 PPT 模板,如果能设计或选用体现作品风格的模板就更佳,切记不要用太华丽的企业商务模板。整个 PPT 里的版式安排统一。

(4) 尽量采用图表来表达,表达效果通常图优于表,表优于文字。在投影幕上字体的大小适宜,文字不宜过多。

(5) 图片最好统一格式,且显示清晰。

(6) 图文的出现不宜采用动画。

参 考 文 献

陆玉. 2007. 机械设计课程设计. 北京:机械工业出版社.

吴寅华. 2006. 普通高等学校本科毕业设计(论文)指导. 浙江:浙江摄影出版社.